중국의 법률 보급 운동

조영남

2002년부터 서울대학교 국제대학원 교수로 재직 중이다. 서울대학교 동양사학과를 졸업하고 정치학과에서 석사·박사 학위를 받았다. 베이징대학(北京大學) 현대중국연구센터, 난카이대학(南開大學) 정치학과, 하버드-옌칭연구소의 방문학자를 역임했다. 연구 성과로는 『용(龍)과 춤을 추자』, 『중국의 법치와 정치개혁』, 『중국의 법원개혁』, 『중국의 민주주의』(공저), 『21세기 중국이 가는 길』, *Local People's Congresses in China* 등 10권의 저서와 40여 편의 논문이 있다. 현재는 거시적 관점에서 중국의 정치변화를 분석하기 위해 중국 정치의 전개와 발전, 중국의 권력구조와 운영, 중국과 동아시아 국가의 정치발전을 연구하고 있다.

중국의 법률 보급 운동

펴낸곳 서울대학교출판문화원
펴낸이 오연천
지은이 조영남

초판 1쇄 인쇄 2012년 12월 15일
초판 1쇄 발행 2012년 12월 20일

출판등록 제15-3호
주소 서울 관악구 관악로 1 우편번호 151-742
대표전화 02-880-5252 **팩스** 02-888-4148
마케팅팀(주문상담) 02-889-4424, 02-880-7995
이메일 snubook@snu.ac.kr
홈페이지 www.snupress.com
영문홈페이지 eng.snupress.com

ISBN 978-89-521-1389-4 93340

중국의 법률 보급 운동

조영남 지음

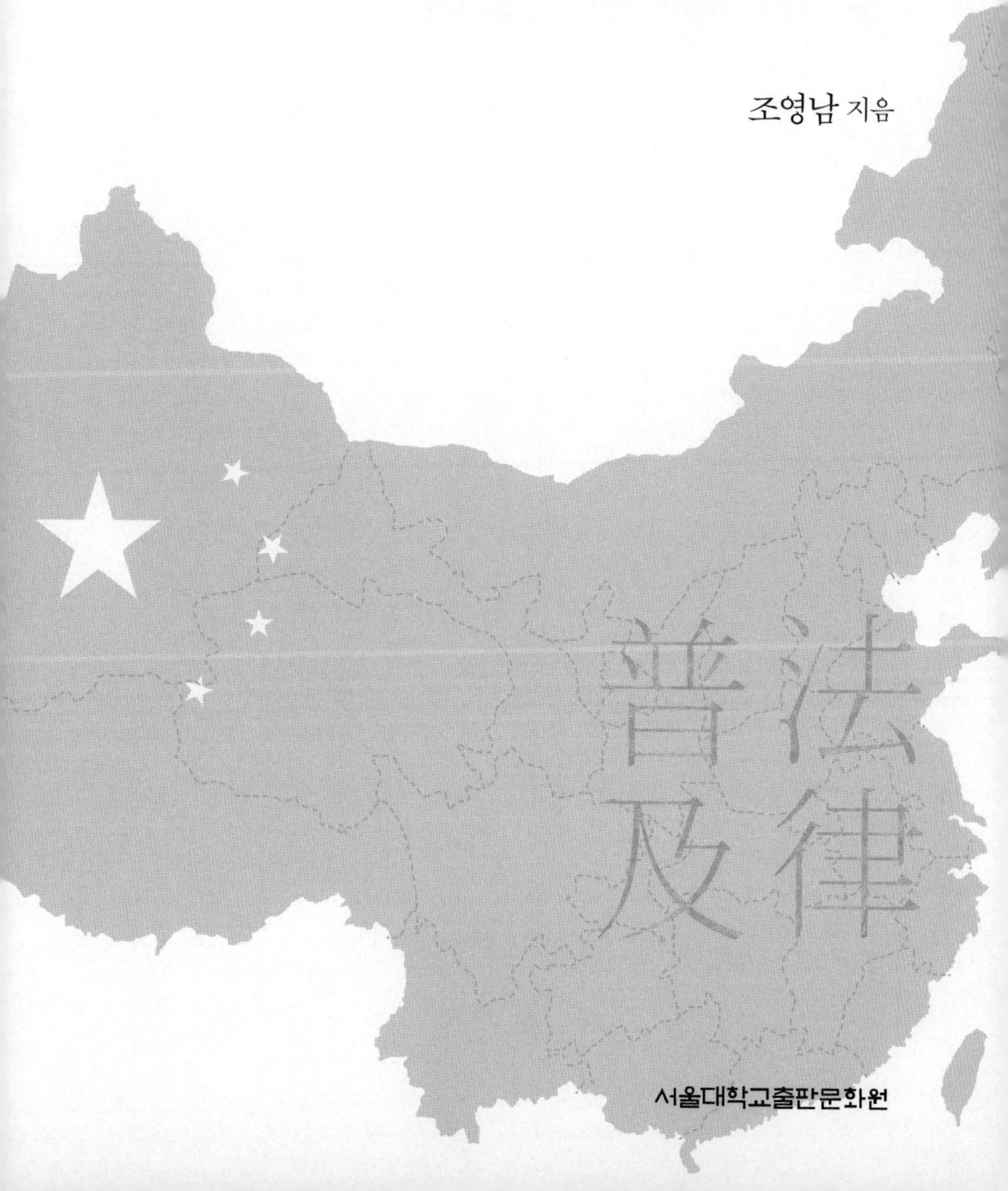

서울대학교출판문화원

Law Dissemination Campaign in China

Young Nam Cho

Seoul National University Press

머리말

중국의 법률 보급 운동에 대한 연구는 처음에 단순하게 시작되었다. 중국 공산당은 1997년 제15차 당대회에서 '의법치국'(依法治國: 법률에 의거한 국가통치)과 '사회주의 법치국가 건설'을 새로운 국가통치 방침으로 공식 결정했다. 이런 법치정책의 실제 추진 상황을 이해하기 위해 먼저 의법치국 방침이 정부개혁, 법원개혁, 공산당개혁 등에 어떤 영향을 미쳤는가를 실증적으로 분석했다. 이후 국가가 사회를 대상으로 어떤 법치정책을 추진했는가를 알아보기 위해 법률 보급 운동을 분석하기 시작했다. 다시 말해, 법률 보급 운동을 단순히 국민의 준법정신을 함양하기 위한 '법률계몽 운동' 정도로 판단하고 연구를 시작했던 것이다.

그런데 연구가 진행되면서 이것이 그렇게 단순한 과제가 아니라는 사실을 알게 되었다. 법률 보급 운동은 처음에 생각했던 것보다 더 오래된 정책일 뿐만 아니라 공산당과 정부가 매우 중시하는 정책이라는 사실을 발견한 것이다. 그러면서 세 가지 질문이 제기되었다. 첫째, 왜 중국은 1986년부터 현재까지 20여 년 동안 전 국민을 상대로 하는 법률 보급 운동을 대대적으로 전개했는가? 일부 국가가 국민의 준법정신을 함양하기 위해 법률교육을 실시한 적은 있었지만, 중국처럼 국가가 중심이 되어 체계적이고 장기적인 계획하에 전 국민이 참여하는 법률 보급 운동을 전개한 경우는 매우 드물었다. 둘째, 법률 보급 운동은 국민들에게 '법률 무기'(legal weapon)를 사용하여 합법적인 권익을 수호할 것을 주장했는데, 이것은 현재의 권위주의 정치체제와 충돌하는 정책이 아닌가? 만약 그렇지 않다면 법률 보급 운동과 공산당 일당제는 어떻게 양립할 수 있는가? 셋째, 1997년부터 중국이 추진하고 있는 의법치국 방침과 법률 보급 운동은 어떤 연관이 있는가? 다시 말해 법률 보급 운동은 의법치국 방침의 결정과 집행에 어떤 영향을 미쳤는가?

결국 이 연구는 이와 같은 복잡한 질문에 대답하기 위한 장기적인 과제로 성격이 바뀌었다. 이렇게 되면서 분석해야 하는 대상과 시기도 대폭 확대되었고 분량도 늘어났다. 처음에는 한 편의 연구 논문을 작성하기 위해 시작한 연구가 한 권의 책을 쓰는 연구로 확대 발전한 것이다. 동시에 연구 시간도 점점 길어졌다. 몇 가지 중요한 의문점을 해결하기 위해서는 좀 더 많은 문헌자료를 수집해서 분석해야만 했기 때문이다. 또한 문헌자료를 통해서는 도저히 파악할 수 없는 의문점을 해결하기 위해 중국 현지를 방문하여 정부 관계자를 대상으로 면접조사(interview)를 실시해야 했기 때문이다. 이렇게 하여 거의 10년 만에 중국의 법률 보급 운동에 대한 연구를 완성할 수 있었다.

이 연구를 통해 중국의 법치정책과 관련하여 몇 가지 중요한 사실을 발견할 수 있었다. 무엇보다 법률 보급 운동은 공산당이 의법치국 방침을 결정하는데 필요한 중요한 경험을 제공했다. 중국에서는 중요한 정책을 결정하기 전에 먼저 일정 기간 일부 지역을 대상으로 관련 정책을 시험 실시하고, 그 경험을 기초로 정책의 확대 여부를 판단하는 경향이 있다. 법률 보급 운동이 바로 그런 역할을 한 것이다. 다시 말해 만약 법률 보급 운동을 통해 충분한 경험을 축적하지 못했다면, 공산당은 의법치국 방침을 결정할 수 없었을 것이다. 또한 법률 보급 운동은 국민의 법률지식의 확대뿐만 아니라 법률의식의 제고에도 큰 기여를 했다. 이는 법률행위의 증가로 나타났다. 1990년대에 들어 법률을 동원한 권익수호 움직임 — 예를 들어 법원 소송과 중재 신청의 증가 — 이 급증한 것은 이를 잘 보여준다. 1990년대 중반부터 국가 주도로 각종 법률구조(救助)제도가 갑자기 수립되기 시작한 것도 법률 보급 운동의 전개와 밀접한 관련이 있다. 한마디로, 이 연구를 통해 우리는 중국의 경제발전과 정치발전뿐만 아니라 법제발전도 국가가 주도하고 있으며, 이것이 급속한 경제성장과 상대적인 사회안정을 동시에 달성하는 데에 큰 기여를 했다는 사실을 알 수 있다.

이 연구는 비록 부족한 점이 많지만 몇 가지 의의가 있다고 생각된다. 먼저, 중국의 법률 보급 운동을 국내외 학계 최초로 체계적이고 깊이 있게 분석했다는 점에서 의의가 있다. 그동안 중국 국민의 법률의식이나 권리의식이 크게 증가했다는 점에 대해서는 많은 학자들이 지적했다. 그러나 그런 결과를 초래한 하나의 배경이 된 국가정책(즉, 법률 보급 운동)에 대한 연구는 거의 없었다. 또한 이 연구는 공산당과 국가가 경제성장에 필요한 국가체제를 정비하고 안정적인 일당체제를 유지하기 위해 지난 30여 년 동안 어떤 노력을 전개했는가를 이해하는 데에 큰 도움을 줄 수 있다. 그동안 국내외 학계가 중국의 정치개혁을 분석할 때 의식적이건 무의식적이건 주로 '정치민주화'(political democratization)의 관점에서 연구했던 것과는 달리, 이 연구는 '정치제도화'(political institutionalization)의 관점에서 정치개혁을 분석했다는 점에서 의의가 크다. 다만 이와 같은 연구 의의가 실제로 얼마나 성공적으로 달성되었는가는 학계가 평가할 몫이다. 선후배 학자들의 평가와 가르침을 기대한다.

마지막으로 필자는 지난 10여 년 동안 중국의 법치정책 전반에 대해 체계적으로 연구해 왔다. 이 책은 이런 연구를 집대성한 '세 권의 시리즈' 중 세 번째에 해당한다. 첫 번째 연구는 의법치국이 새로운 국가통치 방침이자 정치개혁 방침으로 등장하게 되는 배경과 과정, 실제 법치정책의 추진 과정과 결과를 분석하는 것이다. 이 연구 결과는 『중국의 법치와 정치개혁』이라는 제목으로 2012년 5월에 창작과비평사(창비)에서 출판되었다. 반면 두 번째 연구는 1999년부터 현재까지 최고인민법원과 공산당 중앙의 지도하에 지방의 각급 인민법원이 대대적으로 추진하고 있는 법원개혁을 분석하는 것이다. 이 연구 결과는 『중국의 법원개혁』이라는 제목으로 이 책과 함께 서울대학교출판문화원에서 출판되었다. 중국의 법치정책이나 정치개혁 혹은 법원개혁에 관심이 있는 독자라면 이 책과 함께 나머지 두 권의 책도 함께 읽기를 권한다.

지난 10여 년 동안 이 연구를 진행하면서 여러 기관과 개인들로부터 많은 도움을 받았다. 광둥성 인민정부 외사판공실의 푸랑(傅朗) 주임과 정훙메이(鄭紅梅) 과원, 난카이대학의 주광레이(朱光磊) 교수와 양룽(楊龍) 교수, 상하이시 사회과학원의 선궈밍(沈國明) 교수와 리이하이(李軼海) 외사처장은 문헌자료 수집과 면접조사 등 현지조사에 큰 도움을 주셨다. 서울대학교 아시아연구소(SNU Asia Center)는 이 연구에 필요한 연구비를 지원해 주었다. 이런 재정적 지원은 이 연구에 큰 도움이 되었다. 또한 필자는 2006년 여름부터 2007년 여

름까지 하버드-옌칭연구소(Harvard-Yenching Institute)에 방문학자로 머물면서 중국의 법치 전반에 대해 깊이 있게 연구할 수 있었다. 하버드-옌칭연구소는 이 연구에 필요한 제반 시설뿐만 아니라 재정도 지원해 주었다. 이런 여러 기관과 개인의 지원이 있었기 때문에 이 연구가 가능했다. 모두에게 진심으로 감사드린다.

이 책의 수정과 보완 과정에서도 여러분들의 도움을 받았다. 이 책의 원고를 심사하고 수정 방안을 제시해 주신 서울대학교출판문화원이 지정한 두 분 익명의 심사자께 감사드린다. 어렵고 복잡한 원고를 잘 편집해 주신 서울대학교출판문화원의 전수형 선생님께 감사드린다. 이 책의 초고를 꼼꼼히 읽고 좋은 의견을 말해 주었을 뿐만 아니라 편집에도 큰 도움을 준 필자의 이서영, 박후선, 조아라, 이재영 석사에게도 진심으로 감사한다. 특히 필자의 전직 조교였던 이서영, 조아라 석사는 이 책의 부록인 〈법률 보급 운동 계획〉의 초벌 번역도 맡아주었다. 다만 이 책의 내용과 번역에 대한 최종 책임은 필자에게 있음을 밝혀둔다. 마지막으로 이 책의 일부 내용은 「중국의 법률 보급 운동과 통치 엘리트」, 『아시아리뷰(Asia Review)』 제1권 제2호(2012년 봄)에 발표되었다.

2012년 11월

관악산 연구실에서

조영남

차례

부록 제1차에서 제6차까지의 〈법률 보급 운동 계획〉 • 163

표 차례

그림 차례

일러두기

1. 중국 인명이나 지명 등은 외래어 표기법에 따랐다. 그러나 한국에서 이미 친숙해진 경우는 한자 발음에 따라 표기하고, 필요할 경우에는 중국어를 병기했다. 예: 대만(臺灣), 『인민일보』(人民日報)
2. 본문에 있는 "〈 〉" 표시는 각종 법률과 공산당 규약(당규/黨規) 혹은 이에 준하는 결의나 결정 등을 의미한다. 예: 〈헌법〉, 〈공산당 선거업무 조례〉
3. 각주(脚註)에 있는 "〈 〉" 표시는 인터넷 웹사이트를 의미한다. 예: 〈신화왕〉(新華網)
4. 본문과 각주의 "『 』" 표시는 책, 신문, 잡지를 의미한다. 예: 『광명일보』
5. 본문과 각주의 "「 」" 표시는 논문, 신문 및 잡지의 기사를 의미한다.
6. 중요한 법률・당규, 정부 정책, 중요한 개념 등은 한글 옆에 중국어(한자)를 병기했다. 예: 민주집중제(民主集中制), 당내 민주(黨內民主)

제1장

서론

1. 연구 주제 · 내용 · 주장

2. 기존 연구 검토와 연구 의의

3. 연구 자료와 주요 개념

여기서는 먼저 이 연구의 주제, 분석 내용, 핵심 주장을 간략하게 살펴볼 것이다. 이후 기존 연구를 검토하여 부족한 점을 알아보고 이를 해결하려는 이 연구의 의의를 살펴볼 것이다. 마지막으로 연구 자료와 몇 가지 개념에 대해 설명할 것이다.

1. 연구 주제 · 내용 · 주장

1985년 6월 베이징(北京)에서는 중국공산당(이하 공산당) 중앙 선전부와 국무원(國務院: 중앙정부) 사법부(司法部)가 공동 주관하는 '전국 법제 선전 · 교육 업무회의'(全國法制宣傳教育工作會議)가 일주일 동안 개최되었다. 1949년 중화인민공화국이 성립된 이후 법제선전과 교육을 주제로 전국회의가 개최된 것은 이번이 처음이었다. 이 회의에는 공산당 중앙 정법위원회(政法委員會) 서기 천비셴(陳丕顯), 공산당 중앙 선전부 부장 덩리췬(鄧力群), 국무원 사법부 부장 저우위(鄒瑜) 등 다수 고위지도자, 중앙 및 지방 당 · 정 · 군(軍)의 선전과 법률 주무부서 책임자들이 모두 참석했다. 사법부 부장 저우위는 향후 5년 동안 전체 국민을 대상으로 '법률 보급 운동'(普法運動)을 대대적으로 전개할 것을 제안했다. 이와 함께 그는 이를 구체적으로 실행할 '5개년 계획'(規劃) 초안도 발표했다.

이에 호응하여 선전부 부장 덩리췬은 법률 보급 운동의 필요성을 역설했다. 우선 '사회주의 민주'를 발전시키고 정치안정과 공산당의 안정적 통치를 보장하기 위해서는 법률제도(法制) 수립과 함께 법률 보급이 필요하다. 한마디로, "법률 보급의 목적은 광대한 간부가 더욱 자각적으로 법률에 의거하여 일을 처리(依法辦事)하고, 광대한 군중이 자각적으로 헌법 권리를 수호하면서 각종 인민의 권리를 위해 투쟁하는 것이다." 또한 경제건설을 중심으로 하는 '사회주의 현대화'의 순조로운 진행을 보장하기 위해서도 법제건설과 법률 보급이 필요하다. 마지막으로 사회주의 '정신문명'을 건설하기 위해서는 법률제도를 개선해야 하고, 이를 위해서는 "법률을 십억 인민에게 주어야 한다"(把法律交給十億人民). 즉, "인민이 법률의 주인이 되어야 하고, 법률은 인민 수중의 무기(法律要成爲人民手中的武器)가 되어야 한다"는 것이다. 이로써 법률 보급 운동을 전국적으로 전개하기 위한 '총동원령'(總動員令)이 내려졌다. 제1차(1986~1990년) 법률 보급 운동이 본격적으로 시작된 것이다.[1]

법률 보급 운동은 원래 계획대로 하면 '5년 정도의 시간' 동안에 '영도간부'(領導幹部)와 '청소년'을 중심으로 한 국민에게 헌법 및 주요 법률과 관련된 '법률상식'을 보급하면 완료되는 것이었다.[2] 그런데 원래 계획

1 司法部 宣傳司 編, 『依法治國的生動實踐: 普法依法治理十五年』(下册) (北京: 法律出版社, 2001), p. 2098; 鄒瑜, 「為爭取用5年左右的時間在全體公民中基本普及法律常識而奮鬥」(1985. 6), 司法部, 『依法治國的生動實踐』(下), pp. 1049~1055; 「鄧力群同志在全國法制宣傳教育工作會議上的講話」(1985. 6), 司法部, 『依法治國的生動實踐』(下), pp. 1040~1045.

2 여기서 '영도간부'는 중앙정부, 즉 국무원의 처장급(處長級), 지방정부의 현장급(縣長級), 즉 현장(縣長)·시장(市長)·구장(區長) 이상의 고위 당정간부를 가리킨다. 이를 한국의 직위에 적용하면, 각각 중앙정부의 과장급, 지방정부의 군수·시장·구청장급 이상의 고위 공직자에 해당한다. 영도간부 외에도 '고급간부'(高級幹部) 혹은 '고급 영도간부'라는 범주가 있다. 이는 중앙정부와 성급정부의 청장(廳長)·국장(局長)(한국 중앙정부와 도정부의 국장) 이상의 고위 당정간부를 가리킨다.

했던 5년이 지난 후에 공산당과 정부는 방침을 바꾸어 법률 보급 운동을 계속 추진하기로 결정했다. 법률 보급 운동이 단순한 법률상식의 전파에서 국민의 법률의식 제고와 국가통치 방식의 변화를 위한 정치개혁 프로그램으로 성격이 변화된 것이다. 이렇게 해서 제2차(1991~1995년), 제3차(1996~2000년), 제4차(2001~2005년), 제5차(2006~2010년) 5개년 법률 보급 운동이 완료되었고, 2011년 4월에 제6차(2011~2015년) 5개년 법률 보급 운동이 시작되었다.[3]

이상에서 간단하게 살펴본 것처럼, 법률 보급 운동은 지난 25년 동안 공산당 중앙과 국무원의 주도로 전국적으로 추진되었고, 현재에도 추진 중이다. 중국에서 특정 정책을 이처럼 체계적인 방식으로 장기적으로 추진하는 경우는 흔하지 않다.[4] 세계적으로 볼 때에도 이처럼 국가가 주도하여 전체 국민을 대상으로 법률 보급 운동을 장기적으로 전개하는 경우는 거의 없었다. 1960년대와 1970년대에 한국, 대만(臺灣), 싱가포르, 말레이시아 등의 국가가 경제발전을 추진하면서 시장경제에 필요한 법제 정비를 위해 노력한 것은 사실이다.[5] 하지만 이들 국가가 수십 년에 걸쳐

---

3 全國人民代表大會常務委員會, 「關於進一步加強法制宣傳教育的決議」(2011. 4), 〈中國人大網〉, 2011年 4月 22日, http://www.npc.gov.cn (검색일: 2011. 7. 13); 中央宣傳部・司法部, 「關於在公民中開展法制宣傳教育的第六個五年規劃」, 〈新華網〉, 2011年 7月 27日, http://news.xinhuanet.com (검색일: 2011. 7. 28).

4 이와 유사한 사례로는 「국민경제 및 사회발전 5개년 발전 계획(規劃)」이 있다. 중국은 1953년에 제1차 5개년(1953~1957년) 계획을 수립 및 집행한 이후, 2011년 현재까지 제12차 5개년(2011~2015년) 계획을 추진하고 있다. 또한 이와 비슷하게 중국은 체계적이고 장기적인 법원개혁을 추진하고 있다. 즉, 최고인민법원(最高人民法院)은 1999년 10월에 「인민법원 5년 개혁 요강」(1999~2003년)을 제정하여 집행한 이후, 제2차 5개년(2004~2008년), 제3차 5개년(2009~2013년) 「법원개혁 요강」을 제정 및 추진하고 있다.

5 Randall Peerenboom, “Varieties of Rule of Law: An Introduction and Provisional Conclusion,” Randall Peerenboom (ed.), *Asian Discourses of Rule of Law: Theories and Implementation of Rule of Law in Twelve Asian Countries, France and the U. S.* (London: Routledge, 2004), p. 39; H. P. Lee, “Competing Conceptions of Rule of Law in Malaysia,” Peerenboom, *Asian Discourses of Rule of Law*, pp. 225~249; Li-Ann Thio, “Rule of Law within a Non-Liberal ‘Communitarian’ Democracy: The

전체 국민을 대상으로 법률 보급 운동을 전개한 적은 없었다.

이 책은 이와 같은 중국의 법률 보급 운동을 분석하는 것을 목적으로 한다. 구체적으로 이 책은 다음과 같은 몇 가지 문제를 해결하려고 한다. 먼저, 법률 보급 운동의 내용은 구체적으로 무엇이고 실제로 그것은 어떤 방식으로 어떻게 전개되었는가? 또한 왜 중국은 1986년부터 지금까지 25년 동안 법률 보급 운동을 지속적이고 대대적으로 전개하고 있는가? 다시 말해, 법률 보급 운동의 추진 배경 혹은 동기는 무엇인가? 셋째, 법률 보급 운동의 실제 전개 상황과 결과는 어떠한가? 다시 말해, 법률 보급 운동은 원래 계획대로 추진되었으며, 그것은 국민의 법률의식과 법률행위의 변화에 어떤 영향을 미쳤는가? 마지막으로 법률 보급 운동은 중국의 정치 개혁 및 정치변화와 관련하여 어떤 함의를 갖는가?

이런 질문에 답하기 위해 이 책은 세부적으로 다음과 같은 사항을 분석할 것이다. 먼저, 법률 보급 운동의 계획을 분석할 것이다. 여기서는 제1차에서 제5차까지 공식적으로 결정된 「법률 보급 5개년 계획(規劃)」을 중점적으로 검토할 것이다. 다음으로, 법률 보급 운동의 추진 배경과 원인을 분석할 것이다. 여기서는 1980년대와 1990년대 정치 상황과 법제 상황을 살펴보고, 법률 보급 운동을 계획하고 지도하는 주무부서와 책임자들의 주장을 분석할 것이다. 이후에 법률 보급 운동의 실제 내용과 전개 과정을 상세하게 분석할 것이다. 구체적으로 법률 보급 운동의 지도기구 및 실무조직의 구성과 활동, 중앙-지방 간의 역할 분담과 상호관계, 지역 편차, 법률교육 및 선전의 내용과 방식 등을 검토할 것이다. 이런 분석을 기초로 법률 보급 운동의 성과와 문제를 평가할 것이다. 결론에서는 연구 결과를 요약하고 법률 보급 운동의 전망과 함의에 대해 검토할 것이다. 마지막으로 부록은 제1차에서 제6차까지의 법률 보급 운동의 5

Singapore Experience," Peerenboom, *Asian Discourses of Rule of Law*, pp. 183~224.

개년 계획(規劃)을 모두 번역해서 실었다.

이러한 분석을 통해 우리는 몇 가지 사항을 알 수 있을 것이다. 먼저, 법률 보급 운동은 초기에 영도간부와 청소년을 중점 대상으로 하는 법률 상식 보급 운동으로 시작하여, 점차 사회관리 및 국가통치 방식의 전환을 목표로 하는 정치개혁으로 발전했다. 이에 따라 운동의 내용과 목표도 법률지식의 선전·교육에서 통치 방식을 인치(人治)에서 법치(法治)로 전환하기 위한 '의법치리'(依法治理: 법률에 의거한 관리)와 '의법치국'(依法治國: 법률에 의거한 국가통치)의 실시로 이동했다. 이 점에서 보면, 법률 보급 운동은 단순히 법률지식의 보급을 위한 '계몽운동'이 아니며, 통치 방식의 제도화를 통해 정치안정을 이룩하고 이를 기반으로 공산당 통치의 정당성(legitimacy)을 제고하려는 '정치적 대중운동'이라고 평가할 수 있다.

또한 법률 보급 운동은 중국의 새로운 정치개혁 방침의 결정에 중요한 실천적 경험을 제공했다. 즉, 법률 보급 운동은 1997년 공산당 제15차 전국대표대회(이하 당대회)에서 공산당이 의법치국과 '사회주의 법치국가'(法治國家) 건설을 새로운 국가통치 방침이며 정치개혁 방침으로 결정하는 데 중요한 역할을 담당했다. 만약 1980년대 중반부터 1990년대 중반까지 10여 년에 걸쳐 전국적으로 실시된 의법치리의 경험이 없었다면 공산당은 의법치국을 국가통치 방침으로 쉽게 결정할 수 없었을 것이다.

마지막으로 중국 국민의 법률의식 강화와 법률행위 증가는 개혁기에 급속하게 진행된 사회·경제적 변화와 함께 국가 주도의 체계적인 법률 보급 운동이 있었기 때문에 가능했다. 다시 말해, 법률 보급 운동은 중국 국민의 법률의식과 법률행위 변화의 중요한 하나의 원인이 되었다. 이는 경제발전과 함께 법제발전도 국가가 주도하고 있다는 사실을 보여준다. 이것이 그동안 고도의 경제성장과 급속한 사회·경제적 변화를 경험하면서도 중국이 비교적 안정적으로 사회·정치적 환경을 유지할 수 있었던 주요한 배경이 되었다.

2. 기존 연구 검토와 연구 의의

1990년대에 들어 중국에서 법률 제정과 집행이 활발해지면서 이에 대한 학계의 연구도 크게 증가했다. 기존 연구는 세 가지로 나눌 수 있다. 첫째는 법률개혁(legal reform) 연구이다. 이것은 헌법, 민법, 상법, 형법, 행정법 등 개혁기에 제정된 각종 법률의 내용과 특징을 분석하는 것이다.[6] 둘째는 사법개혁(judicial reform) 연구이다. 여기에는 법원개혁,[7] 검찰(檢察院)・경찰(公安)・교도소 개혁,[8] 민사소송제도 개혁,[9] 변호사제도

---

6 Donald C. Clarke (ed.), *China's Legal System: New Developments, New Challenges* (Cambridge: Cambridge University Press, 2008); Pitman B. Potter (ed.), *Domestic Law Reforms in Post-Mao China* (Armonk: M. E. Sharpe, 1994); Pitman B. Potter, *The Chinese Legal System: Globalization and Local Legal Culture* (London: Routledge, 2001); Stanley B. Lubman (ed.), *China's Legal Reforms* (Oxford: Oxford University Press, 1996); Stanley B. Lubman, *Bird in a Cage: Legal Reform in China After Mao* (Stanford: Stanford University Press, 1999); J. Chen, *Chinese Law: Toward an Understanding of Chinese Law, Its Nature and Development* (Hague: Kluwer Law International, 1999); C. Stephen Hsu (ed.), *Understanding China's Legal System: Essays in Honor of Jerome A. Cohen* (New York: New York University Press, 2003).

7 Benjamin L. Liebman, "China's Courts: Restricted Reform," *China Quarterly*, No. 191 (September 2007), pp. 620~643; Donald C. Clarke, "Empirical Research into the Chinese Judicial Reform," Erik G. Jensen and Thomas C. Heller (eds.), *Beyond Common Knowledge: Empirical Approaches to the Rule of Law* (Stanford: Stanford University Press, 2003), pp. 164~192; Qianfan Zhang, "The People's Court in Transition: The Prospects for Chinese Judicial Reform," Suisheng Zhao (ed.), *Debating Political Reform in China: Rule of Law vs. Democratization* (Armonk: M. E. Sharpe, 2006), pp. 138~163.

8 Mike P. H. Chu, "Criminal Procedure Reform in the People's Republic of China: The Dilemma of Crime Control and Regime Legitimacy," *UCLA Pacific Basin Law Journal*, Vol. 18, No. 2 (Spring 2000), pp. 157~210; Murray Scot Tanner and Eric Green, "Principals and Secret Agents: Central versus Local Control over Policing and Obstacles to 'Rule of Law' in China," *China Quarterly*, No. 191 (September 2007),

개혁,[10] 무상 법률구조(救助)제도 개혁,[11] 각종 사법제도 개혁의 종합적 분석 등이 포함된다.[12] 이런 연구의 대부분은 법학자에 의해 수행된 것이고, 그래서 대개 법학 연구에 속한다고 말할 수 있다.

셋째는 최근 들어 증가하고 있는 중국 국민의 법률행위 혹은 법률동원에 대한 연구이다. 개혁기 중국 국민의 법률의식과 권리의식은 강화되었고, 이에 따라 법률을 통한 각종 구제활동 — 예를 들어, 각종 소송(訴訟)과 중재(仲裁) 신청 — 도 크게 증가했다. 따라서 이에 대한 분석이 중요한 연구 영역이 되었던 것이다. 여기에는 중국 국민의 법률의식과 권리의식의 성격에 대한 연구,[13] 권리의식의 변화에 따른 대중저항의 증가에

---

pp. 644~670; Fu Hualing, "Punishing for Profit: Profitability and Rehabilitation in A Laojiao Institution," Neil J. Diamant, Stanley B. Lubman, and Kevin J. O'Brien (eds.), *Engaging the Law in China: State, Society, and Possibilities for Justice* (Stanford: Stanford University Press, 2005), pp. 213~229.

9 Margaret Y. K. Woo and Mary E. Gallagher (eds.), *Chinese Justice: Civil Dispute Resolution in Contemporary China* (New York: Cambridge University Press, 2011).

10 Al Young, "The Continuing Lack of Independence of Chinese Lawyers," *Georgetown Journal of Legal Ethics*, Vol. 18, No. 3 (Summer 2005), pp. 1133~1149; Hualing Fu and Richard Cullen, "Weiquan (Right Protection) Lawyering In an Authoritarian State: Building a Culture of Public-Interest Lawyering," *China Journal*, No. 59 (January 2008), pp. 111~127; Ethan Michelson, "The Practice of Law as an Obstacle to Justice: Chinese Lawyers at Work," *Law & Society Review*, Vol. 40, No. 1 (2006), pp. 1~38.

11 Benjamin L. Liebman, "Legal Aid and Public Interest Law in China," Texas *International Law Journal*, Vol. 34, No. 2 (Spring 1999), pp. 211~286; Tang Lay Lee and Francis Regan, "Why Develop and Support Women's Organizations in Providing Legal Aid in China? Women's Rights, Women's Organizations and Legal Aid in China," *Journal of Contemporary China*, Vol. 18, No. 61 (September 2009), pp. 541~565.

12 정철, 『중국의 사법제도』(서울: 경인문화사, 2009); Randall Peerenboom, *China's Long March toward Rule of Law* (Cambridge: Cambridge University Press, 2002); Randall Peerenboom, *China Modernizes: Threat to the West or Model for the Rest?* (Oxford: Oxford University Press, 2006), pp. 184~232; Randall Peerenboom (ed.), *Judicial Independence in China: Lessons for Global Rule of Law Promotion* (New York: Cambridge University Press, 2010); Daniel C. K. Chow, *The Legal System of the People's Republic of China* (Second Edition) (St. Paul: West, 2009).

대한 연구,[14] 노동자의 법률동원에 대한 연구 등이 있다.[15] 특히 최근에는 대중저항의 증가를 국가의 법치정책 추진 및 노동자·농민의 권리의식변화와 연결시켜 분석하는 연구가 많다는 특징이 있다.[16]

그런데 이런 많은 연구 중에서 법률 보급 운동을 전문적으로 분석한 연구는 거의 없다는 문제가 있다. 따라서 이 책은 무엇보다 기존 연구의 공백을 보완한다는 점에서 의의가 있다. 필자의 조사에 의하면, 법률 보급 운동을 전문적으로 분석한 연구는 1995년에 출간된 엑스너(Mechthild Exner)의 논문 한 편뿐이다.[17] 그나마 이 논문은 부정확한 사실을 일부

---

13 Lianjiang Li, "Rights Consciousness and Rules Consciousness in Contemporary China," *China Journal*, No. 64 (July 2010), pp. 47~68; Elizabeth J. Perry, "A New Rights Consciousness?" *Journal of Democracy*, Vol. 20, No. 3 (July 2009), pp. 17~20; Elizabeth J. Perry, "Chinese Conceptions of 'Rights': From Mencius to Mao and Now," *Perspectives on Politics*, Vol. 6, No. 1 (March 2008), pp. 37~50.

14 Kevin J. O'Brien and Lianjiang Li, "Suing the Local State: Administrative Litigation in Rural China," Diamant, Lubman, and O'Brien, *Engaging the Law in China*, pp. 31~53; Lianjiang Li and Kevin J. O'Brien, "Protest Leadership in Rural China," *China Quarterly*, No. 193 (March 2008), pp. 1~23; Eva Pils, "Asking the Tiger for His Skin: Rights Activism in China," *Fordham International Law Journal*, No. 30 (2007), pp. 1209~1287.

15 Virginia Harper Ho, *Labor Dispute Resolution in China: Implications for Labor Rights and Legal Reform* (Berkeley: Institute of East Asian Studies, 2003); Mary E. Gallagher, "'Use the Law as Your Weapon!': Institutional Change and Legal Mobilization in China," Diamant, Lubman, and O'Brien, *Engaging the Law in China*, pp. 55~83; Mary E. Gallagher, "Mobilizing the Law in China: 'Informed Disenchantment' and the Development of Legal Consciousness," *Law and Society Review*, Vol. 40, No. 4 (December 2006), pp. 783~816; Ching Kwan Lee, "Pathway of Labor Activism," Elizabeth J. Perry and Mark Selden (eds.), *Chinese Society: Change, Conflict and Resistance* (Third Edition) (London: Routledge, 2010), pp. 57~79; Feng Chen, "Legal Mobilization by Trade Unions: The Case of Shanghai," *China Journal*, No. 52 (July 2004), pp. 27~45.

16 Kevin J. O'Brien and Lianjiang Li, *Rightful Resistance in Rural China* (New York: Cambridge University Press, 2006); Kevin J. O'Brien (ed.), *Popular Protest in China* (Cambridge, M. A.: Harvard University Press, 2008); Ching Kwan Lee, *Against the Law: Labor Protests in China's Rustbelt and Sunbelt* (Berkeley: University of California Press, 2007); Yongshun Cai, *Collective Resistance in China: Why Popular Protests Succeed or Fail* (Stanford: Stanford University Press, 2010).

포함하고 있는 것 이외에도 몇 가지 한계로 인해 법률 보급 운동을 이해하는 데 큰 도움이 되지 않는다. 우선 자료 면에서 이 논문은 제1차(1986~1990년) 운동의 일부 정부 문건만을 정리했다는 한계가 있다. 또한 자료 이용의 한계로 이 논문은 법률 보급 운동의 '계획'을 주로 검토했고, 운동의 실제 전개 과정과 결과에 대해서는 제대로 분석하지 못했다. 그 밖에도 이 논문의 시기적 한계로 이후에 지속적으로 전개된 운동 상황을 이해할 수 없다. 결국 법률 보급 운동을 제대로 이해하기 위해서는 전 시기를 대상으로 운동의 계획, 과정 및 결과를 체계적이고 깊이 있게 분석하는 새로운 연구가 필요하다.

그동안 학계가 법률 보급 운동에 주의를 기울이지 않은 것은 몇 가지 이유 때문일 것이다. 우선 이 운동이 중국의 법률제도나 법치정책의 실시와 관련해서 실제로 큰 의미가 없다고 판단해서 연구하지 않았을 수도 있다. 그러나 1986년부터 현재까지 25년 동안 중국이 중요한 국가사업으로 추진한 정책을 제대로 분석도 하지 않고 그렇게 간단하게 무시할 수는 없다. 뿐만 아니라 1990년대 이후 중국 국민의 각종 법률활동이 크게 증가했다는 객관적인 사실을 놓고 볼 때, 법률 보급 운동이 이런 새로운 현상과 어떤 연관이 있는가를 진지하게 규명하려는 노력은 시의적절하면서도 매우 중요하다.

일부 학자들은 방법론적인 어려움 때문에 연구를 회피했을 수도 있다. 예를 들어, 법률 보급 운동은 25년에 걸쳐 점진적으로 추진되었기 때문에 특정한 시기에 그 결과를 분명하게 제시할 수 없다. 설사 어떤 분명한 결과(예를 들어, 국민의 법률의식 강화)가 있다고 해도 그 원인이 바로

17 Mechthild Exner, "The Convergence of Ideology and The Law: The Functions of the Legal Education Campaign in Building a Chinese Legal System," *Issues & Studies*, Vol. 31, No. 8 (August 1995), pp. 68~102.

법률 보급 운동이라고 실증적으로 논증하기는 쉽지 않다. 이에 비해 노동자 파업이나 농민 시위 등 대중저항의 급증은 개혁기에 나타난 분명한 사회현상이라 연구의 필요성을 설명하기 쉽고, 그 원인과 과정을 실증적으로 분석하기도 비교적 쉽다. 그러나 이런 방법론적인 어려움 때문에 법률 보급 운동을 연구하지 않는 것은 타당하지 않다. 분석적 방법(analytic method)이 아니라 서술적 방법(descriptive method)을 사용해서도 법률 보급 운동의 실제 추진 과정, 내용, 결과를 충실하게 연구할 수 있기 때문이다.

또한 이 책은 개혁기 중국 국민의 법률의식과 권리의식이 크게 증가한 것과 관련된 새로운 배경 또는 원인을 제공한다는 점에서 중요한 의의가 있다. 이것이 이 책이 갖는 두 번째 의의이다. 개혁기 국민의 법률의식과 권리의식이 변화했다는 것은 거의 모든 기존 연구의 공통된 주장이다. 다만 이런 의식의 '성격' 규정을 놓고 현재 논쟁이 진행 중이다. 예를 들어, 페리(Elizabeth J. Perry)는 최근의 대중저항은 권리의식이 아니라 '규칙의식'(rule consciousness)이 증가했음을 보여주는 사례라고 주장한다. 규칙의식은 법 앞에서의 평등과 헌법 및 법률이 보장하는 '법적 권리'(legal rights)에 대한 각성에 기반을 둔 것으로, 국민의 보편적 권리나 민주주의를 요구하는 권리의식과는 다르다. 따라서 규칙의식에 근거한 대중저항은 국가 그 자체가 아니라 특정 지방정부를 목표(target)로 이들의 잘못된 정책 집행과 일탈행위(예를 들어, 부정부패)를 비판한다. 이런 점에서 최근의 대중저항은 현행 국가의 틀 속에서 진행된다는 특징이 있다고 한다.[18] 이에 비해 리(Lianjiang Li)와 다른 많은 연구자들은 중국 국민은 규칙의식뿐만 아니라 권리의식도 분명히 갖고 있고, 최근의 대중운동은

18 Perry, "A New Rights Consciousness?" pp. 17~20; Perry, "Chinese Conceptions of 'Rights'," pp. 37~50.

이를 잘 보여준다고 주장한다. 예를 들어, 노동자·농민들은 단순히 특정 지방정부의 정책집행 과정에서 발생하는 문제만을 비판하는 것이 아니라, 중앙정부의 잘못된 정책도 비판한다는 것이다.[19]

그런데 이런 논쟁은 어떻게 해서 국민의 법률의식과 권리의식이 변화했는가에 대한 논의가 빠져있다는 문제가 있다. 페리의 경우에는 국민의식의 단절보다 전통과의 연속성을 강조하기 때문에 상대적으로 이 문제에 덜 민감할 수 있다. 그러나 그녀도 비록 연속성은 있지만, 국민의식이 변화했다는 사실을 부정하지는 않는다. 어떻게 보면, 기존 연구들은 국민의 법률의식과 권리의식이 강화된 원인에 대해 일정한 합의를 공유하고 있는 것 같다. 즉, 개혁기에 시장제도가 도입되고 경제적 대외개방이 추진되면서 생산방식과 사회구조가 변화했고, 이와 함께 계층 분화와 이익 다원화도 급속하게 진행되었다. 그리고 바로 이와 같은 사회·경제적 변화가 국민의 의식변화를 불러왔다는 것이다. 이런 관점에서 중국 국민의 의식변화와 정치참여 변화를 분석한 연구는 많이 있다.[20]

사회·경제적 변화에서 국민의 의식변화를 찾는 기존의 연구는 문제가 없다. 그러나 만약 이것만을 강조한다면 문제가 된다. 일부 연구자들이 주장하듯이, 국민의 법률의식과 권리의식이 강화되고 이에 따라 법률동원이 증가한 데에는 이런 사회·경제적 변화뿐만 아니라 국가에 의한 법제정책의 추진이 중요한 촉진제 역할을 했기 때문이다. 다시 말해 '위

---

19 Li, "Rights Consciousness and Rules Consciousness," pp. 47~68. 다른 학자들의 사례는 리의 논문에 있는 각주를 참고할 수 있다.

20 예를 들어, Tianjian Shi, *Political Participation in Beijing* (Cambridge, M. A.: Harvard University Press, 1997); Tianjian Shi, "Mass Political Behavior in Beijing," Merle Goldman and Roderick MacFarquhar (eds.), *The Paradox of China's Post-Mao Reforms* (Cambridge, M. A.: Harvard University Press, 1999), pp. 145~169; Wenfang Tang, *Public Opinion and Political Change in China* (Stanford: Stanford University Press, 2005); 高鸿钧, 「中國公民权利意识的演进」, 夏勇 主編, 『走向權利的時代: 中國公民權利發展硏究』(修訂版) (北京: 中國政法大學出版社, 1999), pp. 43~106 등이 있다.

로부터의 개혁'에 의한 의식변화와 행동변화가 있었다는 것이다.

예를 들어, 갤러거(Mary E. Gallagher)는 짧은 시간에 많은 노동자가 법률과 각종 사법제도를 활용하여 권익수호 활동에 나설 수 있었던 데에는 국가가 의욕적으로 추진한 법률 보급 운동(law dissemination campaign)이 큰 역할을 했다고 주장한다. 즉, 노동자들은 정부가 추진하는 법률 보급으로 노동자 권리와 관련된 법률지식을 습득할 수 있었고, 동시에 "법률을 무기로 사용하라!"(Use law as a weapon)는 정부의 슬로건을 믿고 소송 제기 등 법률행위에 적극 나섰다는 것이다.[21] 이와 비슷하게, 푸(Hualing Fu)와 컬렌(Richard Cullen)도, 20년 동안 추진된 법률 보급 운동(campaign to popularize law)이 시민들의 권리의식 증가에 큰 역할을 했고, 이는 다른 국가에서는 찾아볼 수 없는 특이한 경우라고 주장한다.[22] 이는 지난 10여 동안 필자가 톈진시(天津市), 상하이시(上海市), 광둥성(廣東省) 지역에서 현지조사를 진행할 때 공통적으로 발견한 사실이기도 하다. 다만 이들 기존 연구는 이런 사실을 지적하는 데 그칠 뿐, 법률보급 운동이 구체적으로 어떤 내용으로 어떻게 전개되었고, 그것이 국민의 의식변화와 행동변화를 어떻게 초래했는지를 분석하지는 않았다.

이처럼 이 책은 개혁기에 나타난 중국 국민의 법률의식과 권리의식의 변화, 이에 따른 각종 법률동원과 대중저항의 증가와 관련하여 그 배경이나 원인에 대한 다른 시각을 제공할 수 있다는 점에서 의의가 있다. 다만 이 책은 통계분석 기법을 사용하여 원인(즉, 법률 보급 운동)과 결과(즉, 법률의식 및 권리의식의 증가, 법률동원의 확대)의 인과관계를 분석하는 연구가 아니라는 점에서 일정한 한계가 있다. 그러나 법률 보급 운동의 계획,

21 Gallagher, "'Use the Law as Your Weapon!'" pp. 55~83.

22 Fu and Cullen, "Weiquan (Rights Protection) Lawyering in an Authoritarian State," pp. 111~127.

과정 및 결과에 대한 체계적이고 깊이 있는 서술적 분석을 통해 원인과 결과의 상황적인 연관성은 제시할 수 있을 것이다.

3. 연구 자료와 주요 개념

이 책은 다양한 일차 문헌자료와 면접조사(interview)자료를 활용하여 법률 보급 운동을 분석했다. 특히 이 연구에서는 다음과 같은 문헌자료가 중요하다. 먼저, 법률 보급 운동에 대한 기본 자료이다. 법률 보급 운동을 총괄하고 있는 국무원 사법부는 2001년에 이에 대한 종합적이고 체계적인 자료집을 편찬했다.[23] 이 자료집은 공산당 중앙과 국무원의 법률 보급 운동과 관련된 공식 문서, 주요 정치지도자의 의견과 주장, 법률 보급 운동에 대한 중앙 및 지방의 각종 조사 보고서, 주요 지방정부 및 국가기관 주요부서의 추진 사례 보고서, 성급(省級) 행정단위와 일부 지역의 법률 보급 운동 관련 규정과 정책 문서 등 모두 2,500쪽에 달하는 방대한 자료를 담고 있다. 이 자료를 세밀히 분석함으로써 법률 보급 운동의 계획, 추진 과정, 결과를 비교적 상세하게 파악할 수 있다. 만약 이 자료집이 없었다면 이 연구는 불가능했을 것이다.

또한 이 책은 중국의 법률제도 및 사법제도와 관련된 각종 통계자료와 분석 자료를 활용했다. 이 중에서 가장 중요한 것이 중국인민대학(中國人民大學)에서 편찬한 법률 및 법률행위 관련 통계분석이다.[24] 이는 중국에서 발간되는 각종 법률 및 사법제도 관련 통계자료를 수집하여 연도

23 司法部 宣傳司 編, 『依法治國的生動實踐: 普法依法治理十五年』(上・下册) (北京: 法律出版社, 2001).

24 朱景文 主編, 『中國法律發展報告: 數據庫和指標體系』(北京: 中國人民大學出版社, 2007).

별로 정리한 매우 종합적이고 체계적인 자료집이다. 구체적으로 여기에는 중국 법률 발전의 종합적인 추세 분석, 입법과 관련된 의회와 정부 활동, 법원 · 검찰 · 경찰의 활동, 변호사 규모와 활동, 정부의 법집행 상황, 각종 분규 해결기제, 법학 교육과 법학 연구에 대한 자료와 분석이 포함되어 있다. 따라서 이 자료집은 중국의 법치정책과 법률 및 사법제도를 연구할 때 매우 요긴하게 사용할 수 있다.

세 번째는 중국 국민의 법률의식에 대한 설문조사 자료이다. 가장 이상적인 것은, 이 연구를 위해 필자가 직접 중국 국민의 법률의식에 대해 설문조사를 하는 것이다. 그러나 이에는 많은 비용과 시간이 소요될 뿐만 아니라, 중국 내 협력자(partner)의 적극적인 지원이 없으면 추진하기가 매우 어려운 것이 현실이다. 또한 이미 지난 시기를 대상으로 하는 설문조사는 할 수 없다. 그런데 법률 보급 운동의 실제 진행 상황과 그 결과, 즉 중국 국민의 법률의식과 법률행위의 변화를 파악하지 못하면 법률 보급 운동을 제대로 평가할 수 없으므로, 이에 대한 조사 자료는 반드시 필요하다.

이런 문제를 보완하기 위해 이 책은 중국 정부와 중국학자에 의해 시행된 설문조사 결과를 충실히 수집하여 분석했다. 필자가 수집한 자료에는 광둥성(廣東省),[25] 상하이시(上海市),[26] 베이징시(北京市),[27] 윈난성(雲南省) 일부 농촌 지역의 조사 자료가 포함되어 있다.[28] 이는 대부분 정부의

25 鄧世豹 主編, 『中國法治進程調查報告2005: 以廣東省法治環境調查為例』(北京: 法律出版社, 2006).

26 嚴勵, 『思考與言說: 法治的理論與實踐』(北京: 法律出版社, 2008), pp. 242~286; 上海市 法制宣傳教育聯席會議辦公室, 「上海市民法律素質的現狀及進一步提高的途徑」, 『法治論叢』 第19卷 6期 (2004年 11月), pp. 38~41; 殷發志, 「上海市民法律素質抽樣調查的統計分析報告(上)」, 『中國司法』 2005年 4期, pp. 59~65; 殷發志, 「上海市民法律素質抽樣調查的統計分析報告(下)」, 『中國司法』 2005年 5期, pp. 67~74.

27 北京市 司法局法宣処, 「北京市民法律素質狀況調查評析」, 『中國司法』2006年 9期, pp. 79~82.

지원하에 법률 보급 운동이나 법치정책의 추진 상황을 점검하기 위해 실시된 조사로서, 그 결과를 신뢰할 수 있다. 그 밖에도 이 책에서는 중국 내외의 학자들이 실행한 몇 가지 조사 결과를 참고했다.[29]

한편 필자는 법치정책의 추진 상황, 정확히는 1997년 제15차 당대회에서 결정된 의법치국 방침의 추진과 그 결과를 이해하기 위해 2003년부터 2009년까지 상하이시와 광둥성 지역을 대상으로 몇 차례의 면접조사를 했다.[30] 당시 조사 항목에는 정부와 의회의 활동뿐만 아니라, 의법치국 방침의 실시 이후 각종 사회단체 — 구체적으로 노동조합(總工會), 부녀연합회(婦聯), 공산주의청년단(共青團), 공상업연합회(工商聯), 소비자협회(消費者協會) — 가 법치정책을 어떻게 이해하고 있고, 소속 집단(계층)의 권익을 증진시키기 위해 이를 어떻게 활용했는가도 포함되어 있다. 이런 조사를 통해 필자는 법률 보급 운동의 실시 이후 사회단체의 변화된 법률인식과 법률동원을 파악할 수 있었고, 이것이 이 책의 연구에 큰 도움이 되었다.

---

28 趙慶鳴・孫蘇雲, 「對我國普法活動導向的有關思考: 基層社會成員法律意識狀況調查分析」, 『曲靖師範學院學報』 第23卷 1期 (2004年 1月), pp. 53~57.

29 Tianjian Shi, "Democratic Values Supporting an Authoritarian System," Yun-han Chu, Larry Diamond, Andrew J. Nathan, and Doh Chull Shin (eds.), *How East Asians View Democracy* (New York: Columbia University Press, 2008), pp. 209~237; 夏勇 主編, 『走向權利的時代: 中國公民權利發展研究』(修訂版) (北京: 中國政法大學出版社, 1999); 沈明明 等, 『中國公民意識調查數據報告2008』(北京: 社會科學文獻出版社, 2009); 韓大元・王德志, 「中國公民憲法意識調查報告」, 『政法論壇』 第20卷 6期 (2002年 12月), pp. 107~119; 曹志召, 「河南農民法律素質調查與分析」, 『咸寧學院學報』 第28卷 4期 (2008年 8月), pp. 47~48.

30 참고로 필자는 중국의 지방의회를 연구하기 위해 2000년 여름부터 2002년 봄까지 허베이성(河北省) 한단시(邯鄲市)와 톈진시(天津市) 지역의 의회를 집중 조사했다. 특히 2001년 1월부터 2002년 2월까지 톈진시 난카이대학(南開大學)에서 방문학자로 1년 동안 머물면서 관련 내용을 비교적 체계적이고 상세하게 조사했다. 각종 사회단체가 지방의회의 입법 과정에 어떻게 참여하는가 등 의법치국 방침의 결정 이후 나타난 국가기관과 사회단체의 법률 관련 활동도 중요한 조사 항목의 하나였다. 상하이시 조사(2003~2006년)와 광둥성 지역 조사(2004~2009년)는 이러한 이전 조사의 연장선상에서 추진된 것이었다.

마지막으로 법률 보급 운동의 주요 개념에 대해 간단하게 살펴보자. 이에 대한 중국의 공식 용어는 두 가지이다. 먼저, 제1차 법률 보급 운동 시기의 공식 문서에서는 법률 보급 운동을 전체 국민을 대상으로 하는 '법률상식 보급 교육활동'(普及法律常識的教育活動) — 약칭은 '보법활동'(普法活動) — 이라고 불렀다. 그런데 제2차 법률 보급 운동 시기부터는 이를 '법제 선전 · 교육 활동'(法治宣傳教育活動)이라고 부르기 시작했다. 즉, '법률상식 보급'이 '법제 선전 · 교육'으로 변경된 것이다. 그런데 1991년 전국의 법률 보급 운동을 지도하기 위해 만든 중앙기구가 '전국 법률상식 보급 판공실'(全國普及法律常識辦公室) — 약칭은 '전국보법판'(全國普法辦) — 로 명명되었다. 이는 비록 국가 문서에서는 법률 보급 운동의 공식 명칭이 '법제 선전 · 교육 활동'으로 변경되었지만 '법률 보급 활동'도 여전히 공식 용어로 사용되고 있음을 의미한다. 이처럼 공식용어는 '법제 선전 · 교육 활동'과 '법률 보급 활동' 두 가지이다. 비슷하게 중국학자도 법률 보급 운동을 '법률 보급 교육'(普法教育), '법률 보급 활동'(普法活動) 등으로 부른다.[31] 다만, 중국 당국은 이를 법률 보급 '운동'이라고는 부르지 않는다.

그런데 법률 보급 운동을 어떻게 부를 것인가는 그것의 성격을 어떻게 볼 것인가와 밀접히 연결되기 때문에 매우 중요한 문제이다. 다시 말해 호칭 문제는 곧 그 활동의 성격규정문제라는 것이다. 결론적으로, 필자는 법률 보급 운동이 그동안 중국에서 전개되었던 다양한 대중운동(mass campaign)의 성격을 강하게 띠고 있기 때문에 이를 법률 보급 '활동'이 아니라 '운동'이라고 부를 것이다.

마오쩌둥(毛澤東, 1893~1976년) 시기에 전개되었던 각종 정치운동 — 예를 들어, 삼반(三反) 및 오반(五反) 운동(1951~1952년), 반우파투쟁(反右派鬪

31 張明新, 「對當代中國普法活動的反思」, 『法學』 2009年 10期, pp. 30~36.

爭, 1958~1960년), 사회주의 교육 및 사청(四淸) 운동(1962~1965년), 문화대혁명(1966~1976년) — 은 세 가지 공통된 특징을 갖고 있다.[32] 첫째는 하향식이다. 즉, 공산당 중앙이 주도권을 쥐고, 추진 방침과 정책뿐만 아니라 구체적인 추진 방식(예를 들어, 지도기구의 구성, 참여 기관의 선정, 동원 방식과 범위)도 결정했다. 또한 공산당이 다양한 방식을 통해 각 운동의 추진 과정과 결과도 점검하고 지시했다. 둘째는 집중이다. 즉, 중앙에서 기층까지 공산당, 국가기관, 대중조직 등 모든 조직과 기관이 참여하여 규정된 시간 안에 특정 목표를 달성하기 위해 공동으로 노력했다. 셋째는 대중동원이다. 즉 공산당은 특정 목표를 달성하기 위해 대중집회나 집단 학습 등을 통해 일반 국민의 포괄적이고 적극적인 참여를 독려했다.

이런 대중운동의 특징에 입각해 보면, 비록 공산당이나 정부 등 중국 당국이 법률 보급 운동을 '운동'이라고 부르지는 않지만, 분명히 대중운동의 성격을 띠고 있다고 말할 수 있다. 우선 법률 보급 운동은 1978년에 공식 결정된 '사회주의 민주와 법제건설' 방침에 따라 공산당 중앙과 국무원이 계획하고 지도한 것이다. 실제 전개 과정에서 지방의 경험이 축적되면서 법률 보급 운동의 정책 내용이 더욱 정교해지기는 했지만, 전체 운동의 주도권은 여전히 중앙이 쥐고 있다. 또한 법률 보급 운동에서는 당·정·군과 각종 사회단체가 법률 보급 및 통치 방식의 변화를 위해 공동으로 노력한다. 이는 중앙에서 기층단위까지 '보법 영도소조'(普法領導小組)가 구성되고, 통일된 계획과 지도하에 활동이 전개되는 과정을 통해 확인할 수 있다. 마지막으로 법률 보급 운동에는 학습이 가능한 모든 사회 구성원이 참여한다. 예를 들어, 국민은 법률 연수반이나 법률 강연회

32 Young Nam Cho, "Implementation of Anticorruption Policies in Reform-Era China: The Case of the 1993~97 'Anticorruption Struggle'," *Issues & Studies*, Vol. 37, No. 1 (January/February 2001), pp. 49~72.

등 집단적인 법률학습, 3월 15일 '국제 소비자 권익수호의 날'과 12월 4일 '헌법선포의 날'과 같은 기념 활동, 헌법과 법률 퀴즈 대회와 같은 각종 법률 보급 행사(event)에 동원된다. 따라서 이는 대중운동이다.

이 책의 관점과 유사하게, 제1차 법률 보급 운동을 분석한 엑스너도 법률 보급 운동이 대중운동이라고 주장한다. 그에 의하면, 대중운동은 특정한 목적을 달성하기 위해 대규모의 인원, 물자, 에너지, 시간을 대중적으로 동원하는 활동인데, 법률 보급 운동이 바로 이런 성격을 가진다는 것이다.[33] 이와 비슷하게, 법률 보급 운동을 청말(淸末) 변법자강(變法自强) 운동 이래 지속되어 온 위로부터의 정치동원을 통한 근대화(modernization) 시도로 이해하는 쉬장룬(徐章潤)도 이를 '법률 보급 운동'(普法運動)이라고 부른다.[34]

마지막으로 법치와 관련된 몇 가지 용어는 중국어(한자어) 그대로 사용할 것이다. 의법치리, 의법치국, 의법행정(依法行政), 의법집정(依法執政)이 바로 그것이다. 이를 우리말로 번역하면 각각 '법률에 의거한 국가 및 사회관리', '법률에 의거한 국가통치', '법률에 의거한 행정', '법률에 의거한 권력 장악과 운영'이 될 것이다. 그런데 이런 용어는 중국어를 그대로 사용해도 의미가 통하기 때문에, 또한 압축적 표현의 유용성 때문에 우리말 번역어가 아닌 중국어를 그대로 사용할 것이다.

---

33 Exner, "The Convergence of Ideology and The Law," pp. 91~92.

34 許章潤,「普法運動」,『讀書』2008年 1期, pp. 41~46.

제2장

법률 보급 운동의 계획

1. 계획의 주요 내용

2. 계획의 특징

3. 소결

법률 보급 운동은 기본적으로 공산당 중앙 선전부와 국무원 사법부가 작성한 계획(規劃)에 입각하여 추진되었다. 따라서 이 운동을 이해하기 위해서는 무엇보다 먼저 제1차에서 제5차에 이르는 법률 보급 운동의 계획을 상세하게 분석해야 한다. 이런 분석에는 공식적으로 결정된 '계획'뿐만 아니라 당정기관의 다양한 관련 문서와 주무부서 책임자의 보고도 포함된다. 이를 통해 법률 보급 운동의 계획에는 몇 가지 중요한 특징이 있다는 사실을 알 수 있다. 교육대상으로 고위간부가 가장 중시되었고, 점진적이고 융통성 있는 추진 방식이 채택되었으며, 법률의 교육과 선전을 위해 언론매체가 적극 동원되었다는 점이 그것이다.

1. 계획의 주요 내용

법률 보급 운동은 시기별로 약간씩 다른 내용으로 전개되었다. 이 때문에 시기별로 묶어 계획을 검토할 필요가 있다. 구체적으로, 1980년대에 진행된 제1차(1986~1990년), 1990년대에 진행된 제2차(1991~1995년)와 제3차(1996~2000년), 2000년대에 진행된 제4차(2001~2005년)와 제5차(2006~2010년)를 묶어서 검토할 것이다.

(1) 1980년대의 법률 보급 운동 계획: 제1차 법률 보급 운동

제1차 계획, 즉 「법률상식 보급 5개년 계획」(關於向全體公民基本普及法律常識的五年規劃)(이하 「제1차 계획」)을 보면, 중국 당국은 낙관적인 분위기에서 비교적 소박한 목표를 달성하기 위해 법률 보급 운동을 시작했다는 사실을 알 수 있다. 이를 근거로 초기의 법률 보급 운동은 법률지식의 확대를 위한 단순한 '계몽교육'이었다고 평가할 수도 있다.[1]

예를 들어, 1985년 11월 전국인민대표대회(全國人民代表大會/전국인대) 상무위원회(常務委員會)가 관련 결의안을 심의하기에 앞서, 국무원 사법부 부장 저우위(鄒瑜)는 펑전(彭眞, 1902~1997년) 위원장에게 법률 보급 운동에 대해 설명했다. 그에 따르면, 법률 보급 운동은 '법률상식의 기본보급'을 목표로 한다. 우선 교육 내용은 '법률상식'이지 '법률지식'이 아니다. 상식과 지식은 차원이 다른 것이며, 이번 운동의 목적은 법률지식 중에서 가장 필요하고 기초적인 상식만을 교육하는 것이다. 이런 점에서 '법률상식'이라는 표현을 썼다고 한다. 또한 교육 목표는 '기본보급'이다. 즉 "전체 국민 중에서 약 60% 정도가 일정한 법률교육을 받아 기본적인 법률상식을 이해하면 된다"는 의미에서 '기본보급'을 목표로 정했다고 한다.[2]

구체적으로 「제1차 계획」에 의하면, 법률 보급 기간은 향후 5년이고, 교육 및 선전 대상은 "교육 수용 능력이 있는 전체 국민"이다. 다시 말해, 문맹이 아닌 모든 국민이 운동의 참여 대상이다. 그러나 「제1차 계획」은 '중점 대상'으로 당정간부와 청소년을 선정했다. 이 중에서도 '영도간부'(領導幹部), 즉 중앙정부의 처장급(處長級: 한국의 과장급)과 지방정부의 현장급(縣長級: 한국의 시장·군수·구청장급) 이상의 고위 당정간부가

---

1 全國普及法律常識辦公室, 「全國普法依法治理工作基本情況」, 司法部 宣傳司 編, 『依法治國的生動實踐: 普法依法治理十五年』(下册) (北京: 法律出版社, 2001), pp. 1589~1596.

2 劉政, 「我國社會主義法制史上的一個壯擧」, 『中國人大』, 2006年 5月 10日, pp. 26~27.

핵심적인 중점 교육대상으로 선정되었다.

또한 법률 보급 운동의 선전 및 교육 내용은 당시까지 제정된 기본 법률인 '10법(法) 1례(例)'이다. 여기서 '10법'은 〈헌법〉, 〈형법〉, 〈형사소송법〉, 〈민사소송법〉, 〈혼인법〉, 〈상속법〉(繼承法), 〈경제계약법〉(經濟合同法), 〈병역법〉 등을 말하며, '1례'는 〈치안관리 처벌조례〉를 말한다. 그 밖에도 「제1차 계획」에 의하면 법률 보급 운동의 목적은 "법률 보급을 통해 전체 국민의 법제관념(法制觀念)을 제고하고, 법률을 알고 준수하며, 의법 업무처리(依法辦事) 하는 습관을 양성"하는 것이다.[3]

그런데 공산당 중앙과 국무원이 하달한 「'법률상식 보급 5개년 계획' 통지」(關於向全體公民基本普及法律常識的五年規劃的通知)(이하 「제1차 계획 통지」)에서는 대상별로 세분화된 목표를 제시한다. 일반 국민의 경우에는, 전형적인 사례의 선전과 표창을 통해 "전체 인민의 준법(遵紀守法)의 모범을 세우고, 의법치국(依法治國: 법률에 의거한 국가통치)과 의법 업무처리(依法辦事)의 좋은 분위기를 형성"하는 것이 목표이다. 또한 법률학습을 통해 국민들이 "자각적으로 법률을 지키고 사용하여 법률과 기율위반 행위에 맞서 용감히 투쟁"하여 "사회기풍, 사회질서, 사회치안의 근본적인 전환을 실현하려고 노력"하는 것도 목표의 하나이다. 여기서 알 수 있듯이, 일반 국민의 경우 법률 보급 운동의 기본 목표는 준법정신의 제고와 사회치안 문제의 해결, 의법치국과 의법 업무처리의 분위기 조성이었다.

반면, 당정간부의 경우에는 이것과 조금 다르다. 당정간부의 목표는 "규율위반, 부정부패, 인민의 권리 및 권익 침해 현상이 빈발하는 현실"에서 "법제관념을 강화하고 준법의 자각성을 제고하는" 것이 주된 목표이

3 中央宣傳部・司法部, 「關於向全體公民基本普及法律常識的五年規劃」(1985. 11), 司法部 宣傳司 編, 『依法治國的生動實踐: 普法依法治理十五年』(上册) (北京: 法律出版社, 2001), pp. 35~37.

다. 이처럼 공산당은 법률교육과 의법행동의 확대 등 법률 보급 운동을 통해 당정간부의 각종 일탈행위를 방지 혹은 축소하고자 했던 것이다.[4]

그 밖에도 「제1차 계획」은 법률 보급 운동의 집행체제로서, 각급 공산당 지역 당위원회와 정부가 전체적인 업무를 통일적으로 지도하고, 공산당 선전부와 정부 사법청(司法廳) 혹은 사법국(司法局)이 업무 집행을 주관할 것을 결정했다. 동시에 경찰·검찰·법원, 문화·교육·언론·출판, 공업·농업·재무·교통, 노동조합·부녀연합회·공청단 등 전체 국가기관과 사회단체가 법률 보급 운동에 참여할 것을 요구했다. 특히 당위원회는 법률 보급 업무를 의사일정에 포함시켜 일상적인 지도를 강화하고, 필요한 재정을 지원할 것을 지시했다.

마지막으로 「제1차 계획」은 법률 보급 운동의 실제 집행 상황을 점검하기 위해 특별 '보고요청제도'(請示彙報制度)를 운영할 것을 결정했다. 예를 들어, 성급(省級: 성·직할시·자치구) 공산당 지역위원회 선전부와 성정부 사법청은 공산당 중앙 선전부와 국무원 사법부에 해당 지역의 법률 보급 운동의 추진 상황을 6개월에 1회씩 보고하라는 것이다. 또한 유사한 방식의 보고제도가 성급 행정단위 내에서도 운영되었다. 즉, 이런 결정에 따라 하급기관이 상급기관에 법률 보급 운동의 실제 추진 상황을 정기적으로 보고해야 한다는 것이다.

(2) 1990년대의 법률 보급 운동 계획: 제2차와 제3차 법률 보급 운동

제2차(1991~1995년)와 제3차(1996~2000년)의 법률 보급 운동은 제1차의 성과 및 문제를 안고 변화된 국내외의 정치환경 속에서 시작되었다.

---

4 中共中央·國務院, 「'關於向全體公民基本普及法律常識的五年規劃'的通知」(1985. 11), 司法部, 『依法治國的生動實踐』(上), p. 35.

전체적으로 보면 제2차 및 제3차 운동은 이전 운동의 계승과 발전의 양면을 모두 갖고 있다.

먼저, 「법제 선전・교육 제2차 5개년 계획」(關於在公民中開展法制宣傳教育的第二個五年規劃)(이하 「제2차 계획」)과 「법제 선전・교육 제3차 5개년 계획」(이하 「제3차 계획」)을 보면, 법률 보급 운동의 기본 목표는 전과 크게 다르지 않다. 즉, 일반 국민과 당정간부의 법률의식 및 법제관념을 제고하고, 이를 통해 당정간부의 의법치리와 의법치국을 촉진하는 것이 주요 목표이다. 또한 이를 위해 〈헌법〉을 기본으로 국민 생활과 밀접히 관련된 각종 전문법률 — 예를 들어, 〈토지관리법〉, 〈삼림법〉(森林法), 〈수자원법〉(水法), 〈광산자원법〉, 〈환경보호법〉, 〈식품위생법〉 — 을 선정하여 학습을 추진한다. 약간의 차이가 있다면 「제2차 계획」 이후 영도간부의 학습 대상에 개별 법률뿐만 아니라 '사회주의 법제이론'도 포함된 점이다.

그런데 제2차와 제3차 「계획」은 제1차와 다른 점도 있다. 먼저, 법률 보급 운동이 단순히 법률지식의 확대와 법률의식의 제고를 위한 학습운동에서 벗어나, 기층에서 중앙에 이르기까지 국가통치 방식을 전환하는 정치개혁의 성격을 갖게 되었다. 즉, 의법치리(依法治理: 법률에 의거한 관리)의 확대에서 시작하여 의법치국(依法治國: 법률에 의거한 국가통치)의 추진까지 새로운 국가통치 방침이자 정치개혁 방침이 제시된 것이다.

구체적으로 「제2차 계획」에서는 "이론과 실제의 연결, 법률학습(學法)과 활용(用法)의 결합 원칙"을 견지하여 의법치리를 확대 발전시켜 "의법치향(依法治鄕: 법률에 의거한 향 통치), 의법치현(依法治縣), 의법치시(依法治市), 의법치성(依法治省)을 전개할 것"을 요구했다.[5] 이와 비슷하게 「제3차 계획」도 "법률학습과 활용을 결합"하여, "의법치국의 견지에서 출발하여

5 中央宣傳部・司法部, 「關於在公民中開展法制宣傳教育的第二個五年規劃」(1990. 12), 司法部, 『依法治國的生動實踐』(上), pp. 43~45.

적극적이고 타당하게 의법치현, 의법치시, 의법치성을 추진할" 것을 요구했다.[6]

이처럼 법률 보급 운동이 법률학습의 활동에 더해 정치개혁의 성격을 포함하게 된 것은 두 가지 배경 때문이다. 먼저, 뒤에서 자세히 살펴보겠지만, 일부 지방에서 제1차 법률 보급 운동을 전개하는 과정에서 다양한 종류의 의법치리가 시험 실시되고, 그것이 국무원 사법부의 적극적인 노력하에 전국적으로 확산되기 시작했다. 이런 경험에 근거하여 「제2차 계획」에서는 의법치리의 확대 발전을 법률 보급 운동의 중요한 목표이자 내용으로 추가했던 것이다. 또한 1996년 2월 제3차 공산당 정치국 법제강좌(法制講座)에서 장쩌민(江澤民) 전 총서기가 의법치국 방침을 공식 지지함으로써 의법치국이 공산당의 새로운 통치 방침으로 인정되었다. 이후 1997년 제15차 당대회에서 이것이 공산당 방침으로 확정되면서 「제3차 계획」에서는 이것이 더욱 강조되었던 것이다.

또한 제2차와 제3차 「계획」에서는 법률 보급 운동의 중점 대상이 추가되었다. 먼저, 「제2차 계획」은 영도간부와 청소년 이외에, 사법부(법원・검찰) 공직자(司法人員)와 경찰・교도소 등 정부 법집행 공무원(行政執法人員)이 중점 대상에 추가되었다. 「제3차 계획」에서는 여기에 국유기업 관리자(企業經營管理人員)가 추가되었다. 물론 제2차와 제3차 법률 보급 운동에서도 변하지 않은 점은, 이런 중점 대상 중에서도 핵심대상은 여전히 영도간부라는 사실이다.

게다가 제2차와 제3차 「계획」은 추진 방식에 대해서도 실행 가능하고 구체적인 규정을 담고 있다. 먼저, 법률교육과 관련하여 「제2차 계획」과 「제3차 계획」은 '대면교육'(面授教育)을 위주로 다양한 형식의 법률교육과

---

6 中央宣傳部・司法部, 「關於在公民中開展法制宣傳教育的第三個五年規劃」(1996. 4), 司法部,『依法治國的生動實踐』(上), pp. 46~48.

연수를 추진할 것을 규정했다. 예를 들어, 「제2차 계획」은 당정간부에 대해서는 집단적 법률학습 이외에 각급 당교(黨校)와 간부학교(幹部學院)가 법제교육을 필수과목으로 개설해 체계적이고 집중적으로 교육할 것을 요구했다. 이는 제1차 법률 보급 운동 시기부터 중앙당교(中央黨校)가 제기한 것인데, 이 무렵에는 공식방침으로 확정되었다. 이런 방침에 따라 전국적으로 법률교육이 당교나 간부학교의 정식 교육과정에 포함되었다.

또한 당정기관의 영도간부에 대해서는 고급 법제강좌의 개설과 '당위(黨委)·당조(黨組) 중심조'(中心組)의 집중학습 등 법률학습을 더욱 제도화할 것을 요구했다.[7] 이를 위해 우수한 전문가로 구성된 중앙 및 성급의 전문 강사단(講師團)을 구성하여 활용할 것도 규정했다. 그 밖에도 「제2차 계획」과 「제3차 계획」은 텔레비전, 라디오, 신문, 잡지 등 각종 언론매체를 충분히 활용하여 법률 선전과 교육을 전개할 것을 더욱 강조했다.

마지막으로 1991년에 법률 보급 운동을 지도하는 중앙조직으로 '전국법률상식 보급 판공실'(全國普法辦公室)이 설립되어, 국무원 사법부 부장이 주임(主任), 공산당 선전부 부(副)부장과 사법부 부부장이 부주임을 맡았다. 또한 제2차 법률 보급 운동부터는 전국에서 통일적으로 사용할 수 있는 학습 교재가 편찬 및 보급되었다. 예를 들어, 전국보법판공실은 제2차 운동을 위해 『중국헌법 해설』(中華人民共和國憲法講話)과 『법제건설 문제해설』(社會主義法制建設若干問題講話) 두 권을 1,100만 부 편찬하여 전국에 배포했다.

7 여기서 '당위·당조'는 정부와 의회 등 국가기관, 노동조합과 부녀회 등 사회단체, 대학교와 병원 등 사업단위에 설치된 공산당의 지도조직을 지칭한다. 예를 들어, 국무원 교육부에는 당조가 있고, 당조에는 교육부 부장(장관), 부부장(차관) 등 핵심 지도부가 조장(組長) 및 조원(組員)으로 참여한다. 이들은 공산당 중앙의 비준하에 국무원 교육부 내의 중요 정책과 인사를 결정하고 집행한다. 따라서 '당위·당조 중심조'란 해당 기관 및 단체의 영도간부 소모임을 지칭하는 것이고, 법률 보급 운동에서는 이 소모임을 대상으로 집중적인 법률교육과 학습이 실시되었다.

이후 법률 보급 운동에 사용되는 교재는 교육 대상에 따라 더욱 세분화되고 체계화되었다. 예를 들어, 제5차(2006~2010년) 법률 보급 운동에서는 당정간부를 위해서 『간부 법률지식 교본』(幹部法律知識讀本), 『'법치응탄' 간부교본』('法治鷹潭'幹部讀本), 『'법치응탄' 간부교본: 학습과 사고』('法治鷹潭'幹部讀本: 學習與思考)가 편찬 보급되었다. 또한 이 기간에는 기업인을 위한 『기업관리인 법률 교본』(企業管理人員法律讀本), 학생을 위한 『청소년 법률교육 교본』(青少年法制教育讀本), 농민을 위한 『농민 법률지식 교본』(農民法律知識讀本)이 편찬 배포되었다.

(3) 2000년대의 법률 보급 운동 계획: 제4차와 제5차 법률 보급 운동

제4차(2001~2005년)와 제5차(2006~2010년) 법률 보급 운동은 지난 15년의 경험과 1997년 제15차 당대회에서 의법치국이 새로운 통치 방침이자 정치개혁 방침으로 결정된 이후 실시된 것으로 전과는 조금 다른 의미가 있다. 따라서 「법제 선전・교육 제4차 5개년 계획」(關於在公民中開展法制宣傳教育的第四個五年規劃)(이하 「제4차 계획」)과 「법률 선전・교육 제5차 5개년 계획」(이하 「제5차 계획」)은 이전 것과 유사한 점도 있지만, 차이점도 있다. 여기서는 차이점을 중점적으로 살펴볼 것이다.

먼저, 법률 보급 운동의 목표가 한 단계 높아졌다. 동시에 이에 따라 법률 보급 운동은 2000년대에 들어 이전과는 다른 성격의 활동으로 공식적으로 변화되었다. 구체적으로 「제4차 계획」은 '두 가지 전환'(兩個轉變)을 법률 보급 운동의 목표로 제시했다. 첫 번째 전환은 국민의 '법률의식' 제고를 '법률소질' 제고로 전환하는 것이다. 여기서 법률소질은 법률지식, 법률의식, 법률행위를 모두 포함하는 종합적인 인지 및 활동 능력을 의미한다. 따라서 법률소질 제고가 목표로 정해지면서 법률 보급 운동은 이제 국민 차원에서도 '학습운동'에서 '실천운동'으로 성격이 변화되었다.

두 번째 전환은 "행정 수단에 의거한 관리(治理)에서 법률수단을 운영한 관리"로 통치 방식을 변화시키는 것이다. 즉, 법률 보급 운동을 통해 "전방위적으로 의법치리를 실시하여 의법치국과 사회주의 법치국가 건설의 기초를 놓는다"는 것이다.[8] 이는 법률 보급 운동이 당정간부 차원에서 의법치국 운동으로 성격이 변화되었음을 의미한다. 다른 관점에서 보면, 법률 보급 운동이 1997년 제15차 당대회 이후 의법치국 방침의 실천에 포함되어, 의법치국의 실현을 위한 세부 정책의 하나로 추진되기 시작했다고 말할 수 있다. 이는 많은 지방에서 '보법 영도소조'(普法領導小組)가 '의법치국 영도소조'(依法治國領導小組)에 흡수되거나 혹은 후자의 지도를 받는 하부기구로서 법률 보급 운동을 담당하고 있는 상황을 통해서 확인할 수 있다(이에 대해서는 뒤에서 검토할 것이다).

또한 「제5차 계획」에서는 법률 보급 운동의 중점 대상에 농민이 처음으로 추가되었다. 사실 법률 보급 운동의 최대 문제는 그것이 지역적으로 불균등하게 추진되고, 그 핵심 문제는 농촌에서 운동이 제대로 추진되지 않는다는 사실이다. 지난 20년의 활동 평가에서 이런 문제가 계속 지적되었지만, 그동안 농민은 중점 대상이 아니었다가 제5차 운동에서야 비로소 중점 대상에 포함된 것이다. 우리는 「제5차 계획」에서 그 이유를 알 수 있다. 이에 따르면, 법률 보급 운동을 통해 "농민이 법률 경로를 이용하여 모순과 분규를 해결하고 합법 권익을 수호할 수 있도록 유도"하는 것이 중점 사업 중의 하나이다. 이는 1990년대 후반기부터 농촌 지역에서 과도한 농민 부담이나 농지 강제수용으로 인해 '집단소요사건'(群體性事件)이 빈발하자 당국이 법률 보급 운동을 통해 이를 법적·제도적 틀 내

8 中央宣傳部·司法部, 「關於在公民中開展法制宣傳教育的第四個五年規劃」(2001. 4), 司法部, 『依法治國的生動實踐』(上), pp. 50~52.

〈표 2-1〉 법률 보급 운동의 계획 내용

	제1차	제2차	제3차	제4차	제5차
시기	1986~1990년	1991~1995년	1996~2000년	2001~2005년	2006~2010년
목표	법제관념 제고 의법 업무처리	법률의식 제고 의법치리 촉진	법률의식・법제 관념의 제고 의법치국 촉진	두 가지 전환: 법률소질 제고와 의법치국 실현	법률소질 의법행정 의법치국
중점 대상	영도간부 청소년	법집행(執法) 공무원 추가	기업인 추가	전과 동일	농민 추가
임무	'10법' '1례'	헌법・전문법률 의법치리 확대	전과 동일	의법치국 중점 사업 중심	헌법・전문법률 법률육진(六進)
방법	특별한 언급 없음	대면교육 위주 언론매체 활용 당교(黨校) 활용	전과 동일	학습・실천의 결합 등	전과 동일
기타	공산당 지도하의 전체 참여	영도소조 강화 전국보법판공실의 설립	실시 보장 강조	보법 제도화 12・4기념일 제정	지도와 보장 강조

〈자료〉 「제1차 계획」에서 「제5차 계획」의 내용을 필자가 정리

로 유도하여 농촌 지역의 사회 안정을 유지하려고 시도한 것으로 볼 수 있다.[9]

마지막으로 「제5차 계획」에서는 전체 국가기관과 사회 각 방면에 법률을 보급하기 위한 좀 더 적극적인 정책이 제시되었다. '법률의 여섯 가지 진출'(法律六進) 활동이 바로 그것이다. 첫째, 법률의 당정기관 진입(法律進機關) 활동을 전개하여 의법치리 수준과 사회 서비스 수준을 제고한다. 둘째, 법률의 농촌 진입(法律進鄕村) 활동을 전개하여 '사회주의 신농촌(新農村)' 건설과 '민주법제촌'(民主法制村) 건설 활동을 지속한다. 셋째, 법률의 도시 사구(社區, 공동체) 진입(法律進社區) 활동을 전개하여 조화로운 도

9 농촌 지역의 심각한 농민 부담의 증가와 농민의 불만 증가 상황은 陳桂棣・春桃, 『中國農民調查』(北京: 人民文化出版社, 2004); 曹錦清, 『黃河邊的中國:一個學者對鄉村社會的觀察與思考』(上海: 上海文藝出版社, 2000) 참조.

시 사구 건설과 '민주법치(民主法治) 사구' 수립을 지속한다. 넷째, 법률의 학교 진입(法律進學校) 활동을 전개하여 청소년의 법률소질 교육을 추진한다. 다섯째, 법률의 기업 진입(法律進企業) 활동을 전개하여 기업의 의법경영과 성실경영을 촉진한다. 여섯째, 법률의 단위 진입(法律進單位) 활동을 전개하여 각 단위의 법치화된 관리를 촉진한다. 이처럼 '법률의 여섯 가지 진출'은, 법률 보급 운동을 통해 일상생활 속에서 국가통치 방식과 사회관리방식을 '법치화' 방식으로 전환하기 위한 시도라고 볼 수 있다. 즉, 이것은 앞에서 살펴본 '두 가지 전환' 목표를 실현하기 위한 세부 정책이다.

이상에서 살펴본 내용을 정리하면 〈표 2-1〉과 같다.

2. 계획의 특징

법률 보급 운동의 「계획」에는 실제 활동과 관련하여 매우 중요한 의미가 있는 몇 가지 특징이 있다. 여기에는 법률 보급 운동의 중점 교육대상으로 영도간부와 청소년의 선정, 점진적이며 융통성 있는 추진 방식의 채택, 다양한 형식의 교육과 선전, 특히 언론매체의 적극적인 활용이 포함된다.

(1) 중점 교육대상: 영도간부와 청소년

제1차에서 제5차까지 법률 보급 운동이 전개되면서 중점 교육대상이 조금씩 변화되었다. 그런데 이 중에서도 변함없이 중점 교육대상으로 선정된 집단이 있는데, 바로 영도간부(領導幹部)와 청소년이다. 이 중에서 핵심적인 중점 대상은 영도간부이다. 여기서 영도간부는 중앙정부, 즉 국무원의 처장급(處長級: 한국의 과장급) 및 지방정부의 현장급(縣長級: 한국의 시장・군수・구청장급) 이상의 고위 당정간부를 가리킨다. 이런 점에서 법률 보급 운동은 일차적으로 영도간부의 법률학습을 촉진하고, 이를 통해 이들의 법률의식과 법제관념을 제고하여, 궁극적으로는 의법치리와 의법치국을 실현하려는 정치개혁이라고 말할 수 있다.

이처럼 영도간부가 법률 보급 운동의 중점 교육대상에 선정된 것은, 개혁・개방 초기부터 최고 지도자들이 이를 강력히 주장했기 때문이다. 예를 들어, 1979년 제5기 전국인대 제2차 연례회의(例會)에서 덩샤오핑(鄧小平, 1903~1997년)은 "고급간부의 준법"(遵紀守法) 필요성을 강조했다.[10] 고급간부가 법률을 지키지 않으면 법률에 의거한 업무처리는 불가능하고, 그렇게 되면 법률제도 수립과 이에 입각한 통치는 불가능하기 때문이다. 이와 유사하게 펑전(彭眞)도 영도간부의 법률학습 필요성을 반복적으로 강조했다. 그는 법률에 의거한 업무처리를 위해서는 무엇보다 먼저 영도간부가 법률을 학습해야 한다고 말했다. 왜냐하면 기층단위에서도 일반간부와 국민이 법률을 논의하는데, 영도간부가 법률을 모르면 문제가 되기 때문이다. 따라서 모든 영도간부는 먼저 헌법과 각종 법률을 숙지하여 이를 철저하게 활용해야 한다. 즉, 법제건설을 위해서는 영도간부의 법률학습이 최우선 과제라는 것이다.[11]

한편, 청소년이 중점 교육대상에 선정된 것은, 청소년이 중국의 미래라는 일반적인 이유 이외에도 특별한 사정 때문이었다. 개혁・개방 정책이 추진되기 시작한 1980년대 초에 중국은 심각한 사회치안 악화에 직면했다. 이 중에서도 청소년 범죄의 증가는 심각한 사회문제가 되었다. 1981년 5월 공산당 중앙 정법위원회(政法委員會)는 '전국 치안업무 좌담

---

10 劉政,「我國社會主義法制史上的一個壯舉」, pp. 26~27.

11 彭眞,『論新時期的社會主義民主與法制建設』(北京: 中央文獻出版社, 1989), p. 174.

회'(全國治安工作座談會)를 개최하여 치안 종합대책을 논의했는데, 여기서 청소년 범죄의 심각성과 함께 청소년에 대한 법제교육의 필요성이 제기되었다.[12] 특히 이 회의에서 펑전은 사회치안 상황이 여전히 심각하고, 이런 사회치안 문제의 상당수가 '청소년, 청년노동자 및 학생'에 의해 야기된다는 사실에 주의해야 한다고 주장했다.[13]

실제로 공산당 중앙의 한 보고서에 의하면, 1985년 상반기에 진행된 대규모 '범죄소탕'(嚴打) 작전의 결과 많은 범법자가 구속되었다. 그런데 그 소탕 결과를 분석해 보니, 25세 이하의 청소년 범죄가 지난해보다 37.9%나 증가해 전체 범죄에서 청소년 범죄가 차지하는 비중이 7.8%나 되었다. 뿐만 아니라 전체 청소년 범죄 중에서 18세 이하의 미성년자 범죄의 비율이 34%나 되었다. 이와 같은 청소년 범죄의 심각한 상황을 개선하지 않으면 중국의 미래는 암담할 수 있다는 공감대가 정치지도자들 사이에서 형성되었다.

그래서 공산당 중앙은 1985년 10월에 「청소년 교육 강화와 범죄예방 통지」(關於進一步加強青少年教育預防青少年違法犯罪的通知)를 하달했다. 이 「통지」에는 두 가지 내용이 포함되었다. 첫째는 애국주의와 국제주의, 사회주의 혁명 전통에 대한 교육의 실시이다. 즉, 사회주의 이념 교육을 통해 청소년의 정신과 태도를 개조해야 한다는 것이다. 둘째는 법률 보급 교육의 실시이다. 이를 통해 청소년의 준법정신과 준법습관을 배양해야 한다는 것이다.[14] 이런 공산당 중앙의 결정에 의해 청소년이 제1차 법률 보급 운동부터 지금까지 중점 교육대상에 선정되었다.

12 全國普法辦, 「全國普法依法治理工作基本情況」, 司法部,『依法治國的生動實踐』(下), pp. 1589~1596.

13 彭眞, 『論新時期的社會主義民主與法制建設』, pp. 78~79.

14 中共中央, 「關於進一步加強青少年教育預防青少年違法犯罪的通知」(1985. 10), 司法部, 『依法治國的生動實踐』(上), pp. 38~41.

이 밖에도 법률 보급 운동이 진행되면서 새로운 중점 교육대상이 추가되었다. 사법부와 정부의 법집행 공직자가 제2차(1991~1995년), 국유기업 관리자가 제3차(1996~2000년), 농민이 제5차(2006~2010년) 운동에서 중점 교육대상으로 추가되었다. 이처럼 특정 집단이 중점 교육대상에 추가된 것은 법률 보급 운동의 발전과 함께 시대적 특성을 반영한 것이다. 예를 들어, 제2차 법률 보급 운동에서 법집행 공직자가 중점 교육대상에 선정된 것은, 법제수립을 위해서는 영도간부뿐만 아니라 법집행 공직자의 법제의식과 준법활동이 매우 중요했기 때문이다. 영도간부의 법제의식이 해당 기관 및 지역 전체의 의법치리나 의법치국을 좌우한다면, 법집행 공직자의 법제의식과 준법활동은 국민의 법률제도에 대한 신뢰와 의법치리 분위기의 조성을 좌우한다고 할 수 있다. 이런 이유로 법집행 공직자가 중점 교육대상에 선정되었다.

또한 1992년 제14차 당대회에서 '사회주의 시장경제론'이 당론으로 확정되고 시장제도의 도입과 대외개방이 본격적으로 추진되면서 1990년대에는 시장경제 활동을 어떻게 통제하고 관리할 것인가가 핵심 과제로 제기되었다. 제3차 법률 보급 운동에서 국유기업 관리자가 중점 교육대상으로 선정된 것은 이를 배경으로 한다. 즉, 시장경제의 원활한 운영을 위해서는 기업의 준법경영이 필수적이고, 이를 위해서는 기업 관리자에 대한 법률교육이 필요하다는 것이다.

제5차 법률 보급 운동에서 농민이 중점 교육대상으로 선정된 것은, 후진타오(胡錦濤) 정부가 '삼농'(三農: 농업·농민·농촌) 문제의 해결을 위해 2006년부터 농업세의 전면적인 폐지, '사회주의 신농촌(社會主義新農村) 건설'의 추진 등 농촌정책을 핵심 국정과제로 추진한 것과 깊은 연관이 있다. 동시에 이는 앞에서 살펴본 것처럼, 2000년대에 들어 농촌 지역에서 급증하기 시작한 농민의 집단소요사건을 법률교육을 통해 제도적인 틀 내로 유도하여 통제하기 위한 시도이기도 하다.

(2) 점진적이고 융통성 있는 추진 원칙

위에서 살펴본 「제1차 계획」에서 「제5차 계획」에는 법률 보급 운동의 추진 방식과 관련하여 간략한 지침만이 있을 뿐이다. 이런 지침은 사법부 부장 등 주요 책임자의 보고와 지시를 통해 구체화된다. 이에 기초해서 보면, 법률 보급 운동의 추진 방침과 관련하여 가장 중요한 원칙은, 각 지역과 기관이 각자의 특성에 따라 점진적이고 융통성 있는 방식으로 활동을 전개하라는 것이다. 이는 특히 여러 가지 활동 조건이 열악한 농촌 지역의 법률 보급 운동에 해당된다.

예를 들어, 제1차 법률 보급 운동의 첫해인 1986년 12월에 개최된 제2차 '전국 법제 선전·교육 업무회의'에서 사법부 부장 저우위는 농촌 지역에서 법률 보급 운동을 전개할 때, "실사구시(實事求是)를 견지하여 실제(實際)에서 출발"할 것을 강조했다. 다시 말해, 법률 보급 운동에는 "하나의 모델을 적용하지 말고, 획일적 방식(一刀切)으로 하지 말아야 한다"는 것이다. 동시에 그는 단계적이며 점진적인 추진 방식을 강조했다. 왜냐하면 조건이 성숙하지 않은 상황에서 법률 보급 운동을 조급하게 추진하다보면 형식적으로만 추진할 가능성이 높기 때문이다.[15]

이와 유사하게, 1988년 5월에 개최된 '전국 농촌 법률 보급 업무회의'(全國農村普法工作會議)에서 사법부 부부장 왕웨이청(王維澄)은 점진적이며 융통성 있는 법률 보급 운동의 전개를 강조했다. 즉, "농촌의 폭은 매우 넓고 각지 상황은 천차만별이기 때문에, 법률 보급 임무의 실시는 지

15 鄒瑜, 「認真貫徹十二屆六中全會決議, 緊密聯係實際, 扎扎實實地將普及法律常識工作引向深入」(1986.12), 司法部, 『依法治國的生動實踐』(下), pp. 1059~1067.

역에 따라(因地制宜), 일에 따라(因事制宜), 사람에 따라(因人制宜) 알맞게 추진한다는 원칙을 관철하여, 적절성·융통성·효과성을 중시해야 한다"는 것이다.[16] 이런 원칙에 따라, 법률 보급 운동은 농촌 지역에서 단계별로 조건이 성숙하여 실행이 가능한 지역을 먼저 추진하고 그렇지 않은 지역은 나중에 천천히 추진하는 방식으로 전개되었다.

이처럼 제1차 법률 보급 운동 시기에 결정된 '점진적·융통성 있는 추진' 원칙은 이후 운동의 전개에 큰 영향을 미친다. 우선 이 원칙에 따라 법률 보급 운동이 전개되는 방식과 내용이 지역에 따라 큰 편차를 보이게 되었다. 예를 들어, 어떤 지역에서는 당위원회 서기와 정부 책임자가 직접 참여하여 법률 보급 운동의 지도기구 — 예를 들어, '보법 영도소조(普法領導小組) — 를 구성하고 이를 적극 추진하는 반면, 어떤 지역은 정법위원회 서기나 정부 사법청 책임자가 지도업무를 담당하면서 법률 보급 운동이 권위가 없는 부수적 업무로 전락하는 경우가 있다. 또한 법률 보급 운동에 필요한 예산 배정도 당위원회의 결정에 의해 어떤 지역은 비교적 여유가 있는 반면, 어떤 지역은 그렇지 않아 법률 보급 운동이 사실상 중단되기도 한다.

또한 지역에 따라서는 점진적·융통성 있는 추진 원칙을 구실로 법률 보급 운동을 형식적으로만 추진하거나 아예 추진하지 않는 경우도 발생한다. 예를 들어 이런 식이다. 즉, 이 지역은 경제적 여건이나 지역 주민의 소질 등을 고려할 때 법률 보급 운동을 적극적으로 전개할 수 있는 조건이 갖추어져 있지 않다. 따라서 현 단계에서는 지도기구와 실무조직만 구성해 놓고 아주 초보적이고 실행 가능한 활동만 전개한다. 지방 당위원회 게시판이나 정부 게시판에 법률 관련 선전물을 게시하는 것이 초

16 王維澄, 「以黨的十三大精神為綫引導, 扎扎實實地在全國農村普及法律常識」(1988. 5), 司法部, 『依法治國的生動實踐』(下), pp. 1118~1122.

보적인 실천의 한 예이다. 이후에 조건이 무르익으면 농민을 대상으로 하는 법률 강습반의 운영 등 법률 보급 운동을 전면적으로 추진한다. 이럴 경우, 어디까지가 "실사구시의 실제"에 입각한 융통성 있는 전개이고, 어디까지가 이를 핑계로 한 추진 회피인지 분명하지 않다.

그러나 경험과 성과가 축적되면서 이런 문제점을 인식하고 법률 보급 운동을 좀 더 제도화하고 표준화하려는 움직임이 나타났다. 이는 제4차(2001~2005년)와 제5차(2006~2010년) 법률 보급 운동에서 분명하게 나타났다.[17] 단적으로 제4차와 제5차 법률 보급 운동 기간에 공산당 중앙 선전부와 전국보법판공실이 중심이 되고 유관 당정기관이 함께 참여하여 각 교육대상, 즉 영도간부, 공무원, 농민, 학생 등에 대한 구체적이고 실행 가능한 세부 지침이 만들어졌다. 또한 공산당 중앙과 국무원은 이를 전국에 하달하면서 이에 입각하여 법률 보급 운동을 추진할 것을 지시했다. 이렇게 되면서 법률 보급 운동이 전국적으로 통일된 방침하에 같은 내용과 방식으로 체계적으로 추진될 수 있는 토대가 마련되었다.

예를 들어, 제5차 법률 보급 운동 기간인 2007년 6월에 공산당 중앙 선전부와 전국보법판공실은 영도간부의 법률학습을 위해「영도간부 법률학습 및 활용 실시의견」(關於進一步加強領導幹部學法用法工作, 提高依法治政能力的實施意見)을 작성하여 하달했다. 여기에는 교육 목표, 교육 내용, 교재가 상세하게 규정되어 있다. 이에 따르면, 교육 목표는 법률학습을 통해 영도간부의 법치관념과 인권관념을 수립하고, 의법집정, 의법정책결정, 의법행정, 의법치리를 실행하는 것이다. 교육 내용은 헌법과 기본법률, 중앙 방침, 해당 분야의 전문법률이고, 교재는 공통 교재인『헌법학습 교본』, 중앙 선전부 및 사법부가 편찬한 간부용 교재인『'법치응탄' 간부교본』과

17 張福森,「關於三五法制宣傳教育基本情况的報告和對'進一步開展法制宣傳教育的決議'的説明」(2001. 4), 司法部,『依法治國的生動實踐』(下), pp. 1335~1339.

학습서인『'법치응탄' 간부교본: 학습과 사고』이다.

또한 여기에는 영도간부의 구체적인 학습 방식도 명시되어 있다. 이에 따르면, 영도간부만이 참여하는 '당조(黨組) 이론학습 중심조(中心組)'는 매년 법률학습을 두 차례 이상 진행하고, 당정간부를 위한 법제강좌를 개설하며, 이를 위한 강사단과 정부 법률고문 및 법률전문가를 적극 활용한다. 동시에 각급 당교(黨校), 행정학원, 간부학교는 법제교육을 필수과정으로 편성하는 등 간부 법률 연수제도를 운영한다. 마지막으로 이 문서는 영도간부의 법률학습 상황을 평가하기 위해 정기적인 시험과 검사를 실시하고, 그 결과를 기록하여 인사고과의 중요한 근거로 삼을 것을 규정하고 있다.

이와 유사하게, 공산당 조직부와 국무원 인력자원사회보장부(人力資源社會保障部)는「공무원 법률학습 및 활용 의견」(關於加強公務員學法用法工作的意見)(2008년 10월), 국무원 민정부(民政部)와 농업부(農業部)는「농민 법률학습 및 활용 의견」(關於加強農民學法用法工作的意見)(2007년 8월), 국무원 교육부는「중소학교 법률학습 교육지도 요강」(中小學法教育指導綱要)(2007년 7월)을 각각 제정하여 하달했다. 이런 지시는 위에서 살펴본 영도간부에 대한 지시와 유사한 내용을 담고 있다. 이처럼 공산당 중앙과 국무원이 방침을 제정하고 하달하면서 각 지방에서 나타났던 법률 보급 운동의 자의적인 전개는 축소되고, 전국적으로 통일된 지도하에 동일한 내용의 운동이 전개될 가능성이 높아졌다.

(3) 언론매체의 적극 활용

중국 사법체제에서 언론매체가 수행하는 역할을 분석한 한 연구에 의하면, 언론은 법원의 사건 심리와 판결 등 사법체제의 운영과 관련하여 커다란 영향력을 행사한다. 이는 개혁기에 나타난 새로운 현상이다. 구체적으로, 비록 공산당의 통제하에 있지만 언론매체는 상업주의의 증가 등을 배경으로 사회에 영향을 미치는 중요하고 민감한 사건을 활발히 보도하는 경향이 크게 증가했다. 이렇게 되면서 언론매체는 특정 사건에 대한 사회여론을 조성하고 다양한 방식과 통로를 통해 공산당, 정부, 검찰, 법원에 압력을 가할 수 있다. 그리고 이는 궁극적으로 법원의 최종 판결에 영향을 미친다.[18] 이처럼 다른 분야에서도 그렇지만 법률 영역에서도 언론매체는 선전 및 교육과 관련해서 매우 중요한 역할을 수행할 수 있다.

앞에서 살펴본 「법률 보급 계획」에 의하면, 법률 보급 운동에서는 교육대상에 따라 다양한 학습 및 선전 방식이 채택된다. 그런데 학습 방식에서는 '대면교육', 선전 방식에서는 언론매체의 적극적인 활용이 특히 강조되고 있다. 언론매체에는 중앙 및 지방의 텔레비전, 라디오, 신문, 잡지, 인터넷이 포함된다. 이 중에서 가장 중요한 것이 텔레비전과 신문이다. 일반 국민이 가장 널리 접하는 언론매체가 바로 이 텔레비전과 신문이기 때문이다.

먼저, 제1차에서 제5차의 「법률 보급 계획」에서는 영도간부, 공무원, 국유기업 관리자에 대해서는 대면교육 위주의 직접적이고 집중적인 법률학습 추진을 강조한다. 여기에는 '당위(黨委)·당조(黨組) 중심조'의 정기적인 법률학습(연 2회 이상), 정기적인 당정간부 법률강좌의 개최(1~2개월에 1회), 당교나 간부학교 등에서의 집중적인 법률연수 실시 등이 포함된다. 청소년의 경우에는 학교에서 교육과정에 법률교육이 포함됨으로써 직접적이고 체계적인 대면교육이 가능하다.

그런데 이들을 제외한 일반 국민, 특히 퇴직한 주민이나 농민의 경우

18 Benjamin L. Liebman, "Watchdog or Demagogue? The Media in the Chinese Legal System," *Columbia Law Review*, Vol. 105, No. 1 (January 2005), pp. 1~157.

에는 이와 같은 직접적이고 집중적인 대면교육이 용이하지 않다. 이에 따라 이들에게는 언론매체를 활용한 간접적이고 일상적인 법률의 교육과 선전이 법률 보급 운동의 중요한 수단이 될 수밖에 없다. 실제로 뒤에서 검토하겠지만 다양한 설문조사 결과에 의하면, 일반 국민의 경우에는 언론매체, 특히 텔레비전이 법률 보급에서 가장 중요한 역할을 담당한다. 이런 이유로 제1차 법률 보급 운동부터 현재까지 언론매체를 활용한 법률의 학습과 선전이 매우 중시되었다.

예를 들어, 제4차(2001~2005년) 법률 보급 운동에서는 텔레비전 매체를 적극 활용하기 위해 국무원 사법부와 국가방송텔레비전총국(廣電總局) 등이 「텔레비전 법제 선전・교육 업무강화 의견」(關於加強電視法制宣傳工作的意見)을 전국에 하달하고 집행할 것을 요구했다. 이에 따라, 전국 300개의 성급(省級) 및 시급(市級) 텔레비전 방송국은 법제 프로그램을 편성하여 방송했다. 이 중에서 20개의 방송국은 법제 프로그램을 매일 방송했고, 5개의 방송국은 법제전문 채널을 신설하기도 했다. 또한 전국법제판공실과 『법제일보』(法制日報)는 '법제보도'(法制播報) 텔레비전 프로그램을 공동으로 제작하여 전국 50여 개의 지방 방송국과 동시에 방송했다. 이와 연계하여 2001년 6월에는 인터넷에 '중국 보법 네트워크'(國普法網)를 개설했다. 이것이 제5차(2006~2010년) 법률 보급 운동에서는 더욱 확대되어, 전국적으로 성급 및 시급 방송국은 430여 개, 현급(縣級) 방송국은 1,530여 개에서 법제 프로그램을 방송했다. 관련 인터넷 웹사이트도 2,300여 개로 증가했다.[19]

한편 언론매체의 적극 활용은 왜 공산당 중앙 선전부가 국무원 사법

---

19 張福森, 「第四個五年普法工作三年來情況的報告」(2004. 4), http://www.21mishu.com (검색일: 2011. 2. 20); 五愛英, 「國務院關於五五普法工作情況的報告」(2011. 4), 〈中國人大網〉 2011년 4월 21일, http://www.npc.gov.cn/npc (검색일: 2011. 4. 22).

부와 함께 법률 보급 운동의 주무부서가 되었는가를 알 수 있게 해준다. 우선 법률 보급 운동은 법률학습을 위한 활동이지만, 동시에 '정신문명'의 수립을 위한 정치사상 활동이기도 하다. 이 때문에 공산당 선전부가 참여하는 것은 당연하다. 그런데 이보다 더욱 중요한 이유는 선전부가 주체가 되어야만 언론매체의 적극적이고 활발한 동원이 가능하다는 사실이다. 중국에서 텔레비전이나 신문 등 모든 언론매체는 선전부의 통제를 받기 때문이다. 다시 말해, 국무원 사법부의 권한으로는 언론매체를 법률 보급 운동에 효과적으로 동원할 수 없다는 것이다.

실제로 제2차 법률 보급 운동 기간에 공산당 중앙 선전부 부부장인 류윈산(劉雲山)은 법률 보급 운동에서 각 지역의 공산당 선전부가 다음과 같은 역할을 수행할 것을 지시했다. 첫째, 선전부는 현급 이상의 영도간부, 특히 '당위·당조 중심조'의 법률학습을 담당한다. 앞에서 보았듯이 영도간부의 법률학습이 전체 법률 보급 운동의 핵심 목표이기 때문에, 이들의 법률학습은 선전부가 직접 담당하도록 지시한 것이다. 둘째, 신문·출판·문화 등의 부문을 조직 동원하여 법률 보급의 선전과 교육에 투입한다. 즉, 선전부의 두 번째 임무가 바로 법률 보급 운동에 언론매체를 동원하는 것이다. 그 밖에도 선전부는 '헌법 수정안' 등 중요한 법률의 경우 직접 선전 활동을 담당하고, 법률 보급의 중요한 성공 사례를 종합하여 전파하는 등의 업무를 담당한다.[20]

20 劉雲山, 「在全國二五普法經驗交流會上的講話」(1993. 8), 司法部, 『依法治國的生動實踐』(下), pp. 1213~1218.

3. 소결

법률 보급 운동은 초기에는 공산당 중앙 선전부와 국무원 사법부, 이후에는 전국보법판공실이 제정한 '5개년 계획'에 입각하여 추진되었다. 이에 따르면, 법률 보급 운동은 크게 두 가지 내용을 담고 있다. 하나는 법률지식의 보급이다. 법률지식에는 헌법을 포함하여 국민 생활과 밀접히 관련된 다양한 법률, 당정간부를 대상으로 하는 법제 혹은 법치 이론이 포함된다. 다른 하나는 법률실천의 확대이다. 이것은 제2차 법률 보급 운동부터 본격화된 것인데, 의법치리의 전면적인 실시가 핵심 내용이다. 시간이 가면서 법률지식의 보급보다 법률실천의 확대가 더욱 강조되었다. 제4차 법률 보급 운동에서 제기한 '두 가지 전환' 목표는 이를 잘 보여준다.

법률 보급 운동은 원칙적으로 교육 수용 능력이 있는 모든 국민을 대상으로 하지만 실제로는 중점 대상에 집중되었다. 중점 대상에는 당정간부, 청소년, 법집행 공직자, 국유기업 관리자, 농민이 차례로 선정되었다. 이 중에서 영도간부는 '중점 중의 중점'이었다. 이 점에서 법률 보급 운동은 일차적으로 영도간부의 법률지식과 법률의식의 제고를 목적으로 추진된 정치운동이라고 할 수 있다.

한편 법률 보급 운동은 점진적이고 융통성 있는 추진 원칙을 채택했다. 지역과 집단에 따라 학습 대상의 지식수준과 교육조건이 크게 다르기 때문에 이 원칙이 선택되었다. 이에 따라 법률 보급 운동은 비교적 조건을 잘 갖춘 대도시 지역의 당정간부, 청소년, 법집행 공직자 등 '중점 대상'과 일반 시민을 대상으로 활발히 전개되었다. 이에 비해 농촌 지역에서는 제한된 범위에서 낮은 수준과 내용으로 운동이 전개되었다. 그 결과 운동은 지역적으로 또한 집단별로 큰 편차를 보였다. 법률 보급 운동에서 텔레비전과 신문 등 언론매체가 적극 활용된 것도 같은 이유에서였다. 당정간부나 학생 등 일부 집단과 대도시 주민에게는 대면교육 방식이 사용될 수 있지만, 농민이나 중소도시 시민 등 다른 집단에게는 그것이 어렵기 때문에 언론매체를 통한 교육과 선전이 중시된 것이다.

제3장

법률 보급 운동의 추진 배경

1. 법률제도 수립과 의법치국의 전개

2. 사회치안 유지와 국민의 권익 수호

3. 소결

법률 보급 운동은 특정한 배경하에 추진되었다. 먼저, 중앙 차원에서 보면, 1980년대에 법률 보급 운동은 일차적으로 1978년부터 중국이 본격적으로 추진하기 시작한 법률제도(法制) 수립과 집행의 일환으로 시작되었다. 이는 문화대혁명(文化大革命, 1966~1976년/문혁)이 초래한 정치혼란을 수습하고 안정적인 정치제도를 수립하기 위한 조치였다. 이후 1990년대에 들어서 법률 보급 운동은 국가통치 방식의 전환을 위한 정치개혁, 즉 의법치리(依法治理: 법률에 의거한 관리)와 의법치국(依法治國: 법률에 의거한 국가통치)을 실현하기 위해 추진되었다.

또한 지방 혹은 기층 차원에서 보면, 1980년대에 법률 보급 운동은 문혁 이후 농촌과 도시의 기층단위에서 심각한 사회문제로 대두된 사회치안의 악화와 사회관리체제(governance)의 붕괴에 대응하기 위한 하나의 대응책으로 실시되었다. 이런 점에서 법률 보급 운동은 기층의 자발적인 운동이라는 성격도 일부 갖고 있다. 이후 1990년대에 들어서는 당정간부의 각종 부정부패와 농민 착취에 대한 대응이라는 성격이 추가되었다. 이처럼 법률 보급 운동이 추진된 배경은 다양하고 동시에 시기에 따라 강조점이 조금씩 변화되었다.

1. 법률제도 수립과 의법치국의 전개

1978년부터 공산당이 법제정책을 추진한 직접적인 배경은 문혁의 혼란을 극복하고 정치안정을 회복하기 위해서였다. 1976년 문혁의 종결 이후 정치 지도자와 지식인들은 문혁 10년의 정치·사회적 혼란을 통해 법률제도의 중요성을 실감할 수 있었다. 이들은 문혁 시기의 정치·사회적 혼란이 발생한 주요 원인이 바로 인치(人治)라고 판단했다.[1] 공산당과 국가의 권위를 무력화한 마오쩌둥(毛澤東, 1893~1976년)의 개인숭배와 문혁 사인방(四人幇)의 전횡은 인치의 상징이며 결과였다.

이런 문제의식 속에서 공산당은 사회주의 민주 수립과 법제 완비의 과제를 제기했다. 즉, 공산당은 법제의 수립 및 집행이 사회안정을 도모하고 단결을 공고히 하며, 이를 통해 장기적인 정치·사회적 안정을 보장할 수 있을 것으로 기대했던 것이다.[2] 이런 생각은 1978년 12월에 개최된 공산당 제11기 중앙위원회 제3차 전체회의(11기 3중전회)의 「공보(公報)」에 잘 나타나 있다. 즉, 공산당은 "인민민주를 보장하기 위해 반드시 사회주의 법제를 강화해야 하며, 이를 통해 민주가 제도화되고 법제화되도록 해야 한다. 또한 이를 통해 이 같은 제도와 법률이 안정성, 연속성 및 지대한 권위를 갖도록 해야 한다. 그리하여 의거할 법이 있고(有法可依), 있는 법은 반드시 준수하고(有法必依), 법 집행은 반드시 엄격히 하고

---

1 程燎原, 『從法制到法治』(北京: 法律出版社, 1999), pp. 3~4; 人民代表大會制度研究所 編, 『與人大代表談依法治國方略』(北京: 人民出版社, 2004), p. 73.

2 Neil J. Diamant, Stanley B. Lubman, and Kevin J. O'Brien, "Law and Society in the People's Republic of China," Neil J. Diamant, Stanley B. Lubman, and Kevin J. O'Brien (eds.), *Engaging the Law in China: State, Society, and Possibilities for Justice* (Stanford: Stanford University Press, 2005), p. 3, p. 7; Mary E. Gallagher, "'Use the Law as Your Weapon!' Institutional Change and Legal Mobilization in China," Diamant, Lubman, and O'Brien, *Engaging the Law in China*, pp. 74~77.

(執法必嚴), 법 위반은 반드시 추궁한다"(違法必究). 이와 함께 공산당은 "만인은 법 앞에 평등하고, 어떤 개인도 법을 넘어서는 특권을 가질 수 없다는 것을 보장해야 한다"고 주장했다.[3]

1980년대의 법률 보급 운동은 바로 이와 같은 법제정책의 중요한 세부 정책으로 추진된 것이다. 먼저, 법제 정비와 의법 업무처리(依法辦事)를 위해서는 법률을 제정하고 제도를 수립하는 것만으로는 부족하다. 이를 위해서는 법제를 집행하는 주체, 즉 당정간부의 의식 구조와 활동 습관을 근본적으로 변화시키는 개혁이 있어야 한다. 다시 말해, 당정간부(특히 영도간부)가 높은 수준의 법률의식을 갖추고, 법률에 의거하여 사회를 관리하고 국가를 통치해야만 전 국가적이고 전 사회적인 차원에서 법제 수립과 집행을 할 수 있다는 것이다. 이런 판단에서 공산당 중앙은 법률 보급 운동을 대대적으로 전개하기로 결정했고, 그 중점 교육대상으로 영도간부를 선정했던 것이다.

1990년대 들어서는 의법치리의 확산과 발전이 법률 보급 운동의 중요한 목표이자 내용으로 추가되었다. 이렇게 되면서 법률 보급 운동이 국가와 사회의 통치 방식을 전환하기 위해 추진되는 정치개혁이라는 성격이 좀 더 분명해졌다. 예를 들어, 차이청(蔡誠) 국무원 사법부 부장은 제2차 법률 보급 운동을 준비하는 1990년 8월의 '전국 주요 시장(市長) 법률학습 및 활용 좌담회'(全國部分城市市長學法用法座談會)에서 제2차 법률 보급 운동의 가장 큰 특징이 법률 보급과 의법치리의 동시 추진이라고 규정했다. 즉, 향후 법률 보급 운동은 "한 손에는 법률지식의 보급, 다른 손에는 의법치리의 추진을 들고 양자를 결합"하여 추진한다는 것이다.[4] 이는 사법

3 「中國共産黨第十一屆中央委員會第三次全次會議公報」, 中共中央文獻硏究室 編, 『三中全會以來重要文獻選編』(上) (北京: 人民出版社, 1982), p. 10; Edward J. Epstein, "Law and Legitimation in Post-Mao China," Pitman B. Potter (ed.), *Domestic Law Reforms in Post-Mao China* (Armonk, New York: M. E. Sharpe, 1994), pp. 19~20.

부 부장 샤오양(肖揚)이 1993년 8월 전국인민대표대회(전국인대) 상무위원회에서 행한 보고에서도 반복적으로 강조되었다. 즉, 제2차 법률 보급 운동의 가장 중요한 특징 중의 하나가 법제교육과 법제실천을 결합하는 것이고, 그래서 당시 운동은 법률 보급과 의법치리를 결합하여 추진했다는 것이다.[5]

이는 제3차(1996~2000년) 법률 보급 운동으로 이어졌다. 단적으로, 2001년 4월 전국인대 상무위원회에 대한 법률 보급 운동 상황 보고에서, 장푸선(張福森) 사법부 부장은 제3차 법률 보급 운동의 "현저한 특징"이 바로 "의법치리의 전면추진"이라고 설명했다.[6] 이와 비슷하게 제3차 법률 보급 운동을 정리한 전국보법판공실(全國普法辦公室)의 공식 보고서도, 제3차 법률 보급 운동의 특징이 "영도간부의 법률학습과 의법치리 업무를 강조하고, 법률학습과 법률실천을 결합한 법률 보급을 추진했다"는 사실이라고 평가했다.[7]

이처럼 1990년대에 들어 법률 보급 운동은 1980년대의 '법제 완비'를 위한 정책에서 의법치리의 확산과 발전을 위한 정책이 되었다. 이후 1997년 제15차 당대회에서 의법치국(依法治國)과 사회주의 법치국가 수립이 새로운 국가통치 방침이자 정치개혁 방침이 되면서, 법률 보급 운동은 다시 이것의 실현을 위한 정책이 되었다. 이러한 사실은 법률 보급 운동

4 蔡誠, 「以黨的六中全會為指針, 把依法治理工作進一步引向深入」(1990. 8), 司法部 宣傳司 編, 『依法治國的生動實踐: 普法依法治理十五年』(下冊) (北京: 法律出版社, 2001), pp. 1149~1156.

5 肖揚, 「關於第二個五年普法規劃實施情況的報告」(1993. 8), 司法部, 『依法治國的生動實踐』(下), pp. 1201~1205.

6 張福森, 「關於三五法制宣傳教育基本情況的報告和對'進一步開展法制宣傳教育的決議'的說明」(2001. 4), 司法部, 『依法治國的生動實踐』(下), pp. 1335~1339.

7 全國普及法律常識辦公室, 「全國普法依法治理工作基本情況」, 司法部, 『依法治國的生動實踐』(下), pp. 1589~1596.

이 비록 강조점이 조금씩 바뀌었지만, 공산당의 국가통치 및 정치개혁 방침을 실현하기 위한 하나의 세부 정책으로 입안되고 추진되었다는 점을 확인시켜 준다. 다시 말해, 법률 보급 운동은 초기에 '법률교육 계몽운동'의 성격을 가지고 있었지만, 핵심은 그것이 아니라 정치개혁 정책의 하나라는 점이다.

2. 사회치안 유지와 국민의 권익 수호

1978년 개혁・개방 정책의 시작과 함께 중국은 사회・경제적으로 커다란 변화를 경험했다. 동시에 계획경제 시대의 통치체제가 점진적으로 해체 혹은 쇠퇴하고 새로운 체제가 수립되기 시작했다. 1980년대 초에 농촌 지역에서 인민공사(人民公社)가 폐지되고 향(鄕)・진(鎭) 정부[한국의 면(面) 단위에 해당]와 행정촌(行政村)이 등장한 것은 대표적인 사례이다. 이와 함께 사회치안 불안과 사회관리 문제 해결이 새로운 과제로 제기되었다. 이는 특히 전반적으로 어려운 경제 상황과 맞물리면서 형사범죄 증가로 나타났다. 이에 공산당과 정부는 사회치안 유지와 이를 위한 범죄소탕에 매우 많은 노력을 기울였다. 법률 보급 운동은 바로 이와 같은 문제를 해결하기 위한 하나의 대책으로 추진되기 시작했다.

당시 법률 보급 운동의 필요성에 대한 사회적 공감대를 잘 보여주는 것이 바로 1981년 『법률잡지』(法學雜誌) 제3기에 발표된 「법맹을 논함」(論法盲)이라는 글이다. 이 글에서는 "법률은 있으나 법질서는 없는 상황"(有法律而無法秩序的狀況)을 한탄하면서 국가와 일부 국민이 법률지식을 갈망하고 있다고 주장했다. 또한 '법맹'으로 인해 사회 일각에서 발생하는 에피소드를 소개하면서, 국민의 법률지식을 증가시키고 국민의 법률소질을 제고하는 것이 덩샤오핑(鄧小平, 1903~1997년)이 주장한 "법이 있으면 반드시 지킨다"(有法必依)는 원칙을 실현하는 관건임을 주장했다.[8]

이런 주장은 법률 보급 운동의 최고 실무 책임자에게도 발견할 수 있다. 예를 들어, 1985년 6월에 개최된 '전국 법제 선전·교육 업무회의'에서 저우위(鄒瑜) 국무원 사법부 부장은 사회치안 문제를 해결하기 위해 법률 보급 운동이 추진되어야 한다고 주장했다. 즉 "인민의 법제관념을 강화하는 것은, 사회 종합관리의 근본조치이고 사회치안 및 사회 풍기를 보장하는 근본적인 개선 사업의 기초"라는 것이다. 따라서 법률 보급 운동을 통해 범죄를 예방 및 감소시킬 수 있다고 그는 주장했다.[9]

이와 비슷하게, 1986년 12월에 개최된 '제2차 전국 법제 선전·교육 업무회의'에서 중앙 정법위원회 서기 챠오스(喬石)도 법률 보급 운동이 사회치안 문제의 해결을 위한 중요한 조치라고 주장했다. 그에 따르면, 사람들이 법률에 의거하여 업무를 처리하고 자기 행위를 규제하며 권익을 수호하면 범죄가 예방 및 감소될 수 있다는 것이다. 실제로 법률 보급 운동이 전개된 지역에서는 범죄가 감소하고 사회치안이 확립되는 효과가 나타났다고 그는 주장했다.[10]

이처럼 개혁기 초기에 전국적으로 치안 부재가 심각한 문제가 되었다. 이 때문에 1979년 6월부터 전국적으로 일부 지역과 국가기관이 치안 문제를 해결하기 위한 시험 실시(試點)의 단위로 선정되어 다양한 정책이 추진되었다. 대대적인 법률 선전과 교육은 그런 정책 중의 하나였다. 이

8 河北省 社會科學基金項目課題組, 「對我國普法實踐的幾點理論思考」, 『光明日報』 2011年 1月 9日, http://www.qstheory.cn (검색일: 2011. 1. 15).

9 鄒瑜, 「為爭取用5年左右的時間在全體公民中基本普及法律常識而奮鬥」(1985. 6), 司法部, 『依法治國的生動實踐』(下), pp. 1049~1055.

10 「喬石同志在二次全國法治宣傳教育工作會議上的講話」(1986. 12), 司法部, 『依法治國的生動實踐』(下), pp. 1039~1040.

와 같은 시험 실시는 1986년에 법률 보급 운동이 정식으로 결정되고 추진되기 훨씬 전의 일이다. 베이징시(北京市), 랴오닝성(遼寧省)의 번시시(本溪市), 헤이룽장성(黑龍江省)의 따칭시(大慶市), 지린성(吉林省)의 푸위현(扶餘縣), 장쑤성(江蘇省)의 젠후현(建湖縣), 장시성(江西省)의 린촨현(臨川縣), 산시성(山西省)의 홍둥현(洪洞縣), 산둥성(山東省)의 주청현(諸城縣), 광둥성(廣東省)의 순더현(順德縣) 등이 대표적인 시험 실시 지역이었다.[11]

이 중에서 랴오닝성의 번시시는 법률 보급 운동을 통해 사회치안 악화와 사회관리체제의 붕괴 문제를 성공적으로 해결한 모범지역으로 평가되었다. 구체적으로 번시시는 1981년부터 1984년까지 전 시를 대상으로 대대적인 법제 선전과 교육을 전개했다. 이는 형사범죄가 문혁 기간에 비해 1.6배나 증가하고 청소년 범죄가 전체 범죄의 70%를 차지하는 등 심각한 사회치안 문제에 대응하기 위한 조치였다. 이런 노력의 결과 형사사건은 1981년 1만분의 12에서 1984년 1만분의 8.6으로 감소했다고 한다. 이런 성공에 힘입어 번시시는 1984년에는 고위간부, 1985년에는 농촌 및 도시의 기층단위를 중점 대상으로 법률 보급 운동을 확대 실시했다.[12]

지린성의 푸위현도 이것과 유사한 법률 보급 운동을 실시했다. 즉, 1981년 형사사건 발생률이 전보다 급증하면서 1982년 공산당 푸위현위원회는 전 지역을 대상으로 법제 선전 및 교육 활동을 전개하기로 결정했던 것이다. 여기에는 대대적인 법률상식 보급 활동의 전개, 정기적이고 대규모의 범죄 소탕작전의 전개, 지역 주민의 범죄 소탕작전 참여 독려 등이 포함되었다. 이렇게 하여 1984년에는 전반적으로 사회치안 상황이 현저하게 개선되는 효과를 거두었다고 한다.[13]

---

11 鄒瑜, 「為爭取用5年左右的時間」, 司法部, 『依法治國的生動實踐』(下), pp. 1049~1055.

12 「觀念上正在進行的一場變革: 本溪市依法治市調查報告」(1986. 9), 司法部, 『依法治國的生動實踐』(下), pp. 1957~1961.

1980년대에 농촌 지역에서 촌민위원회(村民委員會)가 자연발생적으로 생겨 전국으로 확산된 것도 이런 사회치안의 악화 및 사회관리체제의 붕괴와 밀접히 관련되어 있다. 즉, 촌민위원회도 법률 보급 운동처럼 이런 문제에 대응하기 위한 노력 속에서 등장했다는 것이다. 1980년대 초 마오쩌둥 시대의 집단주의체제가 해체되면서 농촌 지역에서는 치안과 관리를 담당할 수 있는 조직이 사라졌다. 또한 젊고 유능한 농민들은 개인사업에 종사하거나 도시로 떠나면서 농촌 간부의 노령화와 무능화가 나타났다. 이런 문제에 대응하기 위해 1980년에는 광시성(廣西省) 이산현(宜山縣), 1981년에는 광시성 뤄청현(羅城縣)에서 농민의 자발적인 대중조직으로 촌민위원회가 등장했던 것이다. 펑전(彭眞)이 이를 적극 지지하여 1982년 〈헌법〉 수정 과정에서 '기층 군중성 자치조직'(基層群衆性自治組織)으로 인정되었고, 1987년에는 〈촌민위원회 조직법(임시)〉이 제정되었다.[14]

한편, 1980년대에 농촌 지역의 경우에는 법률 보급 운동이 단순히 사회치안의 유지와 사회관리체제의 회복을 위해서만 추진된 것은 아니었다. 즉, 법률 보급 운동은 동시에 농촌 지역에 만연한 사회 풍기문란(風紀紊亂) 문제를 해결하기 위해 추진된 것이기도 했다. 예를 들어, 당시 농촌에는 "주먹으로 법을 대신"(以拳代法)하는 관행이 남아 있어 농민 간의 사소한 다툼이 사회 분란으로 이어졌다. 또한 도박과 미신이 성행하고, 관혼상제(冠婚喪祭)에 허례허식이 만연하는 풍조가 커다란 사회문제가 되었

---

13 鄒瑜, 「為爭取用5年左右的時間」, 司法部, 『依法治國的生動實踐』(下), pp. 1049~1055.

14 Kevin J. O'Brien and Lianjiang Li, "Accommodating 'Democracy' in a One-Party State: Introducing Village Elections in China," *China Quarterly*, No. 162 (June 2000), pp. 465~489; Daniel Kelliher, "The Chinese Debate over Village Self-Government," China Journal, No. 37 (January 1997), pp. 63~90; Jean C. Oi, "Economic Development, Stability and Democratic Village Self-governance," Maurice Brosseau, Suzanne Pepper, and Tsang Shu-ki (eds.), *China Brief 1996* (Hong Kong: Chinese University Press, 1996), pp. 125~144.

다. 법률 보급 운동은 바로 이에 대한 하나의 대응책이었다. 즉, 법률 보급 운동을 통해 농민들에게 "〈헌법〉, 〈형법〉, 〈치안조례〉를 학습하게 하여 국민의 권리와 의무를 이해하고, 사회생활 중의 범법행위, 범죄범위, 처벌 규정을 명확히 알게 하며, 법률을 이용하여 자신의 행위를 규제하여 범죄와의 투쟁에서 자각성을 제고한다"는 것이다.[15]

마지막으로 법률 보급 운동은 기층간부의 일탈행위를 통제하고 국민의 권익을 보호하기 위해서도 추진되었다. 이를 단적으로 표현한 법률 보급 운동의 구호가 바로 "법률 무기를 사용하라!"(用法律武器)는 것이다. 예를 들어, 이 책의 제1장 서론에서 살펴보았듯이, 1985년 6월 '전국 법제 선전・교육 업무회의'에서 공산당 중앙 선전부장 덩리췬(鄧力群)은 법률 보급 운동을 통해 "법률이 인민 수중의 무기"가 될 수 있도록 "10억 인민에게 법률을 주어야 한다"고 주장했다. 인민은 이 무기로 자기의 합법적인 권익을 수호하기 위해 사회의 각종 범죄행위, 특히 기층간부의 부정부패와 권리 침탈에 맞서 싸워야 한다는 것이다.

'법률 무기의 사용' 명제는 제1차(1986~1990년)와 제3차(1996~2000년) 법률 보급 운동의 「통지」와 「계획」에도 완곡한 방식이지만 분명하게 표현되어 있다. 예를 들어, 공산당 중앙과 국무원이 하달한 「'제1차 법률 보급 운동 계획' 통지」는 법률 보급 운동의 임무를 설명하면서 다음과 같이 규정했다. 즉, "인민이 법률을 배우고 알 뿐만 아니라 스스로 알아서 법률을 지키고 활용하여 법률 및 기율위반의 모든 행위에 용감하게 투쟁"하게 하는 것이 법률 보급 운동의 주요 임무 중의 하나라는 것이다.[16] 같은 맥락에서 「제1차 계획」의 형법(刑法)에 대한 학습 요점에서도 "형법을 무

---

15 王維澄, 「以黨的十三大精神為綫引導, 扎扎實實地在全國農村普及法律常識」(1988. 5), 司法部, 『依法治國的生動實踐』(下), pp. 1118~1122.

16 中共中央・國務院, 「'關於向全體公民基本普及法律常識的五年規劃'的通知」(1985. 11), 司法部, 『依法治國的生動實踐』(上), p. 35.

기로 형사범죄와 적극 투쟁할 것"을 강조했다.[17]

「제3차 계획」도 이와 비슷한 규정을 담고 있다. 즉, 법률 보급 운동을 통해 "국민(公民)의 권리관념을 강화하고, 국민의 법률에 의거한 권리수호 능력과 법률을 무기로 위법의 범죄행위와 투쟁하는 자각성을 제고"하는 것이 주요 임무의 하나라는 것이다.[18] 이처럼 「제1차 계획」과 「제3차 계획」은 비록 직접적으로 기층간부의 일탈행위에 맞서 국민에게 법률을 무기로 사용하라고 주장하지는 않았지만, 이 운동이 이를 위한 목적도 갖고 있음을 분명히 보여주고 있다.

그런데 여기서 주의할 것이 있다. '법률 무기의 사용' 명제가 정부부서나 정부 책임자에 따라 조금씩 다른 의미로 사용되고 있다는 사실이다. 예를 들어, 저우위 사법부 부장은 1984년 6월 랴오닝성 번시시에서 개최된 '법제선전 현장회의'에서 '법률 무기의 사용'을 강조했지만, 그 의미가 앞에서 살펴본 것과는 조금 달랐다. 즉 그에 따르면, "경제적 대외 개방 이후 외국 상인에 사기당하고 권리를 침해받는 경우가 많은데, 이를 방지하기 위해서는 법제선전이 필요"하다는 것이다. 법제선전이 필요한 이유는, "법률이 인민 군중, 특히 간부 수중의 강대한 무기"이기 때문이다.[19] 여기서 알 수 있듯이, 저우위 부장이 생각하는 법률 무기의 사용 주체는 중국 국민 전체, 특히 외국기업과 상대하는 당정간부이며, 그 대상은 외국 상인을 포함한 범죄자 전체이다.

이와 비슷하게 1986년 말에서 1987년 초 전국의 주요 도시에서 소위

---

17 中央宣傳部・司法部, 「關於向全體公民基本普及法律常識的五年規劃」(1985. 11), 司法部, 『依法治國的生動實踐』(上), p. 36.

18 中央宣傳部・司法部, 「關於在公民中開展法制宣傳教育的第三個五年規劃」(1996. 4), 司法部, 『依法治國的生動實踐』(上), pp. 46~48.

19 「鄒瑜同志在全國法制宣傳現場會上的講話」(1984. 6), 司法部, 『依法治國的生動實踐』(下), pp. 1046~1049.

'자유와 민주'를 요구하는 대학생들의 시위가 발생하자, 전국인민대표대회 상무위원회는 〈법제교육의 강화와 안정 단결의 수호 결정(決定)〉을 채택했다. 이 〈결정〉은 "모든 사람이 법률을 알고 준수하며, 동시에 법률 무기를 사용하여 헌법과 법률 위반의 모든 행위와 맞서 싸울 것"을 강조했다.[20] 그런데 여기서 "헌법과 법률 위반의 모든 행위"는 바로 사회주의 정치제도와 공산당 영도(領導)를 규정하고 있는 〈헌법〉과 〈공산당 당헌(黨章)〉을 부정하는 일부 대학생들의 민주화 시위를 가리킨다. 이 경우, '법률 무기의 사용' 명제는 공산당 지배와 사회주의 정치체제를 수호하는 의미를 담고 있다.

또한 공산당과 정부가 주장하는 '법률 무기의 사용'은 동시에 국민의 요구와 불만 표출이 법이 정한 제도와 절차에 따라 이루어져야 함을 의미하기도 한다. 이는 제5차(2006~2010년) 법률 보급 운동의 「계획」에 잘 표현되어 있다. 이에 따르면, 향후 법률 보급 운동에서는 "법률학습, 권리 강조, 의무 강조, 책임 강조"를 주요 내용으로 하는 "국민에 대한 법제선전 및 교육"을 강화해야 한다. 이를 통해 국민은 법률에 의거하여 권리를 행사하지만, 동시에 법률이 규정한 의무도 이행해야 한다는 점을 분명히 이해하도록 해야 한다. 또한 법률 보급 운동을 통해 "법률에 의거하여 사회관리에 참여하는 국민의 능력을 제고하지만, 동시에 국민이 법률에 의거하여 이익을 표출하고 모순 및 분규를 해결할 수 있도록 인도해야 한다"고 규정하고 있다.[21]

이처럼 법률 보급 운동은 국민이 법을 알고 이를 활용하여 각종 범법 행위와 기층간부의 권리 침탈에 맞서 싸울 수 있도록 하는 의도에서 추진

20 全國人民代表大會 常務委員會, 「關於加強法治教育維護安定團結的決定」(1987. 1), 司法部, 『依法治國的生動實踐』(上), p. 41.

21 中央宣傳部 · 司法部, 「關於法制宣傳教育的第五個五年規劃」(2006.4), 〈中國政府門戶網站〉 2006년 4월 27일, http://www.gov.cn (검색일: 2010. 12. 17).

되었다. 그러나 이와 동시에 법률 보급 운동은 국민이 법이 정한 제도와 절차에 따라 요구와 불만을 표출함으로써 사회안정을 유지하는 데 기여하도록 하려는 의도도 갖고 있었다. 이는 특히 1990년대 하반기 이후 농촌 지역을 중심으로 집단청원(集體上訪)과 집단소요사건(群體性事件)이 증가하면서 더욱 강조되었다. 결국 '법률 무기의 사용' 명제는 국민의 권익 보호와 함께 국민 불만의 표출 및 해결의 법제화를 촉진하기 위한 것이다.

3. 소결

법률 보급 운동은 중국이 당면한 정치·사회적 문제를 해결하기 위해 추진되었다. 이는 크게 중앙과 지방 차원으로 나누어 살펴볼 수 있다. 중앙 차원에서는 무엇보다 문혁의 정치적 혼란을 종식하고 공산당의 안정적인 통치를 확보하는 것이 가장 중요한 추진 배경이었다. 이런 배경에서 덩샤오핑을 비롯한 최고 지도자들은 1978년 개혁·개방 정책을 시작하면서 법제 정비와 함께 당정간부에 대한 법률 보급의 필요성을 강조했던 것이다. 1990년대에 들어서는 법률실천의 확대, 즉 의법치리와 의법치국의 실시가 법률 보급 운동을 추진하는 중요한 목표이자 배경이 되었다.

지방 차원에서는 조금 달랐다. 문혁 이후 각 지방과 기층에서는 사회관리체제의 붕괴와 치안 부재의 문제가 심각했다. 법률 보급 운동은 이에 대한 하나의 유력한 대안으로 추진되었다. 즉, 공산당은 당정간부와 국민이 법률지식을 제대로 알고 높은 법률의식에 입각하여 행동한다면 이런 문제가 해결될 것으로 기대했던 것이다. 예를 들어, 사회관리체제의 붕괴는 당정간부의 부패와 무능력, 자의적인 법집행과 밀접히 연관되기 때문에 법률 보급 운동을 통해 당정간부의 법률의식이 제고되면 이 문제가 어느 정도 해결될 것으로 기대했다. 또한 국민들이 법률지식으로 무장하여 자신의 합법적인 권익을 수호하기 위해 당정간부의 일탈행위와 각종 사회 범죄에 맞서 싸우면 치안 부재의 문제도 어느 정도 해결될 것으로 기대했다. '법률 무기의 사용' 명제는 이런 배경하에서 제기된 것이다. 이처럼 법률 보급 운동은 특정한 배경 속에서 등장한 정치운동이다.

제4장

법률 보급 운동의 전개 과정

1. 중앙지도자의 추동
2. 지도기구의 구성과 활동: 두 가지 유형
3. 법률 보급 운동의 일반적인 추진 절차
4. 중앙-지방의 협조와 지역 편차
5. 소결

중국에서 어떤 정책이 전국적으로 추진되는 데에는 특정 정치지도자가 중요한 역할을 하는 경우가 많다. 법률 보급 운동의 경우에는 펑전(彭眞, 1902~1997년)이 중요했다. 또한 법률 보급 운동은 각 지방에 구성된 지도기구, 즉 '보법 영도소조'(普法領導小組)에 의해 추진된다. 이런 지도기구는 지역마다 다른 형식과 내용으로 구성된다는 특징을 보인다. 그 밖에 5년 단위로 전개되는 법률 보급 운동은 일정한 절차에 따라 전개된다. 마지막으로 법률 보급 운동의 전개 과정에서는 중앙과 지방의 협조가 중요하며, 그 과정에서 지역 편차가 발생한다. 즉 일부 지역에서는 법률 보급 운동이 제대로 추진되는 반면 일부 지역에서는 그렇지 않다는 것이다. 이처럼 제4장에서는 법률 보급 운동의 실제 전개와 관련된 몇 가지 중요한 문제를 자세하게 분석할 것이다.

1. 중앙지도자의 추동

1978년 공산당이 개혁·개방 정책을 추진하기로 결정한 이후, 법률제도(法制)의 수립과 실천이 필요하다는 사실에 대해서는 대부분의 중앙 정치지도자가 동의했다. 그런데 정치지도자 간의 공감대 형성만으로는 법률 보급이라는 구체적인 정책이 공식 결정되고 전국적으로 추진될 수 없다. 다시 말해, 이를 강력하게 지지하고 추동하는 특정 지도자나 집단이 있을 경우에만 정책은 실제로 결정되고 추진될 수 있다.

법률 보급 운동과 관련해서는 펑전의 역할이 매우 중요했다. 그는 1980년대 초기 공산당 중앙 정법위원회 서기(1980~1982년)였고, 이후 전국인민대표대회(全國人民代表大會/전국인대) 상무위원회(常務委員會) 위원장(1983~1988년: 한국의 국회 의장에 해당)을 역임했다. 한마디로 말해, 1986년부터 법률 보급 운동이 대대적으로 전개될 수 있었던 데에는 펑전의 지속적인 주장과 독려가 결정적인 역할을 했다.

먼저, 펑전은 1970년대 말부터 사회주의 민주와 법제 수립의 필요성을 지속적으로 강조했다. 이런 주장의 연장선상에서, 1984년에는 베이징시(北京市)에 위치한 신문사 간부들과 3차에 걸쳐 좌담회를 개최하고, 법제건설을 위해서는 전국적으로 법률 보급 운동을 전개해야 한다고 역설했다. 펑전에 의하면, "법제를 선전하여 인민들이 법을 알고(知法) 이해하며(懂法) 준수하고(守法) 법률에 의거하여 업무를 처리하도록 하는 것(依法辦事)은 우리 국가가 장기에 걸쳐 안정적으로 통치되도록 보장하는 것이다. 또한 이것은 당과 국가의 전체 임무를 완성하는 데 유리하고 그것이 바로 우리들의 출발점이다."[1]

이런 펑전의 정신을 실천에 옮기기 위해 1984년 6월 7일에 국무원 사법부는 랴오닝성(遼寧省) 번시시(本溪市)에서 '전국 법제 선전·교육 업무 현장회의'(全國法制宣傳教育工作現場會)를 개최했던 것이다. 이 회의가 번시시에서 개최된 이유는, 번시시가 1981년부터 법제 선전 및 교육을 모범적으로 실행하여 전국적으로 선진지역으로 평가받았기 때문이다. 사

---

1 朱景文 主編, 『中國法律發展報告: 數據庫和指標體系』(北京: 中國人民大學出版社, 2007), p. 578.

법부는 이런 지방의 성공적인 경험을 근거로 법률 보급 운동을 전국적으로 전개하는 것이 실제로 가능하다는 사실을 전국에 알리고 싶었던 것이다. 그리고 바로 이 회의에서 국무원 사법부 부장 저우위(鄒瑜)가 처음으로 법률 보급 운동의 전국적인 추진 가능성을 제기했다. 즉, "번시시의 경험에 근거하여 볼 때, 5년 정도의 시간이면 국민에게 법률상식을 기본적으로 보급할 수 있다"고 그는 주장했다.[2]

이후 펑전의 요청과 지시에 의해, 1985년 6월에는 공산당 중앙 선전부와 국무원 사법부가 베이징에서 '전국 법제 선전・교육 업무회의'를 개최했다. 제1장 서론에서 보았듯이, 이 회의에는 공산당 중앙 선전부 부장, 정법위원회 서기, 사법부 부장 등 관련 지도자들과 당・정・군의 법제 및 선전 담당 책임자가 모두 참여하여 법률 보급 운동의 계획 초안, 즉 「법률상식 보급 5년 계획」을 검토했다. 이런 논의를 거쳐 법률 보급 운동의 계획이 확정되었고, 이에 공산당 중앙과 국무원은 1985년 11월에 「'법률상식 보급 5년 계획' 통지」를 하달했다.[3] 이를 이어 법률 보급 운동의 법률적 근거를 만들기 위해, 전국인대 상무위원회가 동년 11월에 〈법률상식 보급 결의〉(關於加強法制宣傳在公民普及法律常識的決議), 1987년 1월에는 〈법제선전 강화 결정〉(關於加強法制宣傳維護穩定團結的決定)을 심의 통과시켰다.[4] 이로써 법률 보급 운동은 단순히 국무원 사법부의 부서 업무가 아니라 중앙과 지방의 모든 당・정・군, 사회단체, 사업단위가 반드시 추진해야 하는 국가 업무가 되었다.

---

2 「鄒瑜同志在全國法制宣傳現場會上的講話」(1984. 6), 司法部 宣傳司 編, 『依法治國的生動實踐: 普法依法治理十五年』(下冊) (北京: 法律出版社, 2001), pp. 1046~1049.

3 中共中央・國務院, 「'關於向全體公民基本普及法律常識的五年規劃'的通知」(1985. 11), 司法部 宣傳司 編, 『依法治國的生動實踐: 普法依法治理十五年』(上冊) (北京: 法律出版社, 2001), p. 35.

4 全國人大常委會, 「關於加強法制教育維護穩定團結的決定」(1987. 1), 司法部, 『依法治國的生動實踐』(上), pp. 41~43.

이처럼 1980년대 중반 법률 보급 운동이 추진될 수 있었던 중요한 배경에는 펑전의 문제 제기와 추동이 있었다. 사실 펑전은 1949년 중국 건국 초기부터 둥비우(董必武, 1886~1975년)와 함께 법제 수립과 발전을 위해 헌신한 인물이다.[5] 따라서 1978년 개혁·개방 정책의 결정 이후 그가 법제 수립과 실천을 주장하고 추동한 것은 이전 시기의 생각과 활동의 연장선상에 있는 것이라고 할 수 있다.

또한 펑전은 1980년대와 1990년대에 농촌 지역에서 촌민위원회의 민주적 선거와 운영이 전국적으로 확대 실시되는 과정에서도 결정적인 역할을 했다. 그는 촌민위원회의 민주선거가 농촌 지역의 사회관리체제 붕괴나 간부-군중 관계의 악화를 방지하는 데 매우 필요한 제도로 높이 평가했다. 게다가 그가 보기에 촌민위원회의 민주선거는 농민이 민주주의를 경험할 좋은 기회였다. 즉, 촌민위원회는 농민에게 '민주주의의 학습장'이 될 수 있다는 것이다. 마지막으로 중국의 의회제도는 펑전이 1980년대에 전국인대 상무위원회 위원장을 맡으면서 크게 발전할 수 있었다.[6] 이처럼 펑전은 법제 정비와 발전, 기층민주의 확산, 의회제도의 발전에 큰 기여를 한 인물이다.

2. 지도기구의 구성과 활동: 두 가지 유형

법률 보급 운동은 중앙과 지방의 지도기구와 실무조직에 의해 추진된

5 Pitman B. Potter, *From Leninist Discipline to Socialist Legalism: Peng Zhen on Law and Political Authority in the PRC* (Stanford: Stanford University Press, 2003); 程燎原, 『從法制到法治』(北京: 法律出版社, 1999), pp. 5~6.

6 조영남, 『중국 정치개혁과 전국인대: 개혁기 구조와 역할의 변화』(서울: 나남, 2000), pp. 80~94.

다. 중앙의 지도기구로는 1991년에 수립된 전국보법판공실이 있고, 지방에는 '보법 영도소조'(普法領導小組)와 '영도소조 판공실'(辦公室)이 있다. 누가 보법 영도소조의 조장을 맡는가는 지방마다 다르다. 일반적으로 보면, 공산당 정법위원회 서기나 부서기 혹은 정부 수장(시장・현장 등)이나 부수장이 조장을 맡고, 관련 당정기관 고위간부가 부조장을 맡는다. 영도소조 판공실은 대개 정부 사법청(司法廳) 혹은 사법국(司法局) 책임자가 주임을 맡고, 관련 당정기관 중간간부가 실무진을 구성한다. 이와 같은 지도기구와 사무기구는 중앙에서 기층인 향・진정부까지 구성되며, 당정기관과 국유기업 등 사업단위에도 구성된다.

1985년 6월에 개최된 '전국 법제 선전・교육 업무회의'에서 국무원 사법부 부부장 차이청(蔡誠)은 지도기구 구성과 관련된 중앙의 방침을 설명했다. 즉, 당위원회의 지도하에 보법 영도소조를 설립하는 것이 가장 좋은데, 지역 상황에 따라서는 당정기관 연석회의 등 다른 방식도 좋다는 것이다. 다만, 무엇을 하든 해당 지역의 당위원회에 보고하고 비준을 받아야 한다고 요구했다. 이처럼 초기부터 지도기구에 대해서는 융통성 있는 방침이 제시되었고, 이에 따라 각 지역에서는 다양한 명칭과 성격의 지도기구가 구성되었다.[7]

그런데 제2차(1990~1995년) 법률 보급 운동에서 '의법치리'(依法治理: 법률에 의거한 관리)가 주요 보급 내용으로 등장한 이후, 특히 1997년 제15차 당대회에서 '의법치국'(依法治國: 법률에 의거한 국가통치) 방침이 결정된 이후, 전국적으로 '의법치리 영도소조' 혹은 '의법치국 영도소조'가 구성되었다. 이렇게 되면서 기존에 있던 '보법 영도소조'와의 관계 설정이 문제가 되었다. 이에 대해 전국보법판공실은 법률 보급과 의법치리・의법치국

---

7 「蔡誠副部長在貫徹全國法制宣傳教育工作會議情況彙報上的講話」(1985. 6), 司法部, 『依法治國的生動實踐』(下), pp. 1058~1059.

은 같은 성격의 업무이기 때문에 두 지도기구를 통합하여 운영할 것을 요청했다. 법률 보급은 의법치리·의법치국의 기초이며, 법률 보급 운동이 깊이 있게 전개되면서 의법치리·의법치국이 출현했다는 것이다.[8]

일부 지방은 이런 중앙의 요청에 따라 지도기구를 통합했다. 예를 들어, 후난성(湖南省)의 웨양시(岳陽市)는 1989년 「의법치시(依法治市) 5개년 계획」을 제정하여 추진하면서 기존의 '보법 영도소조'(정법위원회 부서기 담당) 이외에 '의법치시 영도소조'(시장 담당)를 설치했다. 그런데 1991년 제2차 법률 보급 운동이 시작되면서 두 기구를 통합하여 '같은 인원 다른 문패'(一個班子 兩塊牌子) 체제로 운영하기 시작했다. 통합된 지도기구에서는 정부 사법국장이 영도소조 부조장을 맡아 업무를 주관했고, 영도소조 판공실은 사법국에 두고 처장급(處長級: 한국의 과장급) 간부가 실무를 담당했다.[9]

한편 베이징시(北京市)의 상황은 조금 복잡하다. 베이징시는 전 시에서 전개되는 의법치시(依法治市) 업무를 총괄 지도하기 위해 1994년에 기존의 '법제선전 영도소조'와는 다른 '의법치시 영도소조'를 설립했다. 의법치시 영도소조의 조장은 공산당 부서기, 부조장은 정법위원회 서기, 선전부장, 정부 상무부시장 등이 담당했다. 그런데 중앙의 방침에 따라 1996년에 두 기구를 통합하여 '법제선전 영도소조'를 만들었다. 이후 1997년 제15차 당대회에서 의법치국이 국가통치 방침으로 공식 확정되자 이를 적극적으로 추진하기 위해 1998년 6월에 '베이징시 의법치시 영도소조'를 다시 수립했다.[10] 이렇게 되면서 베이징시에는 법제선전 영도소조와 의법

---

8 「劉飚在中南六省(區)'三五'普法彙報上的講話」(1997. 1), 司法部, 『依法治國的生動實踐』(下), pp. 1258~1260.

9 中共岳陽市委, 「切實加強普法機構建設, 為實施依法治市戰略提供組織保障」, 司法部, 『依法治國的生動實踐』(下), pp. 2005~2008.

10 王稱心·蔣立山 主編, 『現代化法治城市評價: 北京市法治建設狀況綜合評價指標體系研究』

치시 영도소조가 병존하게 되었다.

이처럼 전국보법판공실의 요청에도 불구하고 법률 보급 운동의 지도기구는 통일되지 않았다. 이런 점에서 법률 보급 운동의 전개 방침인 융통성 원칙이 여기에도 적용되었다고 볼 수 있다. 필자의 조사에 의하면, 법률 보급 운동의 지도기구는 크게 두 가지 유형으로 운영된다. 하나는 보법 영도소조와 의법치국 영도소조를 통합 운영하는 것이다. 여기에는 충칭시(重慶市), 후베이성(湖北省), 지린성(吉林省), 톈진시(天津市) 등이 속한다. 예를 들어, 충칭시는 당위원회 산하에 '충칭시 법제건설 영도소조'(重慶市委法制建設領導小組)를 두고, 정법위원회 서기가 조장을 맡고 있다. 비슷하게 후베이성도 원래 분리되어 설치했던 '보법 영도소조'(普及法律常識工作領導小組)와 '의법치성 영도소조'(依法治省工作領導小組)를 후자로 통합하여 운영하고 있다.

다른 하나는 보법 영도소조와 의법치국 영도소조를 분리해서 운영하는 것이다. 여기에는 광둥성(廣東省), 하이난성(海南省), 베이징시, 상하이시(上海市) 등이 속한다. 단, 각각의 지도기구 명칭은 지역에 따라 상이하다. 예를 들어, 광둥성은 왕양(汪洋) 당서기가 조장을 맡고 지방의회(人大) 부의장이 부조장을 맡는 '의법치성 영도소조'(依法治省工作領導小組)와 정법위원회 서기 겸 정부 공안청장(公安廳長)이 조장을 맡고 당조직부 부부장과 정법위원회 부서기 겸 사법청장(司法廳長)이 부조장을 맡는 '보법 영도소조'(普法領導小組)를 별도로 운영하고 있다. 특히 광동성은 의법치성(依法治省)의 선도지역으로 공산당 중앙이 결정한 의법치국 방침을 광둥성 지역에서 철저하게 실시한다는 취지에서 당서기가 직접 의법치성 영도소조 조장을 맡고 있다. 이와 유사하게 후난성은 당서기가 조장을 맡고 있는 '의법치성 영도소조'와 정법위원회 서기가 조장을 맡고 있는 '법제 선전·

(北京: 知識産權出版社, 2008), pp. 3~7.

교육 영도소조'(法制宣傳教育領導小組)를 분리하여 운영하고 있다. 상하이시도 '의법치시 영도소조'와 '법제 선전·교육 영도소조'를 별도로 운영하고 있다.

3. 법률 보급 운동의 일반적인 추진 절차

5년 단위로 전개되는 법률 보급 운동은 비교적 일정한 절차와 단계를 거쳐 추진된다. 일반적으로 5년 동안의 추진 절차와 단계는, 6개월에서 1년 정도의 준비단계, 4년 6개월 정도의 실시단계, 6개월 정도의 정리 및 평가 단계로 구성된다.[11]

준비단계는 법률 보급 운동이 정식으로 시작되기 6개월 전부터 시작 이후 6개월까지의 기간에 해당된다. 이 기간에는 먼저, 언론매체를 활용하여 전체 국민에게 법률 보급 운동의 시작을 대대적으로 홍보하고 참여를 독려하는 소위 '사상동원'(思想動員)이 진행된다. 동시에 중앙, 지방(성급·지급·현급), 기층(향·진)에서 관련 기구와 조직이 참여하여 '법률 보급 5개년 계획(規劃)'을 수립한다. 또한 각급 지방 단위에서 법률 보급 운동의 추진을 담당할 핵심 인력, 즉 '선전대오'(宣傳隊伍)를 선발하여 양성한다. 여기에는 주무부서의 당정간부와 공무원, 농촌 향·진 간부와 촌

11 宣傳部·司法部, 「基本普及法律常識的五年規劃」(1985. 11), 司法部, 『依法治國的生動實踐』(上), pp. 35~37; 中央宣傳部·司法部, 「關於在公民中開展法制宣傳教育的第二個五年規劃」(1990. 12), 司法部, 『依法治國的生動實踐』(上), pp. 43~45; 中央宣傳部·司法部, 「關於在公民中開展法制宣傳教育的第三個五年規劃」(1996. 4), 司法部, 『依法治國的生動實踐』(上), pp. 46~48; 中央宣傳部·司法部, 「關於在公民中開展法制宣傳教育的第四個五年規劃」(2001. 4), 司法部, 『依法治國的生動實踐』(上), pp. 50~52; 肖揚, 「關於第二個五年普法規劃實施情況的報告」(1993. 8), 司法部, 『依法治國的生動實踐』(下), pp. 1201~1205; 張福森, 「關於三五法制宣傳教育基本情況的報告和對'進一步開展法制宣傳教育的決議'的說明」(2001. 4), 司法部, 『依法治國的生動實踐』(下), pp. 1335~1339.

간부에 대한 법제강좌의 개설과 훈련, '선전 핵심간부 연수반'(宣傳骨幹培訓班)의 개설과 집중 교육이 포함된다.

또한 준비단계에서는 법률 보급 운동에서 사용될 교재 편찬이 추진된다. 전국보법판공실과 공산당 중앙 선전부는 전국적으로 사용할 수 있는 교재와 영도간부용 교재를 편찬한다. 지방 당정기관은 해당 지역이나 기관에서 사용할 특정한 교재를 편찬한다. 마지막으로 해당 관할 구역 내의 일부 시(市)와 현(縣)을 선정하여 법률 보급 운동을 시험 실시한다. 이를 통해 계획 수립 과정에서 미진했던 내용을 발견하여 보완하는 작업이 이루어진다.

이런 준비단계가 완료되면 실시단계에 들어간다. 이 단계에서는 각 법률 보급 운동 시기에 선정된 중점 교육대상을 중심으로 선전과 교육 활동이 전개된다. 또한 특정 교육 대상(예를 들어, 농민)에 대해 각 연도별(예를 들어, 법률 보급 운동 1년 차, 2년 차)로 미리 정해진 교육 내용과 방식으로 법률 보급 운동을 전개한다. 경우에 따라서는 해당 구역 전체를 대상으로 법률 보급 운동을 일시에 추진하기보다는 일정 지역(예를 들어, 전 성의 3분의 1)을 먼저 실시하고 그 경험에 근거하여 세부 계획을 수정 및 보완한 다음에 해당 지역 전체를 대상으로 운동을 전개하기도 한다. 이처럼 실시단계에서는 앞에서 말한 것처럼 점진적·융통성 있는 추진의 원칙에 근거하여 지역에 따라, 또한 기관이나 단위에 따라 다양한 방식으로 법률 보급 운동이 전개된다.

마지막으로 5개년 법률 보급 운동이 종료되기 6개월 전부터 종료 시기까지 활동을 마무리하고 성과와 한계를 점검하는 정리·평가 단계가 전개된다. 이 단계에서는 먼저 정부 관련 부서, 즉 국무원 사법부와 지방정부 사법청(국)이 각각 전국인대와 각급 지방인민대표대회(지방인대)에 법률 보급 운동의 추진 상황과 결과를 공식 보고한다. 그리고 이 보고는 신문이나 기관지를 통해 대외에 공포된다. 또한 평가단계에서는 법률 보급 운동과 관련된 전국과 지방의 '선진지역' 및 '선진단위'가 선정되고, 이들에 대한 표창과 포상이 이루어진다. 마지막으로 일부 지방 — 주로 연해 지역의 직할시나 성(省), 대규모 도시 — 에서는 5년간 진행된 법률 보급 운동의 성과를 객관적으로 평가하기 위해 해당 지역 주민을 대상으로 하는 다양한 방식의 조사(예를 들어, 설문조사와 면접조사)가 실시된다. 그리고 그 조사 결과의 전부 또는 일부를 기관지 등을 통해 대외에 공포한다. 이렇게 하여 5년 단위의 법률 보급 운동이 종결된다.

4. 중앙-지방의 협조와 지역 편차

대부분 국가정책이 그렇듯이, 법률 보급 운동도 중앙과 지방의 협조 속에서 추진된다. 여기서 '중앙'은 가장 높게는 공산당 중앙(즉, 중앙위원회, 정치국, 정치국 상무위원회)과 국무원, 일상적으로는 공산당 중앙 정법위원회(政法委員會)와 선전부, 국무원 사법부(司法部)와 전국보법판공실(全國普法辦公室)을 의미한다. 반면 '지방'은 성급(省級: 성・직할시・자치구)과 지급[地級: 구(區)가 설치된 대규모 시] 행정단위를 가리키는 경우도 있고, 현급(縣級: 현・시・구) 및 기층, 즉 향(鄕)・진(鎭)을 가리키는 경우도 있다. 지방의 각급 단위는 법률 보급 운동의 전개 과정에서 모두 일정한 역할을 담당하는데, 이 중에서 특히 중요한 것이 현급이고 그 다음이 기층이다. 왜냐하면 법률 보급 운동의 실제 전개는 현급을 기본 단위로 추진되기 때문이다. 반면, 기층정부는 현급 단위에서 결정된 사항을 실제로 집행하는 역할을 담당하며, 대부분의 경우 적극적이기보다는 소극적으로 법률 보급 운동에 임하는 경향이 있다.

법률 보급 운동의 전개 과정에서는 중앙과 지방의 역할이 구분되고, 이런 역할 구분 속에서 상호 협력이 이루어진다. 먼저, 중앙의 역할은 크게 두 가지이다. 첫째는 정책의 제창과 기본 방침의 결정이다. 중앙은 먼저 법률 보급 운동의 추진 여부를 결정한다. 이때에는 펑전과 같은 특정 지도자의 제창이 중요하다. 법률 보급 운동은 이런 문제 제기와 덩샤오핑을 포함한 최고 지도자들의 동의하에 결정되었다. 중앙은 또한 법률 보급 운동에 대한 기본 계획을 준비하고 확정한다. 이는 1984년 랴오닝성(遼寧省) 번시시(本溪市)에서 개최된 '전국 법제 선전・교육 업무 현장회의'에서의 분위기 조성과 문제 제기, 1985년 '전국 법제 선전・교육 업무회의'에서의 공식 계획 제안과 토론, 이후 공산당 중앙과 국무원의 「통지」 하달과 집행의 지시, 전국인대 상무위원회의 결의 통과에 의한 법적 강제성 획득 등 일련의 과정에 잘 나타난다. 이런 일련의 과정을 거쳐 법률 보급 운동의 추진이 결정되었다.

둘째는 지방에서 자발적으로 추진된 법률 보급 운동의 새로운 정책을 적극 지지하고, 이를 전국적으로 확산시키는 역할이다. 중앙이 제시한 법률 보급 계획은 매우 추상적이고 원칙적이다. 이 때문에 지방은 중앙이 제시한 계획의 '정신'과 '원칙'을 존중하면서 해당 지역의 실제 상황에 맞는 구체적인 실행 계획을 작성하여 추진한다. 그래서 법률 보급 운동의 전개 과정에서는 중앙의 계획이 생각하지도 못했던 다양한 형태의 새로운 정책과 실천이 등장한다. 제1차(1986~1990년) 법률 보급 운동 기간에 랴오닝성의 번시시에서 시작된 의법치리, 산둥성(山東省)의 장치우(章丘) 지역에서 시작된 의법치촌(依法治村: 법률에 의거한 촌 관리)이 대표적인 사례이다.

예를 들어, 앞에서 자세히 살펴보았듯이, 국무원 사법부는 랴오닝성 번시시의 경험을 기반으로 전국적으로 법률 보급 운동을 전개하기 위해

1984년에 번시시에서 현장회의를 개최했다. 이를 통해 번시시의 법제 선전·교육과 의법치리의 '선진 경험'은 법률 보급 운동 추진의 현실적 근거가 되었고, 동시에 전국적으로 보급될 주요 내용이 되었다. 즉, 국무원 사법부는 번시시의 의법치리 정책을 공식 인정하고 그것을 전국적으로 확대시켰던 것이다.

이와 비슷하게, 1980년대 하반기에 산둥성의 장치우 지역에서는 촌민이 자발적으로 '촌규약'(村章)을 만들어 촌을 관리하고 규제하는 의법치촌의 모범 사례가 만들어졌다. 이에 국무원 사법부는 이 정책과 활동을 공식 인정하고 이를 전국적으로 확산시키기 위해 1992년 8월에 장치우 지역에서 '전국 의법치촌 경험 교류회'(全國依法治村經驗交流會)를 개최했다.[12] 같은 맥락에서, 국무원 사법부는 1994년 8월에 다양한 농촌 지역의 법률 보급 운동의 우수 사례를 발굴하고 이를 전국적으로 확산시키기 위해 '전국 주요 지역 법제 선전·교육 경험 교류회'[全國百縣(市)法制宣傳教育經驗交流會]를 개최했다.[13]

이처럼 국무원 사법부는 지방의 자발적인 개척과 혁신을 높이 평가하고 이것의 전국적인 확산을 통해 법률 보급 운동에 활력을 불어넣기 위해 다양한 노력을 기울였다. 5년 단위의 법률 보급 운동 기간에 매년 특정 주제를 중심으로 전국회의를 개최하는 것은 대표적인 사례이다. 예를 들어, 제1차 법률 보급 운동 기간 중, 1987년 1월에는 국유기업을 중심으로 하는 경제계의 법률 보급 운동의 우수 사례를 발굴하고 확산시키기 위해 '전국 기업 법제선전 회의'(全國企業法治宣傳教育會議)를 개최했다. 동

12 蔡誠, 「學習章丘依法治村經驗, 加快農村改革和建設, 促進九億農民奔小康」(1992. 8), 司法部, 『依法治國的生動實踐』(下), pp. 1177~1180; 蔣立山, 『法律現代化: 中國法治道路問題研究』(北京: 中國法律出版社, 2006), pp. 242~275.

13 肖揚, 「堅持以鄧小平同志建設有中國特色社會主義的理論為指導, 努力開創法制宣傳教育工作的新局面」(1994. 8), 司法部, 『依法治國的生動實踐』(下), pp. 1218~1224.

년 9월에는 소수민족 지역의 경험을 종합 및 확산시키기 위해 '북부 3개 지역 소수민족 보법 업무 좌담회'(三北地區少數民族普法工作座談會)를 개최했다. 이때에는 소수민족 지역의 특수성을 충분히 고려하여 '상황과 조건에 맞는 사업 추진'(因地制宜)이 강조되었다. 이후 1988년 3월에는 학교의 경험을 정리하고 확산시키기 위한 '전국 고등학교 경험 교류회'(全國高等學校法制教育經驗交流會), 동년 5월에는 '전국 농촌 법률 보급 업무회의'(全國農村普法工作會議), 1989년 12월에는 '전국 자영업자 경험 교류회'(全國個體戶學法用法經驗交流會)가 개최되었다. 제2, 3, 4, 5차 법률 보급 운동 등 이후에 전개된 5년 단위의 운동에서도 이런 방식이 사용되었다.

한편 법률 보급 운동의 전개 과정에서 '지방'은 기본적으로 두 가지 역할을 담당한다. 첫째는 구체화 역할이다. 즉, 각 지방은 중앙이 제시한 추상적인 방침과 정책을 지역 상황에 맞추어 적용하면서 법률 보급의 내실화를 기하는 역할을 담당한다. 둘째는 개척자(pioneer) 역할이다. 앞에서 말했듯이, 법률 보급 운동이 전개되는 과정에서, 일부 지방은 지역 현안을 해결하기 위해 다양한 시험을 실시하고, 이 중에서 일부는 중앙(주로 국무원 사법부)의 인정을 받아 새로운 법률 보급 운동의 정책으로 공식 결정된다. 이후 이런 정책은 전국적으로 확대 실시된다. 이런 면에서 일부 지방은 법률 보급 운동의 개척자 역할을 수행한다고 할 수 있다.

그런데 지방의 역할과 관련해서는 주의해야 할 것이 있다. 즉, 모든 지방이 법률 보급 운동을 같은 정도로 열심히 추진하는 것은 결코 아니라는 점이다. 법률 보급 운동이 비록 중앙이 결정하고 지시한 국가정책이지만 구체적으로 추진되는 정도는 지방마다 큰 편차가 있다.[14] 그런데 이

---

14 蔡誠, 「在黨的基本路綫指引下, 深入扎實的開展農村普法工作」(1988. 5), 司法部, 『依法治國的生動實踐』(下), pp. 1112~1117; 蔡誠, 「關於普及法律常識工作情況的報告」(1988. 12), 司法部, 『依法治國的生動實踐』(下), pp. 1122~1126; 肖揚, 「再接再厲, 奮發進取, 努力開創法制宣傳教育工作新局面」(1996. 6), 司法部, 『依法治國的生動實踐』(下), pp. 1243~1250;

런 지역 편차는 운동 전개의 원칙, 즉 '점진적 · 융통성 있는 추진'에 의해 어느 정도 '허용'되고 있다. 다시 말해, 법률 보급 운동을 적극적으로 추진하지 않는 지방의 당정간부는 '지역 특수성'을 근거로 부진한 정책추진을 합리화 또는 정당화할 수 있다는 것이다.

또한 전체적으로 보면 지역 편차는 어떤 객관적인 조건보다는 해당 지역의 영도간부, 특히 당서기의 의지와 판단에 의해 결정되는 경우가 많다. 즉, 영도간부가 법률 보급 운동에 적극적이면 그 지역에서 법률 보급 운동이 제대로 추진되고 그렇지 않으면 제대로 추진되지 않는다는 것이다. 이는 지방의회의 발전 과정,[15] 공산당의 당내 민주(黨內民主) 확대와 고위간부 직접선거의 실시 과정에서도 확인되는 비교적 일반적인 현상이라고 할 수 있다.[16]

대략적으로 말하면, 법률 보급 운동의 지역 편차는 크게 세 가지 방식으로 나타난다. 첫째는 경제가 발전한 연해 지역과 경제가 낙후된 내륙 지역 간의 편차이다. 둘째는 동일한 성급 행정단위 내의 도시 지역과 농촌 지역(즉, 도농격차) 간의 편차이다. 셋째는 한족(漢族) 지역과 소수민족 지역 간의 편차이다. 이 중에서 가장 심각한 것이 도농격차이다. 그리고

張福森, 「關於三五法制宣傳教育基本情況的報告和對'進一步開展法制宣傳教育的決議'的說明」(2001. 4), 司法部, 『依法治國的生動實踐』(下), pp. 1335~1339; 全國普及法律常識辦公室, 「關於五五普法中期督導檢查情況的報告」, 『中國司法』 2009年 5期, pp. 33~38; 浙江省 慶元縣 人大法制工作委員會, 「關於我縣五五普法工作情況的調研報告」(2008. 8), http://www.qyrd.gov.cn (검색일: 2011. 1. 21); 河北省 張家口市 人大常委會 五五普法專項工作評議小組, 「關於全市五五普法專項工作評議調研報告」(2010. 12), http://zjk.mzfz.gov.cn (검색일: 2011. 1. 21); 山西省 呂梁市 離石區 人大常委會法制工作委員會, 「關於我區五五普法工作情況的調查報告」(2008. 12), http://111srd.gov.cn (검색일: 2011. 1. 21).

15 Young Nam Cho, *Local People's Congresses in China: Development and Transition* (New York: Cambridge University Press, 2009), pp. 156~160.

16 조영남 · 안치영 · 구자선, 『중국의 민주주의: 공산당의 당내 민주 연구』(파주: 나남, 2011); Lianjiang Li, "The Politics of Introducing Direct Township Elections in China," *China Quarterly*, No. 171 (September 2002), pp. 704~723.

첫째와 셋째의 지역 편차는 도농격차로 대부분 설명이 가능하다. 연해 지역과 한족 지역은 상대적으로 도시가 많은 반면, 내륙 지역과 소수민족 지역은 농촌이 많기 때문이다.

법률 보급 운동의 지역 편차는 몇 가지 사실을 통해 확인할 수 있다. 먼저, 지역 편차는 보법 영도소조의 구성 방식에서 잘 나타난다. 앞에서 살펴보았듯이, 각 지역의 보법 영도소조는 의법치국 영도소조와의 관계나 책임자의 직급(職級) 등에서 차이가 난다. 예를 들어, 일부 지역은 당서기가 직접 영도소조 조장을 맡고 법률 보급 운동을 적극적으로 추진하도록 독려한다. 반면에 일부 지역에서는 정법위원회 서기나 기타 하위 직급의 지도자가 영도소조 조장을 맡고 있고, 법률 보급 운동은 그렇게 중요한 업무로 간주되지 않는다.

또한 성급 행정단위의 지역 편차는 지방의회의 조례(地方性法規) 제정 여부에서도 나타난다. 조례는 관할지역 전체에 적용되는 '법률 규범'이기 때문에, 조례를 제정하면 법률 보급 운동이 더욱 효과적으로 추진될 수 있다. 즉, 관할 지역의 당정기관과 사회단체는 조례에 따라 반드시 법률 보급 운동을 추진해야 한다는 것이다. 구체적으로, 전국 31개 성급 행정단위(성 · 자치구 · 직할시)에서 2000년까지 관련 조례를 제정한 지역은 9개뿐이고, 나머지 22개는 그렇지 않았다.[17] 또한 국무원 사법부 부장이 전국인대 상무위원회에 보고한 내용에 의하면, 2004년 전국적으로 조례 제정을 통해 국가공무원의 임명 조건으로 법률시험의 합격을 의무로 규정한 지역은 14개(2009년에는 16개), 정기적인 법률학습과 법률시험 성적을 공무원의 인사고과에 반영하는 지역은 12개였다.[18] 이런 통계를 보면, 성

17 9개 지역은 허베이성(河北省), 닝샤자치구(寧夏自治區), 장시성(江西省), 랴오닝성, 산시성(陝西省), 안휘성(安徽省), 간쑤성(甘肅省), 윈난성(雲南省), 후베이성(湖北省)이다. 司法部, 『依法治國的生動實踐』(下), pp. 927~940.

18 張福森, 「第四個五年普法工作三年來情況的報告」(2004. 4), http://www.21mishu.com (검

급 행정단위 중에서도 대략 3분의 1 정도는 법률 보급 운동에 적극적이지만 대략 3분의 2 정도는 그렇지 않다는 사실을 알 수 있다.

그런데 이보다 더욱 심각하고 보편적인 지역 편차는 도농격차이다. 법률 보급 운동에 대한 많은 조사 보고에 의하면, 다른 성급 행정단위 간의 도농격차뿐만 아니라 동일한 성급 행정단위 내의 도농격차도 매우 심각하다. 따라서 담당 당정기관과 학자들은 이것이 법률 보급 운동의 최대 문제라고 지적한다(이에 대해서는 뒤에서 검토할 것이다). 즉, 도시 지역에서는 비교적 풍부한 재정 지원하에서 지역 주민의 적극적인 호응을 받으면서 법률 보급 운동이 계획대로 전개되는 반면, 대부분의 농촌 지역에서는 잘해야 형식적으로, 심할 경우에는 아예 중앙의 지시를 무시하고 법률 보급 운동을 추진하지 않는다는 것이다. 이런 문제로 인해 제5차(2006~2010년) 법률 보급 운동에서는 농민이 처음으로 중점 교육대상에 포함되었다. 동시에 농촌 구석구석에 법률을 보급하기 위해 '법률의 농촌 진입'(法律進鄕村)이 '법률의 여섯 가지 진출'(六進) 정책의 하나로 추진되고 있다.

5. 소결

법률 보급 운동은 1980년대 초 최고 지도자들의 합의 외에도 평전이라는 소신 있는 지도자의 주장과 추동이 있었기 때문에 전국적으로 전개될 수 있었다. 또한 법률 보급 운동은 전국보법판공실이 5년 단위의 체계적이고 장기적인 계획을 수립하고, 보법 영도소조가 이를 해당 지역과 기관에서 실시하는 방식으로 추진되었다. 이런 방식으로 인해 법률 보급

색일: 2011. 2. 20).

운동은 정부개혁이나 의회개혁 등 다른 개혁에서는 볼 수 없는 체계성과 장기성을 띠었다.

법률 보급 운동의 지도기구인 보법 영도소조는 지방마다 다르게 구성되고 운영되는 현상도 나타났다. 어느 지역에서는 보법 영도소조가 의법치국 영도소조에 통합된 반면, 어떤 지역에서는 두 가지 영도소조가 독립적으로 운영된다. 또한 어떤 지역에서는 당서기가 직접 영도소조의 조장을 맡는 반면, 어떤 지역에서는 정법위원회 서기나 부서기가 조장을 맡는다. 이와 같은 지도기구의 구성과 운영에서 나타나는 지역 편차는 점진적이고 융통성 있는 추진이라는 법률 보급 운동의 추진 원칙에 의해 정당화되었다.

법률 보급 운동은 중앙과 지방의 역할 분담 속에서 추진되었다. 중앙, 즉 운동의 주무부서인 국무원 사법부는 법률 보급 운동의 계획과 전체적인 추동을 담당한다. 또한 중앙은 지방의 실천을 종합하여 새로운 정책을 발굴하고 이를 전국적으로 확산시키는 역할을 담당한다. 이에 비해 지방은 기본적으로 중앙의 계획과 방침을 각 지역의 상황에 맞추어 실행하는 구체화의 역할을 담당한다. 또한 일부 지방의 경우에는 다양한 시험 실시를 통해 새로운 정책을 개척하는 역할을 담당하기도 한다.

한편 매 시기의 법률 보급 운동은 준비단계, 실시단계, 평가단계로 나뉘어 비교적 일정한 절차에 따라 추진된다. 추진 절차라는 면에서 보면 법률 보급 운동은 전국적으로 통일된 모습을 보인다. 그러나 실제로 운동이 추진되는 정도와 내용은 지역마다 크게 차이가 난다. 단적으로 어떤 지역은 운동의 개척자 역할을 담당하는 반면, 어떤 지역은 법률 보급 운동에 매우 소극적이다. 이런 편차는 연해 지역과 내륙 지역, 한족 지역과 소수민족 지역, 도시 지역과 농촌 지역 등 크게 세 가지 방식으로 나타나는데, 이 중에서 도농 편차가 가장 심각하고 보편적이다.

제5장

법률 보급 운동의 전개 내용

1. 영도간부의 법률교육

2. 농민의 법률교육

3. '의법치리'(依法治理)의 추진

4. 소결

법률 보급 운동은 크게 두 가지 내용으로 전개되었다. 하나는 헌법과 주요 법률의 교육과 선전이다. 다른 하나는 의법치리(依法治理: 법률에 의거한 관리) 혹은 의법치국(依法治國: 법률에 의거한 국가통치)의 확대 실시이다. 또한 법률의 교육과 선전은 중점 대상에 따라 다른 내용과 방식으로 전개되었다. 따라서 대상에 따른 분석이 필요하다. 여기서는 두 가지 집단과 계층, 즉 영도간부(領導幹部)와 농민이 중요하다. 영도간부는 제1차에서 현재까지 법률 보급 운동의 핵심적인 중점 대상이기 때문에 중요하다. 또한 농민은 제5차(2006~2010년) 법률 보급 운동에서야 비로소 중점 대상에 선정되었지만, 운동 전개의 어려움, 인구 규모(2011년 전체 인구의 50%), 농촌 지역의 사회치안 악화 등으로 인해 매우 중요했다.

따라서 제5장에서는 먼저 영도간부와 농민 등 두 집단을 중심으로 법률 보급 운동의 전개를 상세하게 분석할 것이다. 이후 의법치리의 등장과 확대에 대해서도 자세히 살펴볼 것이다.

1. 영도간부의 법률교육

제1차에서 제5차에 이르는 법률 보급 운동에서 영도간부와 청소년이 항상 중점 대상이었지만, 이 중에서도 영도간부가 중점 중의 중점이었다. 이처럼 법률 보급 운동은 무엇보다도 법률학습을 통해 영도간부의 법률 의식을 제고하고 의법치리와 의법치국을 실시하기 위해 추진되었다고 할 수 있다. 실제로 공산당 중앙은 1982년 〈공산당당헌(黨章)〉 제정을 통해 '공산당 영도(領導)의 법제 원칙', 즉 공산당의 영도는 반드시 법률 규범 내에서 이루어져야 한다는 원칙을 확정한 이후 고위 당정간부를 대상으로 하는 '법제'교육(1990년대 중반 이후에는 '법치'교육)에 많은 노력을 기울였다.[1] 1986년 제1차 법률 보급 운동이 전개되면서 영도간부에 대한 법률교육은 본격적으로 실시되었다. 이는 몇 가지 사실을 통해 확인할 수 있다.

고위 당정간부를 대상으로 한 법제・법치 교육은 공산당 최고 지도자들이 주도적으로 추진했다. 예를 들어, 후야오방(胡耀邦) 전 총서기는 1985년에 최초의 법제강좌를 개설하여 최고 지도자의 법률학습과 실천을 강조했다. 1986년에도 7월부터 모두 3회에 걸쳐 법률강좌를 개최했다. 여기에는 후야오방뿐만 아니라 챠오스(喬石), 리펑(李鵬), 톈지윈(田紀雲), 후챠오무(胡喬木), 후치리(胡啓立), 야오이린(姚依林) 등 중앙지도자가 대거 참석했다. 또한 국무원과 전국인민대표대회(전국인대) 등 중앙 국가기관에서도 처장급(處長級: 한국의 과장급) 이상으로 구성된 '영도간부 영도중심 법률학습조'(領導中心法律學習組)가 구성되어 학습이 진행되었다.[2]

한편 이런 공산당 중앙의 경험을 본받아 지방에서도 고위 당정간부를 대상으로 하는 각종 법률강좌가 개설되었다. 그 결과 제1차 법률 보급 운동 기간에 전국적으로 29개의 성급(省級) 행정단위에서 모두 1,381명의

---

1 侯樹棟・許志功・黃宏 主編, 『黨和國家關注的十四個重大課題』(北京: 人民出版社, 2004), pp. 339~341.

2 全國普及辦, 「全國普法依法治理工作基本情況」, 司法部 宣傳司 編, 『依法治國的生動實踐: 普法依法治理十五年』(下冊) (北京: 法律出版社, 2001), pp. 1589~1596.

〈표 5-1〉 공산당 중앙 정치국 법제·법치 강좌 시기와 주제

시기	주제	시기	주제
1994. 12	국제 통상법률 제도와 GATT	2000. 9	서부개발과 중서부 발전 가속화를 위한 법률보장
1995. 1	사회주의 시장경제 법률제도 건설 문제	2001. 7	법률수단을 사용한 정보 네트워크의 건강한 발전 보장 및 촉진
1996. 2	의법치국과 사회주의 법제국가 건설에 관한 이론과 실천 문제	2002. 1	〈헌법〉의 진지한 관철 실시와 소강사회의 전면적 건설
1996. 12	국제관계 중 국제법의 역할	2003. 9	의법치국 견지와 사회주의 정치문명 건설
1997. 5	일국양제와 〈홍콩기본법〉	2004. 4	법제건설과 사회주의 시장경제체제 완벽화
1997. 12	과학기술 진보와 법제건설	2005. 12	행정관리체제 개혁과 경제 법률제도 완벽화
1998. 5	금융안전과 법제건설	2006. 5	국제 지적재산권 보호와 중국 지적재산권 보호 법률 및 제도건설
1998. 12	사회보장과 법제건설	2006. 6	과학집정, 민주집정, 의법집정의 견지
1999. 6	농촌 개혁·발전·안정의 의법 보장과 촉진	2006. 11	우리나라 사회주의 기층 민주정치 건설 연구
1999. 11	국유기업 개혁과 발전의 의법보장과 촉진	2007. 3	〈물권법〉(物權法) 제정 및 실시에 관한 약간 문제

〈자료〉「中央政治局集體學法12年凸顯依法治國與法治進步」, 〈中國新聞網〉 2006년 12월 6일, http://www.chinanews.com.cn/gn/news/2006/12-06/833001.shtml (검색일: 2010년 7월 10일).

성급 당정간부가 각종 법률강좌에 참석했다. 이는 전국 성급간부 전체의 90%에 해당한다.[3] 예를 들어, 상하이시(上海市)에서는 당시 당서기였던 장쩌민(江澤民)이 1986년 4월 140여 명의 고위 당정간부가 참여하는 제1회 법제강좌를 개설한 이후 매주 1회씩 총 8회에 걸쳐 법률학습을 주도했다.

3 全國普及辦, 「全國普法依法治理工作基本情況」, 司法部, 『依法治國的生動實踐』(下), pp. 1589~1596.

이런 전통은 후임 상하이시 당서기에 의해 계승되었다. 이런 상하이시에서의 경험을 바탕으로 1989년 총서기가 된 장쩌민은 중앙에서도 법제강좌를 계속 주도적으로 개최했다.

이런 노력의 결과 1994년 이후 공산당 최고 지도자들의 법률 '집단학습'(集體學習)이 정례화될 수 있었다. 〈표 5-1〉은 공산당 정치국이 1994년 12월부터 2007년 3월까지 개설한 총 20회의 법제·법치 강좌의 시기와 주제를 정리한 것이다. 이에 따르면, 정치국은 매년 1~2회의 법제·법치 강좌를 정기적으로 개설했다. 법제·법치 강좌는 공산당 중앙판공청(中央辦公廳)이 주도하여 준비했고, 매번 1~2명의 전문가가 주제 발표를 하고 총서기를 포함한 정치국원이 참석하여 토론하는 방식으로 진행되었다. 강좌의 주제는 법률과 관련하여 중국이 당면한 주요 문제가 선정되었다.

물론 공산당 최고 지도자들이 법률만을 학습했던 것은 아니다. 예를 들어, 후진타오(胡錦濤) 집권 1기인 2002년 12월부터 2007년 1월까지 공산당 정치국은 총 38회에 걸쳐 집단학습을 실시했다. 이때에는 법률, 국방, 문화, 역사, 농촌, 교육, 민주, 사회 등 총 16개 주제가 선정되었고, 매회 1~2인의 전문가가 발표하고 정치국원이 토론에 참여했다. 그런데 후진타오 시대의 집단학습에서도 법률이 매우 중시되었다. 이는 두 가지 사실을 통해 확인할 수 있다. 첫째, 제1차 집단학습 주제는 헌법 실시와 소강사회(小康社會) 건설이었다. 이를 통해 최고 지도자들은 헌법 준수를 매우 중시한다는 사실을 당정간부에게 전달했다. 둘째, 총 38회의 강좌 중에서 법률 관련 강좌가 모두 5회(전체의 14%)로 가장 커다란 비중을 차지했다.[4]

고위 당정간부에 대한 법제·법치이론 학습을 강화하기 위해 공산당

4 「解密歷次中央政治局集體學習過程及重大課題」, 〈新華網〉 2007년 11월 27일, http://news.xinhuanet.com/book/200-11/27/conent_7150631.htm (검색일: 2010. 7. 10).

은 이를 공산당 당교(黨校), 간부학교(幹部學院), 행정학교(行政學院)의 정규 프로그램에 포함시켰다. 이런 새로운 방침은 제1차(1986~1990년) 법률 보급 운동에서 부분적으로 시작되어 제2차(1991~1995년) 운동에서는 공식 확정되어 전국적으로 확대 실시되었다. 이는 중앙당교(中央黨校)가 시작한 것이다. 즉, 1985년 8월 중앙당교는 '전국 당교 법제강좌 회의'(全國黨校法制講座會議)를 개최하여 전국에 있는 각급 당교에게 법제강좌를 필수 과목으로 개설할 것을 요구했다.[5] 그 결과 법률강좌는 당교, 간부학교, 행정학교의 필수과목이 되었던 것이다.

예를 들어, 현재 중앙당교의 정규강좌로 '3개기본'(三個基本)과 '5개현대'(五個當代)가 있다. '3개기본'에는 마르크시즘(Marxism), 마오쩌둥(毛澤東) 사상, 덩샤오핑(鄧小平) 이론이 포함되고, '5개현대'에는 현대 세계경제, 현대 세계기술, 현대 세계법과 중국의 법제건설, 현대 세계군사와 중국의 국방건설, 현대 세계사상 조류가 포함된다. 여기서 알 수 있듯이, 고위 당정간부들이 중앙당교에서 교육을 받을 때 법제・법치 과목은 필수이다.[6]

이런 중국 당국의 정책은 최근까지 이어지고 있다. 예를 들어, 2009년 9월 공산당 중앙 조직부, 선전부, 정법위원회(政法委員會), 국무원 교육부는 공동으로 『사회주의 법치이념 교본(讀本)』을 배포하면서 「"사회주의 법치이념 교본"의 학습 통지」(關於認眞學習"社會主義法治理念讀本"的通知)를 하달했다. 이 「통지」는 사회주의 법치이념을 고위 당정간부의 학습과 당교의 교육 프로그램에 반드시 포함시킬 것을 지시했다. 이를 통해 공산당은

5 鄒瑜, 「認眞貫徹十二屆六中全會決議, 緊密聯係實際, 扎扎實實地將普及法律常識工作引向深入」(1986. 12), 司法部, 『依法治國的生動實踐』(下), pp. 1059~1067.

6 Ignatius Wibowo and Lye Liang Fook, "China's Central Party School: A Unique Institution Adapting to Changes," Kjeld Erik Brodsgaard and Zheng Yongnian (eds.), *The Chinese Communist Party in Reform* (London: Routledge, 2008), pp. 139~156; David Shambaugh, *China's Communist Party: Atrophy and Adaptation* (Washington D. C.: Woodrow Wilson Center Press, 2008), pp. 143~148.

고위 간부들이 개별 법률이나 제도뿐만 아니라 이론 면에서도 사회주의 법치를 정확히 이해하고 실천할 것을 요구했다.[7]

영도간부를 대상으로 한 법률 보급 운동은 지방에서도 광범위하게 실시되었다. 광둥성(廣東省) 광저우시(廣州市)의 사례는 대표적이다.[8] 이에 대한 조사 보고에 의하면, 광저우시는 1993년에 영도간부의 법률학습제도를 수립했다. 우선 담당 주체와 학습 의무화를 규정했다. 즉, 전 시(市)의 부국장(副局長) 이상의 영도간부 학습은 광저우시 보법판공실(普法辦公室)이 직접 담당하고, 법률학습을 영도간부의 '이론학습' 필수과목에 포함시킴으로써 영도간부들이 정기적으로 법률학습에 반드시 참여하도록 했다.

또한 영도간부의 법률학습 시간도 의무화했다. 즉, 모든 영도간부는 매년 3일간 개최되는 전일제(全日制)의 법률학습 집중연수에 참여해야 한다. 실제로 1994년부터 4년 동안 영도간부의 '법률지식 강좌반'은 총 25기가 진행되었고, 여기에는 연인원 3,700여 명이 참여했다고 한다. 그 밖에도 광저우시에는 다양한 당정간부 법률학습제도가 수립되었다. 예를 들어 당정기관 '당위(黨委)·당조(黨組) 중심조'의 법률학습제도, 법률지식의 정기 순환연수제도, 당교 및 행정학교의 법률연수제도 등이 그것이다.

광저우시는 영도간부 법률학습에서 세 가지 사항을 강조했다고 한다. 첫째는 강의 내용의 참신성이다. 이는 당면 과제를 중심으로 법제강좌를 개최한다는 것을 의미한다. 예를 들어, '사회주의 시장경제와 법제건설', '국제무역 법제지식과 세계무역기구(WTO)' 등이 대표적이다. 둘째, 권위 있는 강사진의 구성이다. 광저우시는 영도간부의 법률연수를 위해 중국정법대학, 중국무역대학, 화둥(華東)정법대학 등 명문대학의 교수 30여 명으

7 中共中央政法委員會, 『社會主義法治理念讀本』(北京: 中國長安出版社, 2009), pp. 1~5.

8 廣東省 廣州市依法治市領導小組, 「堅持抓好領導幹部學法, 不斷促進依法治市工作」, 司法部, 『依法治國的生動實踐』(下), pp. 2000~2002.

로 구성된 강사진을 운영했다. 마지막은 민주적인 학습 운영이다. 즉 자발성을 원칙으로 법률 연수반을 운영함으로써 영도간부의 적극적이고 활발한 참여를 유도한다는 것이다. 그 결과 1993년에는 60%였던 참여율이 1996년에는 84.3%로 증가했고, 그 결과 영도간부 전체 중에서 98.8%가 법률 보급 연수에 참여했다고 한다.

한편 법률 보급 운동이 발전하면서 당정간부 일반과 영도간부의 법률 학습제도가 점차 자리를 잡아갔다. 이는 크게 두 가지 방향에서 이루어졌다. 하나는 성급(省級) 지방의회(地方人大)가 조례(地方性法規) 제정을 통해 당정간부의 법률교육과 법률학습을 법제화하는 것이다. 2004년 4월 국무원 사법부 부장의 전국인대 상무위원회 업무보고에 의하면, 전국적으로 총 14개 성급 지방의회가 조례를 제정해 공무원의 법률학습과 이를 측정하기 위한 법률시험을 의무화했다. 예를 들어, 지방의회의 임명 혹은 비준을 받아야 하는 고위 공직자는 임명 전에 반드시 법률 자격고사에 응시해야 하고, 불합격자는 임명하지 않는다는 규정을 명문화했다. 이것이 2009년에는 16개 성급 행정단위로 확대되었다.[9] 또한 2004년 사법부 부장의 보고에 의하면, 12개 성급 행정단위는 공무원을 대상으로 '법률 보급 합격증제도'나 '법률학습 검사평가제도'를 수립해서, 법률지식의 습득을 정기적으로 평가하고 이를 인사고과에 반영하는 제도를 운영하고 있다.[10]

허베이성(河北省)은 이런 제도를 보여주는 대표적인 사례이다. 1995년 12월 허베이성 의회는 〈허베이성 법제 선전・교육 업무 규정〉(河北省法制宣傳教育工作的若干規定)을 제정했다. 여기에는 법제 선전・교육의 주요 임

9 全國普及法律常識辦公室,「關於五五普法中期督導檢查情況的報告」,『中國司法』2009年 5期, pp. 33~38.

10 張福森,「第四個五年普法工作三年來情況的報告」(2004. 4), http://www.21mishu.com (검색일: 2011. 2. 20).

무, 책임제도, 지도기구와 사무기구, 법률학습과 공무원 평가제도가 포함되었다. 여기서 중요한 것이 공무원 평가제도이다. 이에 따르면, "인사부문은 국가공무원을 채용할 때, 법률지식을 업무시험의 중요한 내용에 포함시켜야 하며, 법률지식 시험의 불합격자는 임용될 수 없다"(제13조). 또한 "임면권을 가진 국가기관은 국가공무원에 대해 정기적인 법률지식 시험과 법집행(執法) 실적검사를 실시하여, 시험과 검사의 불합격자는 승진시키지 않는다. 영도직무(領導職務)를 맡고 있는 국가공무원은 법집행 검사에서 연속 2회 불합격하면 면직한다"(제14조).[11]

다른 하나는 전국보법판공실이나 지방의 보법 영도소조(普法領導小組)와 같은 법률 보급 운동의 지도기구가 자체 규정을 제정하여 다양한 제도를 실행하는 것이다. 예를 들어, 제4차(2001~2005년) 법률 보급 운동 기간에는 전국적으로 국가공무원을 대상으로 법률학습 시간을 매년 최소 40시간 보장하는 제도가 추진되었다. 또한 지금까지 추진해 왔던 다양한 당정간부의 법률학습제도가 자리를 잡아 전국적으로 보편적으로 실행되고 있다. 여기에는 '당위·당조 중심조'의 법제강좌와 집단 법률학습(集體學法) 제도, 당정간부의 집중 법률연수제도, 당교·간부학교·행정학교의 법률과목 필수 이수제 등이 포함된다.[12]

그런데 여기서 주의할 것이 있다. 영도간부의 법률학습이 다른 교육대상에 비해 매우 조직적이고 체계적으로 추진된 것은 사실이다. 그렇지만 실제 추진 강도와 효과는 지역에 따라 큰 편차가 있다. 대개 해당 지역의 공산당 지도부, 특히 당서기가 법률 보급 운동에 대해 어떤 생각을 갖고 있는가에 따라 영도간부의 법률학습은 형식적으로는 유사하게 보이지만 내용적으로는 크게 다르게 전개된다. 즉, 당서기가 법률학습을 중시

11 「河北省法制宣傳教育工作的若干規定」, 司法部, 『依法治國的生動實踐』(下), pp. 927~928.

12 張福森, 「第四個五年普法工作三年來情況的報告」(2004. 4).

하면 영도간부의 법률학습이 제대로 진행되고, 그렇지 않으면 제대로 진행되지 않는다는 것이다.

저장성(浙江省)의 사례는 이를 잘 보여준다. 저장성의 법률 보급 운동에 대한 조사 보고에 의하면, 제3차(1996~2000년) 법률 보급 운동 기간에 주무부서(즉, 보법판공실)는 처장급(處長級: 한국의 과장급) 이상의 영도간부를 대상으로 하는 법률학습 평가 계획을 수립했다. 그런데 이것이 저장성 당위원회의 심의 과정에서 부결되면서 계획은 결국 실시되지 못했다. 이는 법률학습 결과를 영도간부의 임면 및 승진과 연계한다는 방침이 저장성에서는 당정 고위간부의 반대에 부딪혀 좌절되었음을 의미한다. 이렇게 되면서 일부 고위간부는 법률학습 시험에 대리인을 참석시키거나, 법률학습 보고서를 대리로 작성하는 문제가 발생했다. 또한 법적 강제 규정이 없어서 시험 불참자나 불합격자를 강력하게 처벌하는 것도 어렵게 되었다. 이런 이유로 저장성에서는 당정 고위간부 사이에서 법률학습이 권위를 잃는 현상이 발생했다고 한다.[13]

2. 농민의 법률교육

법률 보급 운동은 교육 대상에 따라 실시 방법과 내용이 다르다. 이는 대상의 객관적 및 주관적 조건이 다르기 때문이다. 앞에서 살펴보았듯이, 영도간부, 법집행 공무원, 학생, 국유기업 관리자에 이어 농민이 제5차(2006~2010년) 법률 보급 운동에서 중점 교육대상에 선정되었다. 전체

13 中國法治與社會發展國情調研組, 「浙江省普法教育依法治理20年」, 中國社會科學院法學研究所 編, 『中國法治發展報告』(No. 5, 2007) (北京: 社會科學文獻出版社, 2007), pp. 221~240.

인구에서 농민이 차지하는 비중, 농촌 지역에 만연한 기층간부의 농민 수탈과 부정부패, 1990년대 하반기 이후 급증하는 농민의 대중저항 등 여러 가지 요소를 고려할 때 농민이 최근에야 중점 교육대상에 선정된 것은 매우 의외라고 할 수 있다.

물론 농민이 중점 교육대상으로 선정되기 이전에도 농촌 지역에서 법률 보급 운동이 전개되었다. 예를 들어, 제2차(1991~1995년) 운동 기간에 3차에 걸쳐 집중적인 농촌 법률 보급 활동이 전개되었다. 제1차는 1991년에 공산당 중앙이 하달한 「농촌 사회주의 사상교육의 전개 결의」(關於在農村開展社會主義思想教育的意見)를 관철시키기 위해 전국 농촌 지역에서 '법률상식' 보급 운동이 전개되었다. 제2차는 1992년에 의법치촌(依法治村: 법률에 의거한 촌 관리) 경험을 전국적으로 확대하기 위해 법률 선전 및 교육 활동이 전개되었다. 제3차는 1993년에 농촌 지역에서 심각한 문제로 부각된 농민 부담을 경감하기 위해 관련 법률과 법규에 대한 선전과 교육 활동이 전국적으로 전개되었다.[14] 또한 1989년에는 향후 2년 동안 농민을 중점 대상으로 삼아 법률 보급 운동을 전개한다는 방침이 제시되었다.[15] 이처럼 이전에도 농촌 지역의 법률 보급 운동이 강조된 적이 있다. 다만 농민이 중점 교육대상이 아니기 때문에, 또한 법률 보급 운동의 원칙인 점진적·융통성 있는 추진에 따라 농촌 지역에서는 이 운동이 상대적으로 지체된 것이 사실이다.

그런데 농촌 지역에 존재하는 여러 가지 어려움을 고려할 때, 농민이 왜 최근에야 법률 보급 운동의 중점 대상에 선정되었는지를 어느 정도 이해할 수 있다. 단적으로, 객관적 및 주관적 조건이 제대로 형성되지 않

14 肖揚, 「堅持以鄧小平同志建設有中國特色社會主義的理論為指導, 努力開創法制宣傳教育工作的新局面」(1994. 8), 司法部, 『依法治國的生動實踐』(下), pp. 1218~1224.

15 蔡誠, 「關於普及法律常識工作情況的報告」(1988. 12), 司法部, 『依法治國的生動實踐』(下), pp. 1122~1126.

은 상황에서 초기에 농민을 중점 교육대상으로 선정하여 법률 보급 운동을 전개할 경우에는 여러 가지 어려움에 직면하여 운동이 형식적으로만 추진될 가능성이 크다. 그 결과 뚜렷한 성과를 내지 못한 법률 보급 운동은 자칫 중단될 수 있다. 이런 이유 때문에 농민을 나중에 중점 대상에 선정한 것이다. 이는 농촌 지역에서 나타나는 법률 보급 운동의 어려움을 구체적으로 살펴보면 쉽게 알 수 있다.

농촌 지역의 법률 보급 운동에 대한 한 조사 보고에 의하면, 농촌 지역에는 '다섯 가지의 어려움'(五難)이 있다. 첫째, 1980년대 호별영농(家庭聯產承包制)이 실시되면서 농민의 생산과 경영이 분산되었고, 동시에 외지에서 경제활동에 참여하는 농민이 증가했다. 이렇게 되면서 어떤 이유로든 농민을 모이게 하는 것이 대단히 어렵게 되었다. 둘째, 농촌은 땅이 넓고 사람이 많으며 거주가 분산되어 있어, 법률학습에 많은 인원을 참여시키고 학습 과정과 결과를 효과적으로 감독하기가 매우 어렵다. 셋째, 다수 농민은 전통관념의 영향으로 법제관념이나 법률의식이 희박하고, 문맹자가 많은 등 교육 수준이 낮아 기본적이고 상식적인 법률을 이해시키는 데도 많은 어려움이 있다.

넷째, 법률 보급 운동을 주도할 수 있는 농촌의 기층간부의 수가 적고 소질이 낮을 뿐만 아니라 많은 잡다한 업무를 수행해야 한다. 이 때문에 농촌의 기층간부들은 법률 보급 운동에 투자할 시간과 노력이 부족하다. 다섯째, 농업 생산의 계절적 특성이 강해 농번기뿐만 아니라 농한기에도 농민의 학습 시간을 보장하기 어렵다. 즉, 농한기에도 외지에 나가 돈벌이 하는 농민이 많아 학습 시간을 확보할 수 없다.[16] 이런 상황은 광둥성(廣東省),[17] 허난성(河南省),[18] 푸젠성(福建省),[19] 후난성(湖南省) 농촌

16 中共四川省射洪縣委員會, 「集中教育與經常化教育相結合是落實農村普法的有效途徑」, 司法部, 『依法治國的生動實踐』(下), pp. 1978~1981.

지역의 법률 보급 운동에 대한 조사에서도 확인되고 있다.[20]

이런 이유로 지금까지 농촌 지역에서 법률 보급 운동은 대면교육 방식보다는 텔레비전, 라디오, 신문 등 언론매체를 이용한 선전과 교육이 주된 방법으로 사용되었다. 물론 일부 농촌 지역에서는 지역 상황과 조건에 맞는 다양한 대면교육 방식이 개발되고 실제로 사용되었다. 예를 들어, 쓰촨성(四川省) 서홍현(射洪縣) 지역에서 전개된 법률 보급 운동은 가장 모범적인 사례라고 할 수 있다. 이 지역에서는 농한기에 집중하여 농민에 대한 법률학습을 실시하는 방식으로 법률 보급 운동이 전개되었다.

우선 서홍현에서는 현(縣: 한국의 군에 해당)에서 향(鄕: 한국의 면에 해당)까지 '법제 선전 · 교육 영도소조'와 '영도소조 판공실'을 설치하여 강력한 지휘계통을 수립했다. 또한 법률 보급 운동을 현장에서 지도할 수 있는 핵심 간부대오를 육성했다. 구체적으로 현과 향의 당정기관에서 소질이 뛰어난 1,460명의 간부와 농촌 당지부 서기 650명을 선발하여 7일간 집중 훈련을 시킨 이후 각 지역에 파견했다. 게다가 이들을 보조할 인원으로 향을 단위로 14,860명을 선발하여 7~15일 동안 집중적으로 교육한 이후, 6,900개의 촌민조(村民組)에 각 조당 2~3인씩 할당했다. 그 밖에도 『법규선편(法規選編)』, 『농촌 법률상식 교본(讀本)』, 『학습 20회 문답(問答)』, 『법률 보급 선전 요강(普法宣傳提綱)』 등 법률 보급 관련 교재 52만 부를

17 王旭東 · 韓瑞華 · 呂如亮, 「當前農村普法的困惑與對策: 廣東省農村普法工作的調查」, 『中國司法』 1999年 10期, pp. 12~13.

18 河南省 依法治省辦公室, 「農村普法工作現狀及對策思考: 關於河南省農村普法工作的調查」, 『中國司法』 2002年 2期, pp. 24~25; 閻正生 · 賈利民 · 李兵, 「農村普法工作乃需鞏固發展: 關於對囊城縣農村普法工作的調查報告」, 『中國司法』 2001年 4期, p. 28.

19 福建省 司法廳法制宣傳処, 「依法治村存在的問題與對策」, 『中國司法』 2002年 7期, pp. 35~36.

20 陳壯志 · 肖忠華, 「新形勢下農村法制宣傳教育工作的現狀問題及對策」, 『中國司法』 2008年 8期, pp. 77~79.

배포했다. 이와 동시에 텔레비전, 라디오, 선전차, 사진 등 다양한 방식을 통해 전 지역에 대대적인 선전을 진행하여 법률 보급 운동의 분위기를 조성했다.

이런 준비를 바탕으로 서홍현은 현실 문제와 법률을 결합한 집중적인 법률교육 연수반을 개설하여 운영했다. 각 연수반은 평균 6일 동안 운영되는데, 1일은 집중 지도, 2일은 분조 학습 및 현실 문제와 연계된 토론, 1일은 가족 단위의 복습, 1일은 학습 평가와 측정으로 구성되었다. 한편 농민의 법률학습 참여를 제도적으로 보장하기 위해 촌민 학습 시간을 연 15일 80시간으로 결정하고, 각종 법률시험제도를 수립했다. 그 밖에 농민의 법률학습을 감독하고 독려하기 위해 층층의 책임제도도 수립했다. 즉, 현이 향을, 향이 촌을, 촌이 촌민조를, 당간부・보법(普法)보조원・공청단(共青團) 단원이 가구를 책임지는 방식을 마련했던 것이다. 마지막으로 각종 포상 및 징벌제도를 수립하여, 법률 보급 운동의 전개 상황에 따라 승진과 포상을 실시했다.[21]

그런데 이런 모범 사례는 극히 일부 지역에만 해당되는 것이고, 대부분의 농촌 지역에서는 법률 보급 운동이 아예 전개되지 않거나, 전개되어도 형식적으로만 전개되는 경향이 있다. 농촌 지역에서 가장 많이 사용되는 법률 보급 운동은 형식화되어 있고, 그 내용이 진부할 뿐만 아니라 실제 결과에 대해서 그 누구도 책임을 지지 않는다는 것이다. 흔히 말하는 "첫째, 정부부서에 법률자문을 배치하고(擺攤咨詢), 둘째, 지역 주민을 대상으로 법률지식 퀴즈대회(知識比賽)를 열고, 셋째, 법률 보급 회의로 법률교육을 대체(以會代訓)하며, 넷째, 법률학습 관련 시험을 실시하여 결과를 측정(開卷測試)하는 방식"이 농촌 지역 법률 보급 운동의 기본 형식

21 中共四川省射洪縣委員會,「集中教育與經常化教育相結合是落實農村普法的有效途徑」, 司法部,『依法治國的生動實踐』(下), pp. 1978~1981.

이라는 것이다.[22] 여기에 하나 더 추가하면 '3월 15일 국제 소비자권익 보호일'과 '12월 4일 헌법 선포일'의 기념 활동에 참여하는 것이다.[23]

농촌 지역에서 법률 보급 운동이 잘 전개되는 곳과 그렇지 않은 곳의 비율이 어느 정도인지는 단언할 수 없다. 다만 법률 보급 운동이 제대로 전개되지 않은 곳의 비율이 훨씬 높다는 것은 분명한 사실이다. 예를 들어, 1988년 12월 국무원 사법부 차이청(蔡誠) 부장은 전국인민대표대회(전국인대) 상무위원회에 법률 보급 운동 상황을 보고하면서, "비교적 양호한 지역 및 단위가 50%, 보통인(一般的) 지역 및 단위가 30%, 형식적인 지역 및 단위가 20%"라고 했다. 여기서 농촌 대부분은 "형식적인 지역"이나 "보통인 지역"에 해당한다고 평가할 수 있다.[24] 3년 후인 1991년 2월 보고에서는 "비교적 좋은 지역 30%, 보통인 지역 50%, 나쁜 지역 20%"로 보고했는데, 농촌 지역은 여기서도 "나쁜 지역"이나 "보통인 지역"에 해당한다고 평가할 수 있다.[25]

한편 농촌 지역에서 법률 보급 운동은 촌민위원회 제도와 결합하여 전개되는 현상이 나타났다.[26] 앞에서 검토했듯이, 법률 보급 운동과 촌민위원회는 모두 농촌 지역의 치안상태 악화와 사회관리체제의 붕괴를 해결하기 위한 방안으로 모색되고 추진된 것이다. 따라서 법률 보급 운동이

22 白銀燕・李才榮, 「淺談我國普法中的問題與建議」, 『廣西政法管理幹部學院學報』 第23卷 第3期 (2008年 5月), pp. 75~77.

23 高龍, 「關於中國普法工作的幾點思考」, 『思茅師範高等專科學校學報』 第25卷 第2期 (2009年 4月), pp. 26~29.

24 蔡誠, 「關於普及法律常識工作情況的報告」(1988. 12), 司法部, 『依法治國的生動實踐』(下), pp. 1122~1126.

25 蔡誠, 「關於第一個五年普法規劃實施情況和1991年普法工作意見的彙報」(1991. 2), 司法部, 『依法治國的生動實踐』(下), pp. 1156~1159.

26 朱景文 主編, 『中國法律發展報告: 數據庫和指標體系』(北京: 中國人民大學出版社, 2007), pp. 582~583; 呂敏・楊藝文・蔣立山, 「中國農村地區的法治現狀與前景分析」, 黃之英 編, 『中國法治之路』(北京: 北京大學出版社, 2000), pp. 340~358; 蔣立山, 『法律現代化: 中國法治道路問題硏究』(北京: 中國法律出版社, 2006), pp. 242~275.

촌민위원회 제도와 연계되어 상호 보완적으로 추진되는 것은 어쩌면 당연한 것이다. 게다가 국무원 사법부는 이런 양자의 결합을 긍정적으로 평가하고 이를 전국적으로 확산시키기 위해 많은 노력을 기울였다. 1992년 8월에 산둥성(山東省)의 장치우(章丘) 지역에서 '전국 의법치촌 경험 교류회'를 개최한 것은 대표적인 사례이다.[27]

다만 법률 보급 운동과 촌민위원회 제도 간에는 약간의 차이점도 존재한다. 먼저 시작이 다르다. 즉, 법률 보급 운동이 '위에서 아래로' 시작된 것인 반면, 촌민위원회는 '아래에서 위로' 시작되었다. 강조점도 조금 다르다. 즉, 법률 보급 운동은 주로 촌간부의 준법정신과 준법활동(遵紀守法), 의법치촌(依法治村: 법률에 의거한 촌 관리)의 추진을 강조하는 반면, 촌민위원회는 촌간부에 대한 촌민의 민주적 선거, 마을 업무(村務)의 공개, 촌민의 마을관리 참여의 보장을 강조한다. 이런 약간의 차이에도 불구하고 현실에서는 법률 보급 운동이 촌민위원회 제도와 결합하여 전개되고 있다.

3. '의법치리'(依法治理)의 추진

앞에서 보았듯이, 국무원 사법부(司法部)의 계획과 지시하에, 혹은 자발적으로 1979년부터 여러 지방에서 악화된 사회치안을 개선할 목적으로 다양한 형태의 법제선전과 교육 활동이 전개되었다.[28] 이런 활동 과정에서 1980년대 중반 무렵 법률학습과 실천을 결합한 '의법치리'(依法治理: 법

---

27 蔡誠, 「學習章丘依法治村經驗, 加快農村改革和建設, 促進九億農民奔小康」(1992. 8), 司法部, 『依法治國的生動實踐』(下), pp. 1177~1180.

28 王稱心・蔣立山 主編, 『現代化法治城市評價: 北京市法治建設狀況綜合評價指標體系研究』(北京: 知識產權出版社, 2008), p. 1.

률에 의거한 관리)가 등장했다. 여기서 의법치리는 "인민 군중이 법률에 의거하여 각종 통로와 형식을 통해 지방사무, 업종(行業)사무 및 기층사무를 관리함으로써 공공관리의 법치화(法治化)를 실현하는 활동"을 말한다.[29] 이렇게 1980년대 중반 일부 지방에서 시작된 의법치리가 중앙의 법제·법치 방침과 결합하여 1990년대 중반 무렵 의법치국(依法治國: 법률에 의거한 국가통치)으로 발전할 수 있었다.

이 중에서 랴오닝성 번시시의 사례는 가장 대표적이다. 앞에서 말했듯이, 국무원 사법부의 요구로 랴오닝성 번시시는 악화된 치안 상황을 개선할 목적으로 1981년부터 법제선전과 교육 활동을 대대적으로 전개했다. 이 과정에서 법률학습과 실천이 결합된 의법치리가 일부 농촌과 기업에서 자발적인 방식으로 출현했던 것이다. 이에 번시시 공산당과 정부는 이런 성공적인 경험과 사례를 높이 평가하고 이를 확대 실시하기로 방침을 결정했다. 이런 결정에 따라 1986년부터 의법치리를 기층에서 시(市) 단위로 확대 실시하는 '의법치시'(依法治市: 법률에 의거한 도시통치) 방침이 결정되고 집행되기 시작했다.

당시 번시시가 추진한 의법치시의 내용은 크게 다섯 가지이다. 첫째, 지방의회(人大)의 역할, 특히 의회 감독의 강화이다. 의회는 다양한 감독 활동을 통해 정부의 법률집행을 촉진한다. 둘째, 법원의 독립적인 직권행사와 엄격한 법률 집행이다. 법원은 법치의 '최후 보루'로서 법원의 역할 강화 없이는 의법치리가 제대로 추진될 수 없다. 셋째, 정부의 법률에 의

---

29 袁曙宏·肯義舜 主編, 『依法治理概論』(北京: 法律出版社, 2003), p. 1. 의법치리에 대해 1990년 국무원 사법부 부장이었던 차이청(蔡誠)은 다음과 같이 정의했다. 의법치리는 "광대한 인민 군중에 의존하여 법률 수단을 운영하고, 법률·법규의 규범에 의거하여, 각종 통로와 형식을 통해 국가의 정치·경제·문화·군사 등 각 방면의 업무를 관리하여 그것들을 점차로 법제의 궤도에 들게 하며, 국가의 정치생활·경제생활·사회생활의 법제화와 규범화를 실현하여, 국가의 장기간의 안정적 통치를 보장하는 것이다." 司法部, 『依法治國的生動實踐』(下), p. 1154. 이런 의법치리의 정의는 1996년 장쩌민(江澤民)에 의해 채택되었고, 현재 중국에서 의법치국의 정의로 사용되고 있다.

거한 권력행사와 정부의 부당행위에 대한 사회 감독의 강화이다. 정부는 법률·법규의 80% 이상을 집행하기 때문에, 정부의 의법 권력행사는 의법치리의 핵심 정책이다. 넷째, 기업 및 기층단위에서의 의법치리의 추진이다. 다섯째, 일반 시민의 법률에 의거한 권익수호 참여이다.[30] 이렇게 하여 번시시에서 최초로 기층단위에서 실시되던 의법치리가 현급(縣級) 행정단위의 의법치시로 발전할 수 있었다.

한편, 국무원 사법부는 이 같은 일부 지방의 법제선전 및 교육 활동과 의법치리 활동에 주목하고 이를 전국적으로 확산시키기 위해 법률 보급 운동을 전개하기로 결정했다. 앞에서 보았듯이, 1984년 국무원 사법부는 번시시에서 '전국 법제선전사업 현장회의'를 개최하여 번시시의 경험에 의거하여 향후 5년 동안 법률 보급 운동을 전국적으로 전개한다는 구상을 논의했다. 이후 1985년 6월에 '전국 법제 선전·교육 공작회의'를 개최하여 제1차(1986~1990년) 법률 보급 운동의 계획 초안을 검토했고, 1986년부터 제1차 운동을 전개하기로 결정했다. 이 과정을 통해 번시시의 경험이 다른 지방으로 확산되기 시작했다. 특히 국무원 사법부는 의법치리의 전국적인 확산을 위해 1988년 장시성(江西省)의 지우장시(九江市)에서 '전국 주요 시장(市長) 법률학습 및 활용 좌담회'(全國部分城市市長 學法用法座談會)를 개최했다.[31]

의법치리의 전국적 확산과 상급 행정단위로의 발전, 즉 기층단위의 의법치리에서 현·시·구(區)의 의법치현(시·구)으로, 다시 성·직할시·자치구의 의법치성(시·구)으로 발전하게 된 것은 1991년 시작된 제2차(1991~1995년) 법률 보급 운동 시기였다. 국무원 사법부는 의법치리의 전국적 확산을 제2차 법률 보급 운동의 핵심 과제 중 하나로 결정하고, 의

30 司法部, 『依法治國的生動實踐』(下), pp. 1957~1961.

31 袁曙宏·肖義舜, 『依法治理概論』, pp. 18~21.

법치리 확산을 위한 전국회의를 매년 개최했다. 이것이 의법치리가 전국적으로 확산되는 데 큰 기여를 했다. 그 결과 제2차 법률 보급 운동의 마지막 해인 1995년에 의법치성은 전국 30개 성(직할시·자치구)의 40%(12개), 의법치시는 지급시(地級市)의 45%, 의법치현(시)은 현급시(縣級市) 및 현(縣)의 49%, 의법치촌은 행정촌의 50%에서 실시되었다.[32]

이처럼 지방차원에서 진행된 의법치리와 의법치현(시/성)은 1996년 2월 장쩌민의 의법치국 방침의 천명과 1997년 15차 당대회에서의 결정을 통해 드디어 국가방침으로 발전했다. 의법치국이 바로 그것이다. 또한 이렇게 되면서 그동안 의법치리나 의법치현(시/성) 추진에 소극적이었던 지방도 모두 참여하게 되었다. 특히 1996년부터 제3차(1996~2000년) 법률 보급 운동이 전개되면서 의법치국은 이제 전국적인 정책이 되었다. 그 결과 3차 법률 보급 운동의 마지막 해인 2000년에는 전국 30개 성(직할시·자치구)의 100%, 지급시의 95%, 현급시 및 현의 87%, 기층단위의 75%에서 의법치현(시/성)이 실시되었다. 2003년에는 이것이 지급시의 98%, 현급시 및 현의 95%, 기층단위의 92%로 확대되었다.[33] 다시 말해 제4차(2001~2005년) 법률 보급 운동 시기에는 전국적으로 대부분의 지역에서 의법치현(시/성)이 실시되었던 것이다.

한편 의법치리는 그 적용 및 실시 대상에 따라 세 가지 종류로 나뉜다.[34] '기층'(基層) 의법치리, '업종'(行業) 의법치리, '지방'(地方) 의법치리가 바로 그것이다. 첫째는 '기층' 의법치리이다. 여기에는 '의법치촌'(依法治村), '의법치창'(依法治廠), '의법치교'(依法治校), '의법치림'(依法治林), '의법치수'(依法治水) 등이 속한다. 이것은 주로 농촌 마을, 공장, 학교, 산림, 하천

32 朱景文, 『中國法律發展報告』, p. 583.

33 朱景文, 『中國法律發展報告』, p. 587.

34 袁曙宏·肖義舜, 『依法治理概論』, pp. 297~317.

등을 대상으로 전개된 법률에 의거한 업무 관리와 운영을 가리킨다. 이와 같은 기층 의법치리는 '기층민주'(基層民主), 즉 민주선거, 민주결정, 민주관리, 민주감독 등 '4대 민주'의 실천과 밀접히 관련되어 있다. 기층 의법치리의 추진이 곧 기층민주의 실천을 의미하기 때문이다. 이것이 바로 앞에서 살펴본 법률 보급 운동과 촌민위원회 제도가 결합되어 전개되었다는 내용이다.

둘째는 '업종' 의법치리이다. 이것은 각종 산업이나 업종, 또는 부문별로 실시되는 법률에 의거한 업무 및 사업 관리와 운영을 가리킨다. 이것은 다시 두 가지로 구분된다. 하나는 상하 간의 조직적인 배치와 일사불란한 관리가 필요한 분야로서, '수직영도 중심 수평영도 보조'(條條爲主 塊塊爲輔)의 의법치리이다.[35] 이에는 세무(稅務), 공상(工商) 행정, 기술 감독, 금융・보험, 우편・통신, 전기, 철도 등의 업종이 해당된다. 다른 하나는 '수평영도 중심 수직영도 보조'(塊塊爲主 條條爲輔)의 의법치리이다. 이에는 대부분의 업종이 해당한다. 업종별 의법치리에서는 '세 가지 제도'(三制)의 철저한 수립과 실시가 핵심 목표이다. '행정 법집행 책임제'(行政執法責任制), '행정 법집행 공시제'(行政執法公示制), '오심・법집행과오 책임추궁제'(錯案和執法過錯責任追究制)가 바로 그것이다.

셋째는 '지방' 의법치리이다. 여기에는 성급(성・직할시・자치구) 행정단위에서 실시되는 의법치성(시・구), 현급(현・시・구) 단위에서 실시되는 의법치현(시・구), 향급(향・진) 단위에서 실시되는 의법치향(진)이 속한다. 여기서 중점은 현급 및 향급의 의법치리이다. 지방 의법치리의 핵심 정책은 지방 입법체계의 완비(즉, 의회개혁), 법제선전과 교육의 실시(즉, 법률

35 여기서 '수직영도'는 상급 및 하급 정부 간의 지시와 복종 관계를 가리킨다. 예를 들어, 국무원 철도부(鐵道部)와 베이징시 철도관리부서 간의 관계가 이에 해당한다. '수평영도'는 동급 행정단위 내에서 행정 수장(首長)과 관련 부서 간의 지시와 복종 관계를 가리킨다. 예를 들어, 베이징시 시장(市長)과 시정부 재정청(財政廳) 간의 관계가 이에 해당한다.

보급 운동의 전개), 행정 법집행의 강화(즉, 행정개혁), 사법공정(公正)의 추진(즉, 법원개혁), 법률 서비스의 제공, 법률 감독의 강화이다. 이와 같은 지방 의법치리는 이후 의법치국의 정책으로 수렴된다. 다시 말해, 지방 의법치리는 1997년 제15차 당대회에서 결정된 의법치국의 정책이 되면서 실제로 양자는 하나가 되었다.

4. 소결

법률 보급 운동은 법률지식의 보급과 법률실천(즉 의법치리)의 확대를 주된 내용으로 추진되었다. 동시에 이와 같은 두 가지 내용은 운동의 대상과 지역에 따라 다른 방식과 정도로 추진되었다. 법률지식의 보급과 관련해서 가장 중요한 교육 대상은 영도간부와 농민이다.

영도간부에 대한 법률교육은 1980년대 중반부터 중앙이 주도하여 추진했다. 각종 법제・법치 강좌의 정기적인 개설, 고위 당정간부가 참여하는 집단학습의 정기적인 개최, 중앙당교(中央黨校)와 각급 지방당교의 집중적인 법률학습의 실시 등이 대표적인 사례이다. 또한 과반수의 성급 행정단위(성・직할시・자치구)에서는 지방조례의 제정을 통해 영도간부의 정기적인 법률학습과 시험, 법률실천(특히 법집행)의 평가를 의무화했다. 그 밖에도 전국보법판공실이나 지방의 보법 영도소조는 자체의 정책을 통해 다양한 영도간부의 법률학습을 제도화했다.

전체적으로 보면 농민에 대한 법률 보급은 제대로 추진되지 않았다. 일부 지역에서는 농한기를 이용하여 체계적이고 집중적인 법률교육을 실시했지만, 대부분의 지역에서는 텔레비전이나 라디오를 통한 법률교육과 선전 방식이 주로 사용되었다. 그 밖에도 도식적인 몇 가지 법률 보급 운동(예를 들어, 법제선전일 활동)이 전개되었지만, 그것이 얼마나 효과적인지에 대해서는 회의적인 시각이 많다. 이런 문제점을 해결하기 위해 제5차(2006~2010년) 운동에서 농민이 중점 대상으로 선정되었다. 또한 '법률의 여섯 가지 진출'의 하나로 법률의 농촌 진입 활동이 전개되고 있다.

한편 제2차(1991~1995년) 법률 보급 운동부터는 의법치리의 확산이 중요한 목표가 되었다. 의법치리는 제1차 운동 기간에 랴오닝성 번시시에서 시험 실시된 것인데, 정책 효과가 인정되면서 제2차 운동 기간에 전국적으로 또한 상급 행정단위로 확산되기 시작했다. 지방의회와 법원의 역할 강화, 정부의 의법 권력행사와 감독 강화, 주민의 의법 권익수호 강화 등이 주요 내용이었다. 이후 의법치리는 중앙의 확산 노력에 의해 제4차(2001~2005년) 법률 보급 운동 기간에는 전국에 걸쳐 보편적으로 실시되었다. 동시에 그 내용도 기층 의법치리, 업종 의법치리, 지방 의법치리로 더욱 세분화되었다. 한편 1997년 제15차 당대회에서 의법치국 방침이 결정되면서 의법치리는 의법치국의 한 구성요소가 되었다.

제6장

법률 보급 운동의 평가:
성과와 한계

1. 중국 내의 평가

2. 법률 보급 운동의 성과

3. 법률 보급 운동의 한계와 문제점

4. 소결

법률 보급 운동의 결과를 평가하기는 쉽지 않다. 단적으로, 법률 보급 운동이 장기간에 걸쳐 점진적으로 실시되면서, 동시에 여러 가지 다른 개혁 정책과 함께 추진되면서, 어떤 특정한 결과 — 예를 들어, 국민의 법률의식과 권리의식의 증가 — 가 법률 보급 운동 때문이라고 단정적으로 말할 수 없다. 특히 국민의 의식변화나 법률행위의 변화를 보여줄 수 있는 시계열적인 조사 자료가 없는 상황에서는 이런 평가가 더욱 어렵다. 이런 어려움을 전제로 법률 보급 운동의 성과와 한계를 살펴보자.

1. 중국 내의 평가

개괄적으로 보면, 공산당과 정부 등 '관방'(官方)은 법률 보급 운동에 대해 높이 평가한다. 즉, 20여 년의 법률 보급 운동을 통해 헌법과 법률의 지식이 광범위하게 선전 및 교육되었고, 이에 따라 당정간부와 일반 국민의 법률의식과 법률소질이 명확하게 제고되었다는 것이다. 또한 이를 배경으로 전 사회의 '법치화'(法治化) 수준이 현저하게 높아졌다는 것이다. 이는 정부의 공식 보고나 평가를 통해 확인할 수 있다.[1]

다만 정부도 법률 보급 운동에 여러 가지 문제가 있다는 사실은 인정한다. 도시와 농촌 간의 지역 편차, 특히 농촌 지역에서의 미흡한 전개, 일부 고위간부와 농촌 기층간부의 인식 부족, 실무기구의 역량 부족, 경비 부족, '농민공'(農民工) 등 일부 사회계층의 배제 등이 주요 문제로 제기된다. 이런 상황을 종합하여, 국무원 사법부는 법률 보급 운동의 전체 상황을 1988년에는 '비교적 좋다' 50%, '보통이다' 30%, '나쁘다' 20%로 평가했고, 1991년에는 다시 '비교적 좋다' 30%, '보통이다' 50%, '나쁘다' 20%로 평가했다.[2] 다만 각 평가에서는 평가 기준이 무엇이고, 또한 "좋다", "보통이다", "나쁘다"의 의미가 무엇인지를 분명하게 밝히지 않고 있다는 문제가 있다. 이런 식의 평가는 이후에도 지속되고 있다.

이와 비슷하게 중국 학계도 다소 유보적이지만 비교적 긍정적으로 법률 보급 운동을 평가한다. 즉, 법률 보급의 실제 효과는 만족스럽다고 할 수 없지만 법률 보급 운동 그 자체는 필요하고 의의가 있으며, 실제로도 어느 정도 소기의 성과를 달성했다는 것이다. 광범위한 국민이 기본적인 법률지식을 습득했고, 전 사회적으로 법치관념이 확대되었으며, 사회성원의 법률행위가 증가하면서 전체 국민의 법률소질이 제고된 것은 사실이라는 것이다.[3]

---

1 제1차(1986~1990년) 법률 보급 운동에 대한 평가는 蔡誠, 「關於5年普法工作的基本綜合和今後任務」(1990. 4), 司法部 宣傳司 編, 『依法治國的生動實踐: 普法依法治理十五年』(下冊) (北京: 法律出版社, 2001), pp. 1107~1112; 제2차(1991~1995년)에 대한 평가는 肖揚, 「關於第二個五年法制宣傳教育規劃實施情況和三五普法工作安排意見的報告」(1996. 5), 司法部, 『依法治國的生動實踐』(下), pp. 1239~1242; 제3차(1996~2000년)에 대한 평가는 張福森, 「關於三五法制宣傳教育基本情況的報告和對'進一步開展法制宣傳教育的決議'的説明」(2001. 4), 司法部, 『依法治國的生動實踐』(下), pp. 1335~1339; 제4차(2001~2005년)에 대한 평가는 張福森, 「第四個五年普法工作三年來情況的報告」(2004. 4), http://www.21mishu.com (검색일: 2011. 2. 20); 제5차(2006~2010년)에 대한 평가는 五愛英, 「國務院關於五五普法工作情況的報告」(2011. 4), 〈中國人大網〉 2011년 4월 21일, http://www.npc.gov.cn/npc (검색일: 2011. 4. 22); 全國普及法律常識辦公室, 「關於五五普法中期督導檢查情況的報告」, 『中國司法』 2009年 5期, pp. 33~38 참조.

2 蔡誠, 「關於普及法律常識工作情況的報告」(1988. 12), 司法部, 『依法治國的生動實踐』(下), pp. 1122~1126; 蔡誠, 「關於第一個五年普法規劃實施情況和1991年普法工作意見的彙報」(1991. 2), 司法部, 『依法治國的生動實踐』(下), pp. 1156~1159.

한편 한 중국연구자에 의하면, 법률 보급 운동에 대한 중국 학계의 평가는 좀 더 복잡하여, 크게 세 가지 견해로 나눌 수 있다고 한다.[4] 첫째는 다수의 견해로서, 법률 보급 운동을 긍정적으로 평가하는 관점이다. 즉, 법률 보급 운동은 법치 발전이 뒤쳐진 중국과 같은 국가에게는 매우 중요한 의의가 있다는 것이다.[5] 이를 통해 국민의 법률의식이 배양되고, 국가기관과 공직자의 법치이념이 강화되며, 법률수단을 통해 사회문제가 해결됨으로써 사회의 조화와 안정이 촉진된다는 것이다.[6]

둘째는 소수의 견해로, 법률 보급 운동을 국가권력의 확산 과정으로 보고 비판하는 관점이다. 즉, 법률 보급 운동은 국가권력이 법제선전과 교육의 방식으로 전 사회, 특히 농촌 지역에까지 깊숙이 침투하여 국가권위를 강화하려는 시도라는 것이다. 따라서 법률 보급 과정은 곧 국가권력의 전 사회 각계각층으로의 확산 과정이라는 것이다. '농촌에 법률 보내기'(把法律送鄉村) 정책은 이를 보여주는 대표적인 사례이다.[7]

셋째는 법률 보급 운동을 청말(淸末) 변법자강(變法自强) 운동 이래로 지속되어 온 국가건설(state-building)과 민족문화의 근대화(modernization)를 위한 하나의 과정으로 보는 관점이다. 이는 역사적 및 거시적 관점에서 법률 보급 운동을 평가한 것이라고 할 수 있다.[8] 이 관점은 법률 보급 운동의 구체적인 성과와 한계에 대해서는 명확한 입장을 밝히지 않고 있다. 그런데 전체적으로 보면 이 관점은 법률 보급 운동을 긍정적으로 평가하고 있으며, 이런 점에서 첫 번째 관점과 같은 부류에 속한다고 평

3 張明新,「對當代中國普法活動的認識與評價」,『江海學刊』2010年 4期, pp. 137~142.

4 宋曉,「普法的悖論」,『法制與社會發展』2009年 2期, pp. 25~33.

5 卓澤淵,「中國普法二十年: 回顧與前瞻」,『探索』2006年 1期, pp. 150~152.

6 施英,「為法治鋪路: 二十年普法回顧與瞻望」,『中國人大』2006年 5月 10日, pp. 20~23.

7 宋曉,「普法的悖論」,『法制與社會發展』2009年 2期, pp. 25~33.

8 許章潤,「普法運動」,『讀書』2008年 1期, pp. 41~46.

가할 수 있다.

이처럼 중국학자들 간에도 법률 보급 운동의 평가와 관련해서 서로 다른 견해가 존재한다. 대부분의 중국학자들은 법률 보급 운동의 문제점을 인정하면서도 그것의 필요성과 일정한 성과에 대해서는 긍정적으로 평가한다.

2. 법률 보급 운동의 성과

법률 보급 운동의 성과로는 국민의 법률의식 제고와 법률행위(예를 들어 법원 소송)의 증가, 무상 법률 서비스의 제공 등 법률구조(救助)체제의 수립, 통치 방식의 법제화와 당정간부의 법률의식 제고 등을 들 수 있다.

단 주의할 점이 있다. 여기서 제시하는 성과가 법률 보급 운동만으로 가능했다고 말할 수는 없다는 것이다. 1978년 12월 공산당 제11기 중앙위원회 제3차 전체회의(11기 3중전회)에서 '사회주의 현대화'(즉, 개혁 · 개방 정책)와 함께 '사회주의 민주와 법제 완비' 방침이 확정된 이후, 중국에서는 '법제건설'(1980~1990년대 중반까지)과 '법치 실현'(1997년 제15차 당대회 이후 현재까지)이 중요한 정책으로 추진되었다. 이에 따라 법률체제가 정비되고, 의회의 입법 및 감독 역할이 강화되었으며, 법원의 재판 기능도 제고되었다. 그리고 법률 보급 운동은 바로 이와 같은 법제건설과 법치 실현을 위한 정책의 하나로 추진된 것이었다. 이런 점에서, 아래에서 살펴볼 성과는 넓게 보면 이런 법제 · 법치 정책이 종합적으로 추진된 결과로 나타난 현상으로 보아야 한다. 다만 여러 가지 법제 · 법치 정책 중에서 법률 보급 운동이 이런 성과의 중요한 원인이라고는 말할 수 있다.

(1) 국민의 법률의식 제고와 법률행위의 증가

법률 보급 운동은 일차적으로 당정간부와 일반 국민의 법률지식 확대와 법률의식의 제고를 위해 추진된 것이다. 이후 국민의 법률소질 제고로 목표가 상향 조정되었지만, 이것의 기초는 여전히 국민의 법률지식 확대와 법률의식 제고이다. 이런 면에서 보면, 법률 보급 운동의 제1차적 성과는 국민의 법률의식과 권리의식이 크게 높아진 점이다. 또한 이를 배경으로 제2차적 성과로 나타난 것이 바로 국민이 법률수단을 이용하여 권익수호와 사회문제 해결에 적극 나서는 법률행위가 크게 증가했다는 점이다. 이는 다시 법원 소송의 증가, 법률을 이용한 노동자・농민의 저항 증가, 법률을 이용한 '권익수호'(維權) 변호사와 반체제인사의 활동 증가 등으로 나눌 수 있다.

① 국민의 법률의식과 권리의식 제고

개혁기, 특히 1990년대 이후 국민의 권리의식이 크게 증가했고, 이를 배경으로 다양한 형태의 대중저항과 집단행동이 증가했다는 것은 거의 모든 중국연구자들이 동의하는 사실이다. 다만 이 책의 제1장 서론에서 말했듯이, 권리의식의 '성격'을 놓고 현재 논쟁이 진행 중이다.[9]

구체적으로, 1990년대 초중반 중국 국민의 '시민의식'(公民意識) 변화를 조사한 한 중국학자의 연구에 의하면, 개혁기 국민의 권리의식에는 몇 가지 추세가 나타나고 있다. 첫째는 자아의식(自我意識)의 강화이다. 즉, 국가나 집단의 이익이 아니라 점차 개인의 이익을 중시하며, 집단주의 의식

9 Lianjiang Li, "Rights Consciousness and Rules Consciousness in Contemporary China," *China Journal*, No. 64 (July 2010), pp. 47~68; Elizabeth J. Perry, "A New Rights Consciousness?" *Journal of Democracy*, Vol. 20, No. 3 (July 2009), pp. 17~20; Elizabeth J. Perry, "Chinese Conceptions of 'Rights': From Mencius to Mao and Now," *Perspectives on Politics*, Vol. 6, No. 1 (March 2008), pp. 37~50.

에서 벗어나 '자기'와 '타인'을 분명하게 구분하는 경향이 강화되었다는 것이다. 사생활(privacy) 개념의 등장, 법적 효력을 갖는 계약을 통한 권익 보호의 추구가 대표적인 사례이다. 둘째는 개인의 권익수호를 위해 구제(救濟)를 추구하는 열망의 강화이다. 소비자 고발의 증가나 법원 소송의 증가는 대표적인 사례라는 것이다.[10] 다만 타국과의 비교 연구에 의하면, 중국 국민의 법치의식(rule of law consciousness)은 다른 국가 국민의 법치의식에 비해 상대적으로 낮은 것이 사실이다.[11]

이런 변화는, 법률 보급 운동의 결과를 알아보기 위해 지방정부와 관련 중국학자들이 실시한 설문조사의 결과를 통해서 확인할 수 있다.[12] 먼저, 상하이시(上海市) 주민에 대한 설문 조사 결과이다. 상하이시 정부는 법률 보급 운동의 결과를 알기 위해 2003년, 2004년, 2005년에 각각 3,225명의 표본을 대상으로 법률소질(즉, 법률지식, 법률의식, 법률행위)에 대한 설문조사를 실시했다.[13] 〈표 6-1〉, 〈표 6-2〉, 〈표 6-3〉은 이 중에서 2004년과 2005년의 조사 결과를 정리한 것이다.

먼저, 〈표 6-1〉에 의하면, 대부분의 상하이시 주민들은 일상적으로 대중매체를 통해 법률지식을 습득한다. 이 중에서 텔레비전이 91.5%이고, 신문과 잡지가 87.7%이다. 놀라운 것은, 법률 보급 운동의 일환으로 당정

---

10 高鸿钧, 「中國公民权利意识的演进」, 夏勇 主編, 『走向權利的時代: 中國公民權利發展研究』(修訂版) (北京: 中國政法大學出版社, 1999), pp. 43~106.

11 Yun-han Chu, Larry Diamond, Andrew J. Nathan, and Doh Chull Shin, "Introduction: Comparative Perspectives on Democratic Legitimacy in East Asia," Yun-han Chu, Larry Diamond, Andrew J. Nathan, and Doh Chull Shin (eds.), *How East Asians View Democracy* (New York: Columbia University Press, 2008), pp. 1~38; Tianjian Shi, "Democratic Values Supporting an Authoritarian System," Chu, Diamond, Nathan, and Shin, *How East Asians View Democracy*, pp. 209~237.

12 전통시대 법률문화는 판충신(范忠信)・정딩(鄭定)・잔쉐농(詹學農), 이인철 역, 『중국법률문화탐구: 정리법(情理法)과 중국인』(서울: 일조각, 1997) 참조.

13 다른 종류의 상하이시 주민에 대한 조사 결과는 楊雄・承福財, 「依法治市與上海市民法律素質」, 『社會科學』 2003年 5期, pp. 60~70 참고.

〈표 6-1〉 상하이시 주민의 법률지식 조사 결과(2005년)

항목	설문	응답(복수 응답 가능)
법률지식 습득방법	텔레비전 법제 프로그램 시청	91.5%(항상 67.5%, 가끔 24.0%)
	신문과 잡지의 법제 기사 구독	87.7%(항상 39.5%, 가끔 48.2%)
	법률 연수 참여	59.5%

〈출처〉 殷發志, 「上海市民法律素質抽樣調查的統計分析報告(上)」, 『中國司法』 2005年 4期, pp. 59~65; 殷發志, 「上海市民法律素質抽樣調查的統計分析報告(下)」, 『中國司法』 2005年 5期, pp. 67~74.

〈표 6-2〉 상하이시 주민의 법률의식 조사 결과(2004년)

항목	설문	응답
권리의식	1원의 배상을 위한 소송은 가치가 있는가?	있다 69.9%, 없다 30.1%
법원 소송	소송을 통해 민사 분규를 해결할 것인가?	한다 86.8%(그렇다 14.4%, 합의 실패 시에 한다 72.4%)
	가정폭력을 해결하는 좋은 통로는?	사법기관 70.9%, 단위 5.0%, 거민위원회 15.2%, 친지 5.4%, 친구 1.5%, 모르겠다 2.0%
법원 신뢰	법원이 타인과의 분규를 공정하게 해결할 것으로 믿는가?	믿는다 60.8%, 보통이다 30.7%, 믿지 않는다 6.9%
전통사유	법률효력이 정책(紅頭文件)보다 커야한다	동의 89.8%, 부동의 10.1%
	인정(人情)이 국법(國法)보다 중요하다	동의 11%, 부동의 89%
	사람이 본분만 지키면 법은 알 필요가 없다	동의 7%, 부동의 93%
	국민은 법률수단을 통해 정부와의 갈등을 해결할 수 있다	동의 91.2%, 부동의 8.8%
법률학습 선호도	계약법(94.3%), 민법(91.2%), 소비자권익수호법(89.1%), 형법(87.2%), 교통법(85.1%), 혼인법(84.2%), 소송법(75.3%), 치안관리처벌조례(73.1%), 행정법(71.4%)	

〈출처〉 嚴勵, 『思考與言說: 法治的理論與實踐』(北京: 法律出版社, 2008), 「上海市市民法律素質水平抽樣調查課題研究報告」, pp. 242~286.

기관, 대중단체, 국유기업, 지역 공동체 등에서 실시하는 각종 '법률 연수반'(培訓班)에 59.9%가 참여했다는 사실이다. 이는 각종 법률 연수가 상하이시와 같은 대도시에서는 장기간에 걸쳐 매우 광범위하게 추진되었음을 보여준다. 이를 통해 지역 주민들은 자신에게 필요한 법률지식을 습득할 수 있었던 것이다. 한편, 이 조사는 설문 결과에 근거하여 상하이시 주민의 '법률지식' 수준을 100점 만점 기준으로 58.7점으로 평가했다. 이는 "양호한 편"이라고 한다.

〈표 6-2〉는 상하이시 주민의 법률의식을 보여주는 것이다. 우선 권리의식 면에서 상하이시 주민은 강한 법률의식을 보유하고 있다. 또한 개인의 권익수호와 가정폭력 등의 문제를 해결하기 위해 기꺼이 법률수단(즉, 소송)을 이용할 의사가 있음을 보여주고 있다. 법원 신뢰 면에서도 상하이시 주민은 법원의 공정한 판결을 믿는 경향이 있다. 그 밖에도 상하이시 주민들은 전통적인 사유 방식에서 벗어나 강한 법률의식을 보유하고 있다. 이런 사실을 종합하여 이 조사는 상하이시 주민의 '법률의식'을 71.7점으로 "상당히 높다"고 평가하고 있다.

〈표 6-3〉은 상하이시 주민의 법률행위를 보여주는 것이다. 이 조사 결과에 따르면, '준법행위', '법률활용', '법률수호' 등 법률행위와 관련된 모든 항목에서 상하이시 주민들은 매우 자각적으로 법률을 준수하고, 자신의 법적 권리를 인식하고 적극적으로 행사하며, 위법행위에 대해서도 투쟁할 용기가 있음을 알 수 있다. 이런 조사 결과를 종합하여, 이 조사는 상하이시 주민의 '법률행위'를 73점으로 "높다"고 평가하고 있다.[14]

한편 상하이시 주민의 법률소질 제고와 법률 보급 운동 간의 관련성에 대해서 이 조사는 매우 밀접한 관련성이 있다고 주장한다. 우선 앞에서 보았듯이, 피조사자의 50% 이상이 각종 법률 연수에 참여함으로써, 법률 보급 운동이 주민의 법률지식 확대와 법률의식 제고에 큰 역할을 했다고 평가한다. 이 중에서 전문적인 법률교육을 연수한 사람의 비율이

14 법률지식, 법률의식, 법률행위를 종합한 '법률소질'은 2004년 조사에서는 68.5점, 2005년 조사에서는 70점으로 평가되었다.

〈표 6-3〉 상하이시 주민의 법률행위 조사 결과(2004년)

항목	설문	응답
준법행위	물건 구매 시 법률에 의거하여 능동적으로 영수증을 요구하는가?	그렇다 59.7%, 어떤 때는 그렇다 35.8%, 아니다 4.5%
	세무기관이 모르는 상황에서 능동적으로 법률에 의거하여 납세하는가?	그렇다 55.4%, 상황에 따라 정한다 34.2%, 아니다 10.4%
	깊은 밤 도로교통 규칙을 준수하는가?	반드시 그렇다 45.5%, 대부분 그렇다 15.8%, 아니다 2.9%
법률활용	어떤 회사가 '문앞 정차 5원 벌금'이라는 팻말을 놓는다면 그 회사가 그런 권리가 있다고 생각하는가?	없다 83.2%, 있다 12.6%, 모르겠다 4.2%
	회사와의 노동계약 체결을 통해 합법적인 권익을 보장할 필요가 있다고 생각하는가?	매우 필요하다 89.3%, 필요없다 2.7%, 잘 모르겠다 8.9%
	만약 정부가 지급해야 하는 실업구제금을 받지 못했다면 어떻게 할 것인가?	상급기관에 처리 요청 55.8%, 소송 제기 15.0%, 청원(上訪) 28.0%, 가만히 있는다 1.2%
	지난 의회 선거에 참여했는가?	매번 했다 59.9%, 가끔 했다 21.6%, 하지 않았다 18.5%
법률수호	버스에서 도둑이 타인의 물건을 훔치는 것을 보면 어떻게 하겠는가?	잡아서 파출소에 보낸다 24.3%, 도둑의 행위를 제지한다 24.4%, 피해자에 알린다 45.7%, 도둑 하차 후 피해자에 알린다 2.7%, 못 본 척 한다 2.9%
	집 근처에서 야간공사를 해 휴식에 큰 지장을 준다면 어떻게 하겠는가?	경찰에 신고 19.4%, 관련 기관에 진정 64.2%, 언론에 제보 9.3%, 법원에 소송 6.0%, 그냥 참는다 1.1%

〈출처〉 嚴勵, 『思考與言說: 法治的理論與實踐』(北京: 法律出版社, 2008), 「上海市市民法律素質水平抽樣調査課題研究報告」, pp. 242~286.

20.6%나 되었다.

또한 주관식 조사에 의하면, 상하이시 주민은 법률 보급 운동을 적극 지지하고 협조하는 태도를 보이며, 이것이 "장기간에 걸쳐 질서 있게 추진되면 반드시 좋은 효과를 거둘 것이다"라는 믿음을 갖고 있다. 마지막으로 상하이시 주민들은 텔레비전과 신문 등 언론매체의 법률 보급 운동에 대해 높이 평가한다. 이 중에서 특히 상하이시 방송국의 '사건초점'(案

件聚焦), '사회표준'(社會方圓), '동방111'(東方111) 등의 법률 관련 프로그램이 법률지식 습득에 큰 도움을 주었다고 평가한다.

이런 조사결과는 다른 대도시 지역에서도 발견된다. 예를 들어, 베이징시(北京市) 사법국(司法局) 법제선전처(法制法宣處)는 2006년 베이징시 전체 주민을 대상으로 법률 보급 운동의 결과를 알아보기 위해 설문 조사를 실시했다(1,911명의 표본).[15] 이 조사 결과에 의하면, 법률인식(지식), 법제관념, 법률준수, 법률운영 등 베이징 시민의 전반적인 법률소질은 평균 70.2점으로 매우 양호한 것으로 평가되었다. 다만 계층 간에 비교적 분명한 법률소질의 편차가 발생하는 문제가 나타나기도 했다. 예를 들어, 영도간부(領導幹部)와 공무원의 법률소질이 가장 높은 반면, 유동인구(農民工)의 법률소질은 최저이다.

또한 베이징시 조사에서도 법률 보급 운동이 주민의 법률지식 확대와 법률의식 제고에 큰 역할을 한 것으로 조사되었다. 예를 들어, 피조사자 중에서 법률학습을 원하는 비율이 89.6%였으며, 법률이 업무나 생활과 밀접히 관련되기 때문에 대중매체의 법률지식 선전에 관심이 있다는 응답자가 94.2%였다. 실제로 이들의 법률지식 습득 방법(來源)을 보면, 텔레비전이 95.3%, 신문과 잡지가 68.5%, 라디오가 40.0%, 인터넷이 31.8%였다(복수 응답 가능). 이 중에서 흥미로운 것은, 피조사자 중에서 자발적으로 법률 보급 운동의 선전 활동에 참여한 비율이 33.0%나 된다는 점이다.

이는 베이징 시민 3명 중 1명 비율로 법률 보급 선전 활동에 참여했음을 의미한다.[16]

---

15 北京市 司法局法宣處, 「北京市民法律素質狀況調查評析」, 『中國司法』 2006年 9期, pp. 79~82.

16 北京市, 「北京市民法律素質狀況調查評析」, pp. 79~82.

〈표 6-4〉 광둥성 주민의 법률지식 습득 경로 조사(2005년) (단위: %)

법률지식 보급 경로	응답(100%)
방송(텔레비전과 라디오)	30
신문과 잡지	19.6
법률 보급 학습	16.4
학교교육	27.1
친구와의 이야기	2.9
기타	3.9

〈출처〉 鄧世豹 主編, 『中國法治進程調査報告2005: 以廣東省法治環境調査為例』(北京: 法律出版社, 2006), pp. 240~241.

〈표 6-5〉 광둥성 주민의 계층(집단)별 법률지식 습득 경로 조사(2005년) (단위: %)

계층(집단)	방송	신문잡지	법률 보급 학습	학교교육
국가기관 직원	23.8	24.2	30.5	16.9
사업단위 직원	33.2	24.6	24.2	13.2
국유기업 직원	34.5	20.0	25.5	14.6
학생	23.5	12.9	11.8	47.8
농민	38.0	20.2	13.1	11.8
외자기업 직원	30.2	24.9	15.5	20.0
사영기업 직원	35.9	25.0	13.6	19.8

〈출처〉 鄧世豹 主編, 『中國法治進程調査報告2005: 以廣東省法治環境調査為例』(北京: 法律出版社, 2006), p. 32.

2005년 5월 1일부터 7일까지 광둥성 주민 1만 명을 대상으로 실시된 법률소질 설문조사의 결과(유효 설문지 9,465개)도 매우 흥미롭다. 이 조사에서도 전체적으로 광둥성 주민들의 법률소질이 전보다 향상되었다는 결과가 나왔다는 점에서 상하이시와 베이징시 시민에 대한 조사 결과와 유사하다. 또한 법률 보급 운동에 대해 높이 평가하고 적극적인 태도를 보이는 것도 다른 대도시 지역에 대한 조사 결과와 크게 다르지 않다. 흥미로운 내용은, 계층별 및 집단별로 법률 보급이 이루어지는 방식과 경로를 조사한 결과이다. 〈표 6-4〉와 〈표 6-5〉는 이를 정리한 것이다.

우선 〈표 6-4〉에 의하면, 광둥성 주민의 법률지식 습득 경로는 크게 네 가지로 분류할 수 있다. 첫째는 방송(텔레비전과 라디오), 둘째는 신문과 잡지, 셋째는 법률 보급 교육, 넷째는 학교교육이다. 여기서 '법률 보급 교육'은 이 운동의 일환으로 추진되는 각종 법률 연수나 법률 강좌를 가리킨다. 여기서 알 수 있듯이, 전체 광둥성 주민 중에서 법률 보급 운동 과정에서 직접적인 '대면교육' 방식으로 법률지식을 습득하는 경우는 16.4%에 불과하다. 이는 광둥성이 베이징시나 상하이시와 달리 넓은 농촌 지역을 포함하고 있기 때문에 나타난 현상으로 볼 수 있다. 만약 광저우시(廣州市)나 선전시(深圳市) 등 주요 대도시를 중심으로 조사했다면 베이징시나 상하이시와 유사한 결과가 나왔을 것이다.

반면 언론매체를 통해 간접적인 '선전' 방식을 통해 법률지식을 습득하는 경우는 49.6%로 전체의 반을 차지한다. 나머지 27.1%는 학교에서 실시하는 각종 법률교육을 통해 법률지식을 습득했다. 그런데 이런 네 가지의 법률지식 습득 경로는 모두 법률 보급 운동이 채택하고 있는 교육 및 선전 방식에 포함된다. 이 때문에, 이 조사는 광둥성 주민들의 93.2%가 법률 보급 운동의 선전과 교육을 통해 법률지식을 습득한 것으로 평가한다. 다시 말해, 법률 보급 운동이 법률지식 보급에 결정적인 역할을 했다는 것이다.

한편 〈표 6-5〉는 계층(집단)별로 법률지식의 습득 방식에 어떤 차이가 있는가를 보여주기 위해 조사한 것이다. 이에 따르면 계층(집단)별로 큰 차이가 있음을 알 수 있다. 우선 학생과 국가기관 직원을 제외한 전 계층(집단)에서 '방송'이 가장 중요한 경로라는 사실은 〈표 6-4〉의 조사 결과 그대로이다. 특히 농민의 경우 방송(38.0%)이 다른 계층보다 높다는 것은, 농민의 경우 법률 보급 운동이 주로 간접적인 선전을 중심으로 진행되었음을 보여준다. 또한 학생의 경우 '학교교육'(47.8%)이 가장 중요한 경로라는 것도 당연한 것이다.

그런데 유일하게 국가기관 직원(공무원)의 경우 가장 중요한 법률지식의 습득 경로가 '법률 보급 학습'(30.5%)이다. 또한 사업단위의 직원과 국유기업의 직원의 경우에도 법률 보급 학습이 각각 24.2%와 25.5%로 다른 집단(모두 15% 이하)에 비해 매우 높다. 이는 국가기관, 국유기업, 사업단위의 직원을 대상으로 매우 집중적으로 법률 보급 학습이 진행되었음을 보여준다. 앞에서 살펴보았듯이, 당정간부, 특히 영도간부(領導幹部)와 국유기업 관리자는 법률 보급 운동의 중점 교육대상으로 선정되었다. 이런 조사 결과는 이런 선정이 단순한 '계획'만이 아니었고, 실제로 그렇게 집행되었음을 보여준다.

그런데 여기서 주의할 점이 있다. 이상에서 살펴본 국민의 법률지식 확대와 법률의식 제고는 중국에서 경제가 가장 발전한 대도시와 연해 지역의 상황을 보여주는 것이고, 다른 지역은 그렇지 않을 수 있다는 것이다. 즉, 법률의식과 법률행위는 지역적으로 매우 커다란 편차가 있다. 특히 농촌 지역에서는 법률 보급 운동이 효과적으로 추진되지 않은 경우가 많고, 그 결과 농민의 법률지식과 법률의식은 도시 지역 주민과 커다란 차이가 있다. 이와 같은 도농격차는 여러 가지 설문조사에서 확인된다.[17] 〈표 6-6〉에서 살펴볼 설문조사 결과는 대표적인 사례 중의 하나이다.

〈표 6-6〉은 2003년에 윈난성(雲南省) 취징시(曲靖市)의 8개 현(縣) 45개 촌을 대상으로 실시된 농민의 법률의식 조사(표본 700개) 결과이다.[18] 이를 보면, 우선 법률 보급 운동이 농촌 지역에서는 제대로 전개되지 않았

17 韓大元・王德志, 「中國公民憲法意識調查報告」, 『政法論壇』 第20卷 6期 (2002年 12月), pp. 107~119; 沈明明 等, 『中國公民意識調查數據報告2008』(北京: 社會科學文獻出版社, 2009), pp. 152~154, pp. 156~159.

18 다른 농촌 지역에 대한 조사 결과로는 曹志召, 「河南農民法律素質調查與分析」, 『咸寧學院學報』 第28卷 4期 (2008年 8月), pp. 47~48 참조.

〈표 6-6〉 윈난성(雲南省) 취징시(曲靖市) 농민의 법률의식 조사(2003년)

항목	설문	응답
법률 보급 운동	법률 보급 교육을 받아보았는가?	받았다 5%, 들어보지도 못했다 25%, 들어보았는데 받지는 못했다 70%
	법률을 알고 싶은가?	그렇다 50%, 아니다 0%, 상관없다 50%
	어떤 방식으로 법률을 알고 싶은가?	스스로의 학습 0%, 정부의 선전 70%, 둘 다 30%
법률의식	일상생활에서 어려움을 당했을 때 법률의 도움이 필요하다고 느끼는가?	그렇다 60%, 어떤 경우에는 그렇다 30%, 아니다 10%
	분규(예: 채무불이행)가 발생하면 법률에 의지하는 것이 좋은가, 아니면 습관이나 인정에 의지하는 것이 좋은가?	법률 10%, 습관 30%, 기타 방식 60%
법률제도 평가	합법권익이 정부에 의해 침해받으면 법원에 제소할 것인가?	감히 할 수 없다 50%, 할 수는 있지만 하지 않겠다(법원이 불공정하다고 믿기 때문에) 50%
	법관, 법률 집행자, 법률이 존엄하다고 생각하는가?	법은 공정한데 집행자는 불공정 60%, 법과 집행자 모두 공정 0%, 모두 불공정 10%
	법률이 불공정하면 어떻게 하겠는가?	준수하지 않겠다 50%, 준수하겠다 5%, 문제 제기의 방법을 생각하겠다 35%
	국가 법률에 대한 전반적인 감정은 어떤가?	매우 좋다 5%, 좋지 않다 25%, 보통이다 70%
법치정책 평가	국가는 의법치국, 의법 업무처리를 제창해야 하는가?	그렇다 60%, 아니다 0%, 상관없다 40%
	의법치국 구호(1997년) 이후, 생활에 어떤 영향이 있었는가?	있다 0%, 없다 60%, 모르겠다 40%

〈출처〉 趙慶鳴·孫蘇雲, 「對我國普法活動導向的有關思考: 基層社會成員法律意識狀況調査分析」, 『曲靖師範學院學報』 第23卷 1期 (2004年 1月), pp. 53~57.

음을 알 수 있다. 2003년이면 법률 보급 운동이 실시된 지 18년이 지났는데, 법률교육을 받은 농민은 5%에 불과하고, 25%는 그것을 들어보지도 못했다고 대답했다(전체적으로 95%가 법률교육을 받지 못했다고 응답). 다만 응답자의 50%가 법률학습의 필요성을 인정하고, 이들 중에서 70%는 정부의 선전을 통해 법률을 학습하고 싶다고 표시한 것은, 많은 농민들도 법률 보급 운동의 필요성을 느끼고 있음을 보여준다.

또한 이 조사 결과에 따르면, 농민들은 법률, 사법제도, 법치정책 등에 대해 대단히 냉소적이거나 무관심한 경향이 있다. 예를 들어, 국가 법률에 대한 인상이 좋다는 응답은 5%인 반면 좋지 않다는 응답이 25%나 된다(나머지 70%는 보통이다라고 대답). 이 때문에 농민들은 도시민에 비해 법률행위에 적극적으로 나서지 않는다. 다시 말해, 법원 소송이나 중재 등 법률수단을 통해 자신의 권익을 수호하려는 의지와 실제 행동이 매우 적다는 것이다.

② 법률을 통한 권익수호 활동의 증가: '법률 무기'의 사용

전통적으로 중국에서 국민이 권익을 침해받거나 각종 문제가 발생할 때에는 도시 지역의 경우에는 소속기관이나 '단위'(單位, work unit), 농촌 지역에서는 마을 내에서 해결하는 것이 기본이었다. 예를 들어, 기관 상사나 단위 책임자에게 불만을 호소하고 선처를 기대하는 것이다. 농촌의 경우에는 촌장(村長)이나 촌민위원회 주임을 통해 문제를 해결하는 것이다. 만약 불만이나 문제가 단위와 마을을 벗어날 경우에는 중국식 청원제도인 '신방제도'(信訪制度, letters and visits system)를 이용하여 개인 혹은 집단적인 방식으로 공산당, 정부, 의회, 법원, 언론사 등에 문제 해결을 호소할 수 있다. 이런 신방제도의 최고 단계는 '중앙', 즉 공산당 중앙, 국무원, 전국인민대표대회(전국인대), 최고인민법원, 최고인민검찰원에 호소하는 것이다.[19]

19 Carl F. Minzner, "Xinfang: An Alternative to Formal Chinese Legal Institutions," *Stanford Journal of International Law*, Vol. 42, No. 1 (Winter 2006), pp. 103~180; Laura M. Luehrmann, "Facing Citizen Complaints in China, 1951~1996," *Asian Survey*, Vol. 43, No. 5 (September/October 2003), pp. 845~866.

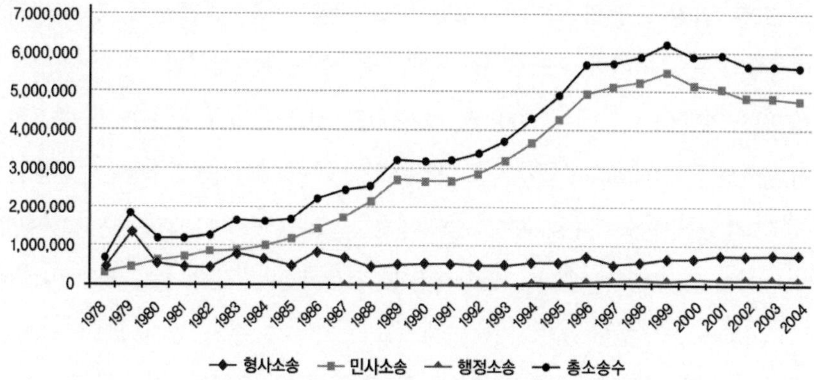

〈그림 6-1〉 중국 법원의 소송 종류 변화 상황

〈출처〉 朱景文 主編, 『中國法律發展報告: 數據庫和指標體系』(北京: 中國人民大學出版社, 2007), pp. 205~206의 통계와 표

그런데 법률 보급 운동이 시작된 이후, 이런 전통적인 방식의 문제 해결 이외에도 법률수단을 이용한 문제 해결의 시도가 급속하게 증가하면서 법률행위가 문제 해결의 중요한 행동방식이 되었다. 이는 다양한 사실을 통해 확인할 수 있다. 예를 들어, 중국 국민의 집단저항(collective resistance)을 분석한 차이(Yongshun Cai)의 2005년 사회조사 결과에 의하면, 국민들이 불만을 해결하는 가장 중요한 통로는 여전히 신방제도(40.2%)이지만, 그 다음이 법률수단의 이용(27%)으로 나타났다. 이는 법률을 이용한 문제 해결이 이제 보편적인 시민의 행동방식이 되었음을 보여준다. 다만 이런 법률행위는 도시와 농촌에서 큰 차이가 난다. 즉, 도시가 32.9%인데 비해 농촌은 21.5%로, 양자 간에 11.4%의 차이가 난다는 것이다.[20] 신방제도와 함께 법원 활용이 대중저항의 중요한 수단으로 등장했다는 사실은 다른 연구에 의해서도 확인된다.[21]

20 Yongshun Cai, *Collective Resistance in China: Why Popular Protests Succeed or Fail* (Stanford: Stanford University Press, 2010), pp. 22~25.

또한 법원 소송의 증가는 법률 보급 운동 이후 변화된 중국 국민의 법률행위를 보여준다. 〈그림 6-1〉에서 볼 수 있는 것처럼, 법원 소송은 1979년 약 50만 건에서 2004년 약 500만 건으로 모두 9.87배가 증가하여, 연평균 10.2%의 증가율을 보였다. 이 중에서 행정소송은 연평균 58.7%가 증가하여 가장 빠른 증가세를 보였다(1983년 527건에서 2004년 92,613건으로 175.7배 증가). 민사사건과 형사사건은 각각 10.7%와 10.5%의 연평균 증가율을 보여 비슷하게 증가했다. 그 결과 민사사건은 2004년 약 430만 건으로 1979년 약 39만 건의 11.11배, 형사사건은 2004년 약 65만 건으로 1979년 약 12만 건의 5.23배나 되었다.

다만 1997년 이후 소송 증가율이 정체 혹은 하강하는 현상이 나타나고 있는데, 이는 두 가지 이유 때문으로 추측된다. 첫째는 경제성장과 연관이 있다. 즉, 세계 각국의 경험에 의하면, 사회 전환기에는 각종 모순이 표출되면서 소송이 증가하다가, 경제가 일정한 수준에 도달하면 소송이 감소하는 현상이 나타난다는 것이다. 둘째는 법원 등 사법제도의 신뢰가 저하되면서 소송이 감소하는 것이다.[22]

이처럼 법원 소송이 급증한 배경에는 두 가지 요소가 중요하다. 하나는 국민의 법률지식이 확대되고 법률의식이 높아지면서, 법률수단을 동원하여 자신의 권익을 수호하려는 열망이 증가했다는 것이다. 이는 앞에서 살펴본 많은 설문조사의 결과에서 확인할 수 있다. 다른 하나는 국가의 장려이다. 즉, 국가는 사회 안정을 유지하기 위해 국민들이 법률제도를 통해 사회분규를 해결할 것을 권장하고, 그 결과 소송이 증가한다는 것이

---

21 David Zweig, "To the Courts or to the Barricades?: Can New Political Institutions Manage Rural Conflict?" Elizabeth J. Perry and Mark Selden (eds.), *Chinese Society: Change, Conflict and Resistance* (Third Edition) (London: Routledge, 2010), pp. 123~147.

22 朱景文 主編, 『中國法律發展報告: 數據庫和指標體系』(北京: 中國人民大學出版社, 2007), pp. 6~8.

다.[23] 이런 두 가지 배경은 모두 법률 보급 운동과 밀접히 관련된 것이다. 법원 소송의 증가를 분석한 랜디(Pierre Landy)가 주장하듯이, 법원 소송이 증가하게 된 가장 중요한 원인의 하나는 공산당이 법률지식을 보급하고 법률활용을 장려한 것이다.[24] 이런 사실은 법률 보급 운동이 더 잘 전개된 도시 지역 주민이 농민보다 법률행위에 더욱 적극적으로 참여하고 있다는 위에서 살펴본 각종 설문조사를 통해서도 확인할 수 있다.

중국 국민의 법률행위 증가는 국가를 상대로 하는 행정소송에서 특히 잘 나타나고 있다. 1990년 제정된 〈행정소송법〉은 국민의 권익수호에 미흡한 측면이 많다. 예를 들어, 〈행정소송법〉은 공산당을 소송 대상에서 제외한다. 실제로 많은 정부 정책이 공산당의 결정하에 실행된다는 현실을 놓고 볼 때 이는 문제가 있다. 또한 〈행정소송법〉은 정부 정책이 아니라 구체적인 정부 행위(act)만이 소송 대상이다. 예를 들어, 가족계획을 폭압적으로 시행한 공무원은 기소할 수 있지만 가족계획 정책 그 자체는 기소할 수 없다. 마지막으로 행정소송의 판결은 법률뿐만 아니라 국무원 등 상급 정부가 제정한 행정법규에 근거하는 문제가 있다. 즉, 정부행위를 심판하기 위해 정부가 제정한 행정법규를 근거로 삼는 모순이 있다는 것이다.[25]

그러나 이런 문제점에도 불구하고 1990년 〈행정소송법〉의 발효 이후 행정행위에 대한 사법심사는 점차로 자리를 잡고 있다. 먼저, 행정소송을

---

23 Benjamin L. Liebman, "Watchdog or Demagogue? The Media in the Chinese Legal System," *Columbia Law Review*, Vol. 105, No. 1 (January 2005), pp. 1~157.

24 Pierre Landy, "The Institutional Diffusion of Courts in China: Evidence from Survey Data," Tom Ginsburg and Tamir Moustafa (eds.), *Rule by Law: The Politics of Courts in Authoritarian Regimes* (New York: Cambridge University Press, 2008), pp. 207~234.

25 Yuen Yuen Tang, "When Peasants Sue En Masse: Large-scale Collective All Suits in Rural China," *China: An International Journal*, Vol. 3, No. 1 (March 2005), pp. 24~49.

통해 시민의 구제가 증가하고 있다. 앞에서 보았듯이 법원 소송에서 행정소송이 가장 빠른 비율로 증가했다. 또한 행정소송에서 정부기관의 승소율이 감소하고 원고(국민)의 승소율이 증가하면서, 〈행정소송법〉이 국민 권리보호의 유력한 수단이라는 인식이 형성되고 있다. 이렇게 되면서 행정소송은 국민이 합법적인 권익이 침해받았을 때 사용할 수 있는 중요한 선택지가 되었고, 동시에 정부 관료의 행위에 중요한 영향을 미치는 법률이 되었다. 이처럼 〈행정소송법〉의 실행은, 법률개혁과 법률 보급이 법률규범의 촉진과 기층에서의 법률규범 인식 확산 과정에서 큰 역할을 한 사례라고 할 수 있다.[26]

1990년대 들어 법률을 이용한 농민저항이 증가한 것도 법률 보급 운동의 실시 이후 나타난 새로운 현상이다. 농민저항을 분석한 오브라이언(Kevin J. O'Brien)과 리(Lianjiang Li)에 의하면, 1990년대에 들어 농촌 지역에서는 '정의로운 저항'(rightful resistance)이 증가하는 현상이 나타났다. '부분적으로 허가받은 대중저항'으로서 정의로운 저항은 몇 가지 특징이 있다. 첫째, 이것은 정부가 허용한 범위 '근처'에서 작동하면서 정부의 권력행사를 제한하기 위해 국가·정부·관료 등 강자의 수사(修辭)와 약속을 얼마나 잘 이용하고, 중앙-지방 관계, 지방의 성급(省級)-기층 관계 등 국가의 분화를 얼마나 잘 활용하며, 광범위한 대중의 지원을 얼마나 잘 동원하는가에 성패가 달린 대중저항이다.

둘째, 정의로운 저항은 지방의 통치 엘리트에 도전하기 위해 법률, 정부 정책, 공식 가치를 창조적으로 활용하며, 중앙정치가나 언론 등 영향력 있는 연합세력과 공인된 원칙을 활용하는 대중저항이다. 이런 대중저항은 농민의 증가하는 권리의식과 행정개혁, 선거개혁, 법률개혁이 농민

26 Minxin Pei, "Citizen v. Mandarins: Administrative Litigation in China," *China Quarterly*, No. 152 (December 1997), pp. 832~862.

에게 새로운 저항 수단을 제공하면서 등장할 수 있었다.[27] 한마디로 정의로운 저항은 농민이 법률 등 새로운 수단을 이용하여 허용된 범위 '내외'에서 지방정부와 기층간부의 일탈행위에 맞서는 대중저항이라고 할 수 있다.

이처럼 농민들이 법률수단을 이용하여 지방정부에 맞서면서 농촌 간부들도 다양한 대응수단을 동원한다. 오브라이언과 리에 따르면, 우선 기층간부들은 법률 보급에 따른 농민의 권리의식 형성을 방해하기 위해 법률 보급 운동을 반대한다. 또한 '공산당 영도'(黨領導)나 '안정 우선'(穩定壓倒一切)과 같은 현행 정치원칙을 강조하면서 기존의 권력관계를 강화하려고 시도한다. 그 밖에 이들은 농민저항을 정부에 대한 '폭동'으로 매도하면서 상급기관의 지지를 획득하려고 노력한다.[28] 이처럼 기층간부들은 법률 보급에 적대적인 태도를 보이며, 이로 인해 많은 농민들은 자신의 권리와 관련된 법률지식을 제대로 알지 못하고 있다. 그래서 농민들이 관련 법률과 중앙 정책을 인지한 후에 대중저항에 나서는 경우가 적지 않다.[29]

1990년대에는 농민뿐만 아니라 노동자들도 '법률 무기'를 이용하여 자신의 권익을 지키려는 움직임이 전국적으로 나타났다. 랴오닝성(遼寧省) 지역의 국유기업 노동자와 광둥성(廣東省) 지역 농민공(農民工)의 노사분규를 집중 연구한 리(Ching Kwan Lee)에 의하면, 1990년대 말에서 2000년대 초에 많은 노동자가 노동권리와 관련된 법률과 국가정책을 알기 시작

---

27 Kevin J. O'Brien and Lianjiang Li, *Rightful Resistance in Rural China* (New York: Cambridge University Press, 2006), pp. 2~3, p. 11.

28 O'Brien and Li, *Rightful Resistance in Rural China*, pp. 11~12.

29 Lianjiang Li and Kevin J. O'Brien, "Protest Leadership in Rural China," *China Quarterly*, No. 193 (March 2008), pp. 1~23; Kevin J. O'Brien and Lianjiang Li, "Suing the Local State: Administrative Litigation in Rural China," Neil J. Diamant, Stanley B. Lubman, and Kevin J. O'Brien (eds.), *Engaging the Law in China: State, Society, and Possibilities for Justice* (Stanford: Stanford University Press, 2005), pp. 31~53; Tang, "When Peasants Sue En Masse," pp. 24~49.

하면서 국가가 주장하는 의법치국(依法治國: 법률에 의거한 국가통치)에 호소하는 법적 권리 담론으로 자신의 주장을 제기하기 시작했다. 그 결과 노동자 파업과 다양한 저항 활동이 크게 증가했다. 정부도 증가하는 노동쟁의를 법적 테두리 내로 유도하기 위해 노동자들의 법률에 의거한 권리옹호를 장려하는 경향이 있다. 이런 현상은 특히 광둥성 지역의 노동운동에서 뚜렷하게 나타났다.[30] 그 밖에도 법률 보급 운동 이후 법률수단을 이용하여 권익을 수호하려는 움직임은 여성들에게도 나타났다.[31]

마지막으로 법률 보급 운동은 지식인의 국민 권익수호 활동과 민주화 운동에도 일정한 영향을 미치고 있다. 1990년대 중반 이후 중국에서는 일부 대학교수, 언론인, 변호사 등 소위 '공공지식인'(公共知識分子, public intellectuals)이 국민 권익수호 활동을 전개하면서 일정한 영향력을 행사하기 시작했다. 이들은 추상적 차원의 민주주의 이론이나 거시적인 정치개혁을 주장하기보다는 노동자・농민의 지위 향상, 사회적 약자의 권리옹호 등 매우 구체적이고 현실적인 문제에 개입하여 문제를 해결하기 위해 노력하는 경향이 있다. 또한 이들은 기존 언론매체뿐만 아니라 1990년대 이후 다양해진 상업신문이나 잡지, 인터넷 매체를 적극 활용하여 주장을 확산시키고 있다.[32]

동시에 공공지식인들은 법률수단을 적극 활용하고 있다. 에이즈 환자, 해고 노동자, 토지가 몰수된 농민, 강제 철거 피해자, 공해와 자연재해 피해자 등 사회적 약자를 위해 법률 소송을 적극 추진하고 이를 통해 이

---

30 Ching Kwan Lee, *Against the Law: Labor Protests in China's Rustbelt and Sunbelt* (Berkeley: University of California Press, 2007), pp. 10~12, pp. 236~237; Ching Kwan Lee, "Pathway of Labor Activism," Perry and Selden, *Chinese Society*, pp. 57~79.

31 孟玉茹, 「法律援助與婦聯維權」, 北京大學 法學院 婦女法律研究與服務中心 編, 『中國法律援助的理論與實踐: 婦女法律援助發展研討會論文集』(北京: 中國人民公安大學出版社, 2002), pp. 266~268.

32 조영남, 『후진타오 시대의 중국정치』(서울: 나남, 2006), pp. 66~67.

들의 권익을 보호하려고 노력하는 '권익수호 변호사'(維權律師)의 활동은 대표적인 사례이다.[33] 이들의 활동이 가능하게 된 것은 새로운 정치환경이 조성되었기 때문이다. 법률 수단을 이용하여 통치 정당성의 문제를 해결하려는 정부의 정책, 역동적인 사적 경제와 활동적인 사회단체의 등장, 인터넷을 포함한 자유로운 언론의 증가, 그리고 법률 보급 운동에 의한 개인의 권리의식 증가가 바로 그것이다.[34]

한편, 권익수호 변호사들뿐만 아니라 1990년대 이후에는 중국의 민주화를 위해 노력하는 반체제인사들도 법률제도를 이용하여 공산당과 정부를 공개 비판하는 경향이 증가하고 있다.[35]

(2) 법률구조(法律救助)체제의 수립과 확대

법률 보급 운동은 중국에 존재하지 않았던 무상 법률구조체제를 수립하고 발전시키는 데 일정한 역할을 담당했다. 법률 보급 운동이 강조하는 것처럼, 국민이 '법률 무기'로 자신의 합법적인 권익을 지키기 위해서는 그것을 지원해 주는 무상 법률지원제도가 있어야만 했던 것이다. 특히 법률 보급 운동은 제반 법률학습 중에서도 헌법학습을 가장 중시했는데, 바로 이 헌법에 "모든 사람은 법률 앞에 평등하다"(法律面前人人平等)는 원칙

33 Ethan Michelson, "The Practice of Law as an Obstacle to Justice: Chinese Lawyers at Work," *Law & Society Review*, Vol. 40, No. 1 (2006), pp. 1~38; Al Young, "The Continuing Lack of Independence of Chinese Lawyers," *The Georgetown Journal of Legal Ethics*, Vol. 18, No. 3 (Summer 2005), pp. 1133~1149; Eva Pils, "Asking the Tiger for His Skin: Rights Activism in China," *Fordham International Law Journal*, No. 30 (2007), pp. 1209~1287.

34 Hualing Fu and Richard Cullen, "Weiquan (Rights Protection) Lawyering in an Authoritarian State: Building a Culture of Public-Interest Lawyering," *China Journal*, No. 59 (January 2008), pp. 111~127.

35 Minxin Pei, "Rights and Resistance: The Changing Contexts of the Dissident Movement," Perry and Selden, *Chinese Society*, pp. 31~56.

이 분명하게 규정되어 있다. 이 원칙을 실현하기 위해서는 법률구조체제의 수립이 필수적이었던 것이다.[36]

사실 제2차(1991~1995년) 법률 보급 운동이 추진 중이던 1994년 초에 당시 국무원 사법부 부장이며 전국보법판공실 주임이던 샤오양(肖揚)이 "중국 특색의 법률구조(法律援助)제도를 설립해야 한다"고 주장하기 전까지, 중국에서는 법률구조라는 용어조차 거의 알려지지 않았다.[37] 샤오양 부장은 1993년 말부터 이 문제를 비공식적으로 제기하다가 1994년 1월에 〈변호사법〉(律師法) 초안을 심의하는 과정에서 법률구조제도의 설립 문제를 공식 제기했다. 샤오양 부장의 공식 제기 이후 이 문제는 국무원 사법부와 지방정부 관계 부서 내에서 광범위하게 논의되었다.

이후 샤오양 부장의 제기를 실천에 옮기기 위해 1994년부터 베이징, 상하이, 광저우 등 대도시를 중심으로 다양한 시험 실시가 추진되었다. 그 결과 1995년 11월에 국가 법률구조 기구로서는 전국 최초로 '광저우시(廣州市) 법률구조센터'(法律援助中心)가 정식 수립되었다. 또한 1996년 상반기에는 〈형사소송법〉, 〈변호사법〉 등 중요한 관련 법률이 반포되면서 무상 법률지원체제의 수립에 필요한 법적 기반이 마련되었다. 이처럼 2년 동안의 시험 실시와 법적 근거의 마련을 기반으로 해서 국무원 사법부는 1996년에 법률구조체제를 전국적으로 수립할 것을 공식 선포했다.[38] 이처럼 국가가 주도적으로 대규모 법률구조체제를 수립하고 확대한 사례는 러시아나 동구 사회주의 국가에서는 없었던 일로, 이는 중국만의 특징이

36 司法部法律援助中心 編著, 『中國法律援助制度誕生的前前後後』(北京: 中國方正出版社, 1998), 〈中國法律援助網〉, http://www.chinalegalaid.gov.cn (검색일: 2011. 11. 30).

37 司法部法律援助中心 編著, 『中國法律援助制度誕生的前前後後』.

38 董景山, 「淺談婦女法律援助中的幾個問題」, 婦女法律研究與服務中心, 『中國法律援助的理論與實踐』, pp. 78~84; 孫曄, 「中國法律援助事業的發展」, 婦女法律研究與服務中心, 『中國法律援助的理論與實踐』, pp. 95~103.

〈표 6-7〉 중국 법률구조 관련 통계

항목(단위) / 년도	기구(개)	인원(명)	건수(건)
1999년	1,235	3,920	117,545
2000년	1,890	6,109	159,413
2001년	2,274	8,458	149,051
2002년	2,418	8,285	135,749
2003년	2,774	9,457	166,433
2004년	3,023	10,458	190,187
2005년	3,129	11,377	253,665
2006년	3,149	12,038	318,514
2007년	3,259	12,519	420,104
2008년	3,268	12,778	546,859
2009년	3,274	13,081	641,065
2010년	3,573	13,830	n/a

〈출처〉 司法部法律援助中心 編著, 『中國法律援助制度誕生的前前後後』(北京: 中國方正出版社, 1998), 〈中國法律援助網〉, http://www.chinalegalaid.gov.cn (검색일: 2011. 11. 30).

라고 할 수 있다.[39]

〈표 6-7〉과 〈그림 6-2〉는 중국 법률구조체제의 발전을 보여주는 통계이다. 이에 따르면 우선, 국가가 설립한 법률구조 기구는 빠르게 증가했다. 즉 법률구조 기구가 1999년에는 1,235개였는데, 2010년에는 3,573개로 11년 동안 약 3배가 증가했다. 국가의 법률구조 기구에 종사하는 인원도 이와 비슷하게 급증했다. 즉 1999년 3,920명에서 2010년 13,830명으로 3.5배가 증가했던 것이다. 마지막으로 국가 법률구조 기구가 처리한 사건의 수도 1999년 약 12만 건에서 2009년 약 64만 건으로 약 5.3배가 증가했다. 참고로, 이 통계는 국가가 공식 설립한 법률구조 기구만을 조사한 것이고, 만약 노동조합이나 부녀연합회 등의 사회단체나 개인이 설

39 Benjamin L. Liebman, "Legal Aid and Public Interest Law in China," *Texas International Law Journal*, Vol. 34, No. 2 (Spring 1999), pp. 211~286.

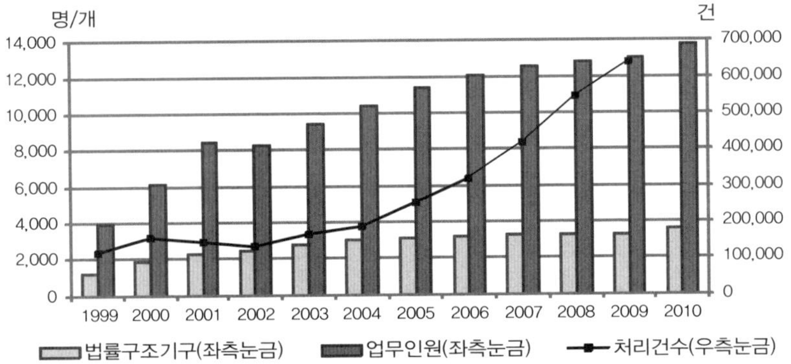

〈그림 6-2〉 중국 법률구조 관련 통계

〈출처〉 司法部法律援助中心 編著, 『中國法律援助制度誕生的前前後後』(北京: 中國方正出版社, 1998), 〈中國法律援助網〉, http://www.chinalegalaid.gov.cn (검색일: 2011. 11. 30).

립한 기구를 포함하면 이것보다 훨씬 많다. 예를 들어, 한 통계에 의하면, 1999년에는 국가, 단체, 개인이 설립한 약 5천 개의 법률구조 기구가 존재했다.[40]

한편 기존 연구에 의하면, 중국의 법률구조체제와 운영은 크게 다섯 가지 유형으로 나눌 수 있다.[41] 첫째는 국무원 사법부가 적극 지지하는 유형으로, 정부가 재정을 지원하고 전임(專任) 변호사가 법률구조 업무를 전담하는 경우이다. 이는 '광저우 모델'이라고 한다.[42] 둘째는 현재 가장

---

40 董景山, 「淺談婦女法律援助中的幾個問題」, 婦女法律研究與服務中心, 『中國法律援助的理論與實踐』, pp. 78~84; 孫曄, 「中國法律援助事業的發展」, 婦女法律研究與服務中心, 『中國法律援助的理論與實踐』, pp. 95~103.

41 Liebman, "Legal Aid and Public Interest Law in China," p. 224. 참고로 국무원 사법부 법률원조센터(法律援助中心)는 시험 실시된 지역을 중심으로 법률구조 기구의 유형을 다섯 가지 모델(模式)로 구분했다. 첫째는 베이징 모델, 둘째는 광저우 모델, 셋째는 우한(武漢) 모델, 넷째는 상하이 푸둥(浦東) 모델, 여섯째는 정저우(鄭州) 모델이다. 각 모델은 재정의 출처, 주요 담당 주체 등에서 차이가 난다. 司法部法律援助中心, 『中國法律援助制度誕生的前前後後』.

42 광저우 사례는 趙曉飛, 「廣州市法律援助網絡建設與運作」, 婦女法律研究與服務中心, 『中國法律援助的理論與實踐』, pp. 234~240 참조.

광범위하게 실시되고 있는 유형으로, 법률구조 업무를 지방 변호사 사무소(律師事務所, law firm)에 배정하는 경우이다. 이는 상하이시와 우한시(武漢市) 지역에서 널리 사용되고 있으며, 베이징시에서 시작되었기 때문에 '베이징 모델'이라고 한다.

셋째는 특정 개인이나 단체가 정부의 허가를 받아서 법률구조 기구를 설립하는 유형이다. 허베이성(河北省) 첸시현 부녀법률서비스센터(遷西縣婦女法律服務中心)가 대표적인 사례이기 때문에, 이를 '첸시모델'이라고 한다.[43] 넷째는 대학교 연구소나 비정부조직(NGO)이 법률구조 기구를 설립하여 운영하는 경우이다. 여기에는 베이징대학, 우한대학, 중산(中山)대학에 있는 법률구조센터가 속한다.[44] 또한 이 모델에는 노동조합(工會), 부녀연합회(婦聯), 소비자협회(消費者協會), 공산주의청년단(共青團) 등이 운영하는 법률구조 기구도 포함된다.[45] 다섯째는 정부의 암묵적인 요구하에 변호사 사무소가 자원봉사 차원에서 법률구조 활동을 수행하는 유형이다.

이와 같이 광범위하게 존재하는 법률구조체제에 힘입어 앞에서 살펴본 것처럼 도시 주민과 노동자들은 전과 다르게 소송과 같은 법률행위에

---

43 이 센터의 사례는 王書珍, 「婦女法律援助在農村的實踐, 婦女法律研究與服務中心」, 『中國法律援助的理論與實踐』, pp. 269~275 참조.

44 상하이시 화둥사범대학(華東師範大學)의 사례는 Mary E. Gallagher, "'Hope for Protection and Hopeless Choices': Labor Legal Aid in the PRC," Elizabeth J. Perry and Merle Goldman (eds.), *Grassroots Political Reform in Contemporary China* (Cambridge, M. A.: Harvard University Press, 2007), pp. 196~227 참조. 베이징대학의 사례는 郭建梅·盧琼, 「北京大學法學院婦女法律研究與服務中心, 法律援助案件辦案研究報告」, 婦女法律研究與服務中心, 『中國法律援助的理論與實踐』, pp. 155~184 참조.

45 상하이시 지역 노동조합의 사례는 Feng Chen, "Legal Mobilization by Trade Unions: The Case of Shanghai," *China Journal*, No. 52 (July 2004), pp. 27~45; 周向琳, 「職工法律援助任重道遠: 上海工會依法維護職工合法權益的實踐與探索」, 婦女法律研究與服務中心, 『中國法律援助的理論與實踐』, pp. 294~308. 참조. 부녀연합회(婦聯) 사례는 Tang Lay Lee and Francis Regan, "Why Develp and Support Women's Organizations in Providing Legal Aid in China? Women's Rights, Women's Organizations and Legal Aid in China," *Journal of Contemporary China*, Vol. 18, No. 61 (September 2009), pp. 541~565 참조.

참여할 수 있다. 다시 말해, 만약 이와 같은 법률구조체제가 갖추어지지 않았다면 노동자와 같은 사회적 약자가 법률과 관련된 전문 지식이 필요할 뿐만 아니라 변호사 고용 등에 많은 비용이 소요되는 법률행위에 결코 쉽게 나설 수 없다는 것이다. 반대로, 만약 법률 보급 운동의 확대에 의해 '법률 무기'를 사용하라는 정부의 홍보와 이를 적극 활용하려는 국민들의 법률의식 제고가 없었다면, 법률구조체제는 제대로 활용되지 못했을 것이다. 갤러거(Mary E. Gallagher), 푸(Hualing Fu)와 컬렌(Richard Cullen)이 주장하듯이, 노동자들은 법률 보급 운동을 통해 노동권리와 관련된 법률지식을 습득할 수 있었고, '법률 무기를 사용하라'는 정부의 슬로건을 믿고 법률행위에 적극 나섰던 것이다.[46]

이런 사실은 필자가 2001년부터 2009년까지 톈진시(天津市), 상하이시, 광둥성, 선전시 지역에서 법치정책의 실시 이후 여러 사회단체가 어떻게 법률과 법률제도를 활용하는가에 대한 현지조사(주로 면접조사)를 통해서도 확인할 수 있었다. 필자의 조사에 의하면, 사회단체의 법률 관련 활동은 각 단체의 정치적 지위와 실제 능력에 따라 크게 두 가지 범주로 구분할 수 있다.

먼저, 노동조합이나 부녀연합회 같은 '인민단체'(혹은 '군중단체')는 다른 사회단체에 비해 정치적 지위가 높고 조직력이 강하기 때문에 국가기관이 주도하는 다양한 법률 관련 활동에 적극적으로 참여할 수 있다. 구체적으로, 이들은 의법치국 방침의 결정 이후 세 가지 업무를 핵심 사업으로 추진해 왔다. 첫째는 입법 참여로, 이는 '원천'(源泉)에서 관련 권익을 수호하기 위한 활동이다. 여기에는 특정 법률의 제정 필요성 제기, 특정 법안 기

46 Mary E. Gallagher, "'Use the Law as Your Weapon!': Institutional Change and Legal Mobilization in China," Diamant, Lubman, and O'Brien, *Engaging the Law in China*, pp. 55~83; Fu and Cullen, "Weiquan (Right Protection) Lawyering In an Authoritarian State," pp. 111~127.

초(起草)의 참여, 의회의 입법공청회(立法聽證會, legislative hearings)의 참여 등이 포함된다. 둘째는 정부나 의회와 함께 특정 법률의 실제 집행 상황을 파악하고 문제를 해결하기 위해 법집행감독(執法檢査)을 전개하는 것이다. 노동조합은 노동자와 관련된 법률(예를 들어, 〈노동조합법〉과 〈노동계약법〉), 부녀연합회는 미성년자나 여성과 관련된 법률(예를 들어, 〈청소년권익보호법〉과 〈부녀 권익보호법〉)의 집행을 감독하는 활동에 참여한다. 셋째는 소속 단체와 구성원을 위한 법률구조 활동이다. 이처럼 법률구조 활동은 인민단체의 3대 임무 중의 하나로 자리를 잡았다.

한편, 소비자협회와 같은 민간단체, 공상업연합회(工商聯)와 같은 기업가단체는 인민단체보다 정치적 지위가 높지 않고 실제 능력도 부족하기 때문에 정부와 의회의 입법 및 감독 활동에 적극적으로 참여할 수 없다. 이 때문에 이들 단체는 소비자 개인이나 소속 기업인의 합법적인 권익을 보호하기 위해 필요한 각종 법률지원 사업을 핵심 업무로 추진하고 있다. 이는 공청단(共靑團)이나 다른 사회단체의 경우에도 해당된다.[47] 그 밖에도 1990년대 중반 이후 중국 전역에 걸쳐 설립되기 시작한 각종 환경단체도 법률수단을 활용한 구제에 적극적으로 나서고 있다. '환경오염 피해자 법률도움센터'(污染受害者法律幫助中心, The Center for Legal Assistance to Pollution Victims)는 대표적인 사례이다.[48]

---

47 톈진시 사회단체 고위 관계자와의 인터뷰: 2001년 5월 15일, 7월 2일, 톈진시; 상하이시 사회단체 고위 관계자와의 인터뷰: 2003년 8월 8일, 8월 13일, 2004년 2월 13일, 2월 17일, 2월 18일, 상하이시; 광둥성 사회단체 고위 관계자와의 인터뷰: 2004년 8월 10일, 8월 11일, 8월 13일, 8월 14일, 8월 17일, 2006년 2월 16일, 2월 21일, 2월 22일, 광저우시.

48 Guobin Yang, "Environmental NGOs and Institutional Dynamics in China," *China Quarterly*, No. 181 (March 2005), pp. 46~66.

(3) 통치 방식의 법제화와 당정간부의 법률의식 증가

공산당은 1997년 9월 제15차 당대회에서 '의법치국'과 '사회주의 법치국가' 수립을 새로운 통치 방침으로 결정했다. 이후 공산당과 국가기관은 이를 추진하기 위한 세부 방침과 정책을 마련하고 집행하기 시작했다. 먼저, 국무원은 1999년 11월에 「의법행정의 전면추진 결정」(關於全面推進依法行政的決定)을 발표하면서, 정부개혁의 방침이자 목표로 '의법행정'(依法行政: 법률에 의거한 행정)을 결정했다. 이것은 2004년 「의법행정의 전면추진 실시요강」(全面推進依法行政實施綱要)의 반포를 통해 더욱 강화되었다.[49]

최고인민법원(最高人民法院)도 1999년 10월에 「인민법원 5개년 개혁 요강」(人民法院五年改革綱要)을 발표하여, 사법공정(司法公正)과 사법효율(司法效率)의 제고를 목표로 하는 법원개혁 방침과 정책 내용을 확정했다.[50] 이후 2005년에 제2차(2004~2008년), 2009년에 제3차(2009~2013년) 「법원개혁 요강」을 발표했다. 공산당도 2002년 제16차 당대회에서 '의법집정'(依法執政: 법률에 의거한 집정) 방침을 공식 결정했다. 이후 2004년 공산당 제16기 중앙위원회 제4차 전체회의(16기 4중전회)에서 '집정능력(執政能力) 강화'가 당 방침으로 결정되고, 의법집정은 그중의 하나가 되었다.[51]

이상에서 간단하게 살펴본 것처럼, 의법치국은 1997년 이후 중국의 국가통치 방침이자 새로운 정치개혁 방침으로 공식 결정되어 전면적으로 실시되고 있다.[52] 그런데 공산당 중앙이 의법치국을 새로운 방침으로 채

---

49 袁曙宏 主編, 『〈全面推進依法行政實施綱要〉讀本』(北京: 法律出版社, 2004), pp. 329~332, pp. 334~343; 江必新 主編, 『法制政府的建構』(北京: 中國青年出版社, 2004).

50 最高人民法院研究室 編, 『人民法院五年改革綱要』(北京: 人民法院出版社, 2000), p. 72; 公丕祥 主編, 『回顧與展望: 人民法院司法改革研究』(北京: 人民法院出版社, 2009), p. 74.

51 張恆山 等著, 『法治與黨的執政方式研究』(北京: 法律出版社, 2004), pp. 1~23, pp. 115~136; 俞可平 主編, 『依法治國與依法治黨』(北京: 中央編譯出版社, 2007), pp. 1~9.

52 이에 대한 자세한 분석은 조영남, 『중국의 법치와 정치개혁』(파주: 창비, 2012) 참조.

택하는 과정에서 법률 보급 운동의 경험이 큰 기여를 했다. 이 책의 제5장에서 검토했듯이, 1980년대 중반 랴오닝성(遼寧省)의 번시시(本溪市)에서 시작된 의법치리가 제2차(1991~1995년) 법률 보급 운동 기간에 전국적으로 확산되고, 동시에 현급(縣級: 현・시・구), 지급(地級: 시・자치주), 성급(省級: 성・직할시・자치구) 등 상급단위로 확대 실시되면서 의법치국이 등장할 수 있었던 것이다. 실제로 의법치현(시・성)의 실시 과정에서 등장한 다양한 정책—예를 들어, 입법체계의 완비, 법제선전 및 교육의 추진, 행정 법집행의 강화, 사법공정의 추진, 법률 서비스 제공의 확대, 법률 감독의 강화—은 의법치국의 핵심 정책이 되었다.

한편 의법치국 방침의 결정 및 집행과 관련하여 당정 고위간부, 특히 영도간부(領導幹部)의 법률지식 확대와 법률의식 제고는 매우 중요한 의미가 있다. 의법치국 방침을 각 지역과 기관에서 추진하는 핵심 주체가 바로 이들이기 때문이다. 이와 관련하여 법률 보급 운동은 당정간부, 특히 영도간부의 법률교육을 시종일관 핵심 사업으로 삼아 추진했다는 점이 매우 중요하다. 실제로 〈표 6-5〉의 조사 결과에서 보았듯이, 법률지식 보급과 관련하여 실시된 체계적이고 집중적인 법률 연수가 국가기관 직원(공무원)에게는 가장 중요한 법률지식의 습득 경로였다. 이는 법률 보급 운동이 이들의 법률지식 확대와 법률의식 제고에 실제로 큰 역할을 했음을 의미한다.

물론, 법률 보급 운동이 영도간부의 법률지식과 법률의식 제고에 큰 기여를 했다는 사실을 정확히 논증하기는 쉽지 않다. 단적으로 이들의 의식변화를 보여줄 수 있는 시계열적인 조사 자료가 존재하지 않는다. 또한 전국적으로, 특히 기층에서 광범위하게 나타나고 있는 당정간부들의 권력남용과 부패문제를 보면, 법률 보급 운동이 실제로 큰 효과가 없는 것처럼 보인다. 그러나 몇 가지 사실을 통해 법률 보급 운동을 통해 당정간부의 법률지식이 확대되고 법치의식이 제고되었다는 점을 알 수 있다.

우선 각종 설문조사 결과에 의하면, 어떤 다른 계층이나 집단보다 당정간부의 법률지식과 법률의식이 높은 것으로 나타난다. 이는 이들이 법집행(執法)을 담당하고 있기 때문에 어쩌면 당연할 수도 있다. 하지만 이런 결과는 또한 지속적이고 집중적인 법률교육의 효과이기도 하다. 앞에서 제시한 각종 설문조사 자료는 이를 잘 보여준다.[53] 그래서 법률 보급 운동에 대한 정부의 공식 보고와 평가에서는 비록 일부 문제는 있지만 국가 공직자와 영도간부의 법률지식이 지속적으로 확대되고 법률의식도 제고되었다는 점을 중요한 성과로 꼽고 있다. 이는 중국학자들의 조사에서도 강조되고 있다.[54]

당정간부들의 변화된 국가기관에 대한 인식, 특히 공산당-정부-의회(人大) 간의 관계에 대한 인식에서도 법률 보급 운동의 결과 이들의 법률의식이 제고되었다는 사실을 엿볼 수 있다. 필자의 오랜 현지조사에 의하면, 1990년대에 들어, 특히 1997년 의법치국 방침의 결정 이후, 공산당 지방위원회는 지방의회가 법에 의해 입법 및 감독 권한을 행사하는 것을 적극 지원하는 경향이 눈에 띄게 증가했다. 또한 이와 같은 공산당 지도부의 태도 변화로 인해 전과 다르게 고위 공무원들이 지방의회가 법률에 의거하여 대 정부 감독을 전개할 때 이를 수긍하고 긍정적으로 수용하는 모습을 보이기 시작했다.[55] 결국 지방의회의 입법 및 감독 역할 강화는 이와 같은 당정 영도간부의 인식 변화에 의해 가능했고, 그 과정에서 지

53 예를 들어, 北京市, 「北京市民法律素質狀況調查評析」, pp. 79~82; 韓大元・王德志, 「中國公民憲法意識調查報告」, pp. 107~119 등이 있다.

54 莫于川, 「普法的重點是幫助各級領導幹部樹立現代法治觀念」, 『探索』 2006年 1期, pp. 152~154.

55 Young Nam Cho, *Local People's Congresses in China: Development and Transition* (New York: Cambridge University Press, 2009), pp. 43~63.

속적이고 집중적인 법률학습과 실천이 큰 역할을 했다는 것이다.

이런 사실 이외에도, 법률 보급 운동의 추진 이후 최소한 경제가 발전한 연해 대도시 지역에서는 고위 공직자의 업무 추진 태도와 방식이 변화한 사실도 중요한 근거가 될 수 있다. 광둥성과 선전시의 경우 1980년대에는 '위법개혁'(違法改革)이 개혁 추진의 기조였다. 예를 들어, 〈헌법〉은 토지 양도를 금지했지만 경제발전을 위해서는 필요했기 때문에 외자기업에게 대규모로 허용되었다. 그런데 1990년대에 들어서는 이것이 바뀌어 개혁이 법률에 맞추어 추진되는 '동행개혁'(同步改革)이 주류를 이루었다. 2000년대에 들어서는, 특히 2004년 〈행정허가법〉(行政許可法)이 발효된 이후에는 법률을 먼저 제정하고 이에 입각하여 개혁을 추진하는 '선입법 후개혁'(先立法後改革) 혹은 '법률의 개혁 인도'(法律引導改革)가 대세가 되었다. 이렇게 되면서 정부 사업은 적법성 검토를 먼저 수행하고 이것을 통과한 사업만이 정식으로 추진되는 방식이 자리를 잡았다.[56] 이는 상하이시 지역에서도 마찬가지이다.[57]

3. 법률 보급 운동의 한계와 문제점

법률 보급 운동의 한계는, 먼저 이론적 측면에서 법률 보급과 법률준수 간의 연관성 문제가 있다. 다시 말해 법률 보급이 반드시 법률준수를 초래하지 않는다는 것이다. 실천적 측면의 문제로는 지도기구와 실무조직의 문제, 국가 주도와 민간 배제의 문제, 기층간부의 추진 동기 부족 등

56 광둥성 및 선전시 정부 고위 관계자와의 인터뷰: 2006년 2월 22일, 광저우시, 2월 17일, 선전시; 2009년 8월 11일, 광저우시, 8월 12일, 선전시.

57 상하이시 정부 및 의회 고위 관계자와의 인터뷰: 2003년 8월 8일, 8월 13일, 상하이시; 2004년 2월 17일, 상하이시.

이 있다. 이처럼 법률 보급 운동은 앞에서 살펴본 성과와 함께 많은 문제를 동시에 갖고 있다.

(1) 법률 보급과 법률준수 간의 연관성 문제

법률 보급 운동은 1980년대 초기 기층단위에서 나타난 사회치안의 악화와 사회관리체제의 붕괴에 대한 대응책의 하나로 시작되었다. 이런 배경에는 일정한 논리가 자리 잡고 있다. 즉, 국민이 법률교육을 통해 법을 알고 이해하면 준법정신이 제고될 것이고, 이렇게 되면 범죄행위도 줄어들 것이라는 논리가 바로 그것이다. 또한 국민이 법률지식을 많이 습득하면 법률을 무기로 사용하여 범법행위에 맞서 싸울 수 있고 그렇게 되면 사회치안의 개선에도 도움이 될 수 있다는 논리도 전제되어 있다. 이런 논리적 전제가 있었기 때문에, 실제로 일부 농촌이나 도시 지역에서는 법률 보급 운동이 국민의 준법정신 함양 교육으로 인식되고 실시되는 경향이 있었다. 교육 과정에서 주로 국민의 의무만 강조하고 권리는 거의 언급하지 않는 방식이 대표적이다.[58]

그런데 문제는 법률 보급 운동이 국민의 법률준수를 유도하고 범법행위에 맞서 싸우는 시민정신을 함양한다는 보장이 없다는 점이다. 실제로 많은 사람들은 특정 행위가 범법행위임을 분명히 인지하면서도 범죄행위를 저지르고 있다. 이런 측면에서 보면 법률지식의 습득은 법률준수의 보조 요인이지 절대 요인은 결코 아니다. 즉, 법률 보급 운동은 국민에게 법률을 알려주고 지킬 것을 설득함으로써 법률을 어겼을 때의 결과를 인식하고 행동을 선택할 수 있도록 도움을 줄 수 있지만, 국민이 법률을

58 高鴻钧,「中國公民权利意识的演进」, 夏勇 主編,『走向權利的時代: 中國公民權利發展研究』(修訂版) (北京: 中國政法大學出版社, 1999), pp. 43~106; 蔣立山,『法律現代化: 中國法治道路問題研究』(北京: 中國法律出版社, 2006), pp. 242~275.

준수하도록 만들 수는 없다는 것이다. 따라서 이론적 측면에서 볼 때, 법률 보급 운동의 기본 전제는 그렇게 타당하지 않다고 할 수 있다.[59] 결국 국민의 법률준수 여부는 법률지식의 유무가 아니라 법률, 사법제도, 정부행위에 대한 신뢰 여부에 달렸다고 말할 수 있다.

따라서 국민의 준법정신 제고와 준법행위의 유도를 위해서는 단순히 법률지식의 보급을 위한 운동을 전개하는 것으로는 충분하지 않다. 즉, 법률, 사법제도, 정부행위 등 다양한 영역에서의 개혁 및 개선이 필요하고, 이를 통해 정부와 사법제도 전체가 국민의 신뢰를 획득하려고 노력하는 것이 중요하다. 이런 노력의 결과 법률, 사법제도, 정부에 대한 국민의 신뢰가 높아지고, 이것이 바탕이 되어 국민이 자발적으로 법률을 준수하고 범법행위에 맞서 싸우려는 움직임이 나타날 것이다.

그런데 현재 중국의 사법제도 전반의 상황을 고려할 때, 법률 보급 운동이 국민의 자발적인 참여 속에서 준법정신의 제고와 치안 상황의 개선이라는 기대했던 성과를 거둘 수 있을지는 아직 단정적으로 말할 수 없다.

우선 중국에서는 사법제도, 특히 법원에 대한 불신이 높은 것이 현실이다.[60] 1990년대에 들어 법원개혁이 추진되면서 법원에 대한 국민의 '절대적 신뢰'가 증가한 것은 사실이다. 예를 들어, 〈표 6-2〉가 보여주듯이, 상하이 시민들은 법원에 대해 비교적 높은 신뢰도를 보이고 있다. 구체적으로, "법원이 타인과의 분규를 공정하게 해결할 것으로 믿는가?"라는 질문에, "믿는다"가 60.8%, "보통이다"가 30.7%, "믿지 않는다"가 6.9%라고 대답했다. 즉, 법원의 공정한 재판에 대해 신뢰하지 않는다는 응답은

59 汪太賢, 「從受體的立場與視角看普法的限度」, 『探索』 2006年 1期, pp. 154~156.

60 중국의 법원제도의 문제점과 개혁에 대해서는 조영남, 『중국의 법원개혁』(서울: 서울대학교출판문화원, 2012년) 참조.

6.9%에 불과한 반면 신뢰한다는 응답은 60.8%로, 상하이 시민 대다수는 법원을 신뢰하는 것으로 나타났다.

그렇지만 공산당, 의회, 정부 등 타 국가기관과 비교했을 때 법원에 대한 국민의 '상대적 신뢰'는 하위권에 머물고 있다. 예를 들어, 2008년 4월에서 6월까지 31개 성(省)에서 실시된 국민 여론조사에 의하면, 국민의 신뢰도 순서는 중앙정부(95.8%)>공산당(94.1%)>의회(91.2%)>검찰(84.4%)>법원(81.4%)>경찰(77.8%)>지방정부(76.7%) 순이었다. 즉, 국민의 법원 신뢰도는 경찰과 지방정부보다는 높지만, 공산당, 중앙정부, 의회, 검찰보다는 낮았다.[61] 2001년 7월에서 2003년 2월 사이 동아시아 주요 국가에서 진행된 국민 민주의식 조사에서도 유사한 결과가 나왔다. 즉, 중국 국민의 주요기관 신뢰도는 공산당(93%)>중앙정부(92%)/중앙의회(92%)>인민해방군(90%)>검찰(60%)/법원(60%)>지방정부(50%)>지방경찰(43%) 순이었다.[62] 여기서도 법원 신뢰도는 지방정부와 지방경찰보다는 높았지만 다른 기관보다는 낮았다.[63]

이와 관련하여, 사법제도를 이용하기 전까지 큰 기대를 걸었던 국민도 사법제도를 이용한 이후에는 크게 실망하는 현상이 나타나고 있다는 사실에 주의해야 한다. 다시 말해, 사법제도를 이용해 본 국민일수록 사법제도를 불신하는 경향이 있다는 것이다.[64] 그래서 상하이시 지역의 노동

---

61 沈明明 等, 『中國公民意識調查數據報告2008』(北京: 社會科學文獻出版社, 2009), p. 210.

62 Tianjian Shi, "Democratic Values Supporting an Authoritarian System," Chu, Diamond, Nathan, and Shin, *How East Asians View Democracy*, p. 229.

63 이는 한국의 경우 법원이 국가기관 중에서 군 다음으로 높은 신뢰를 받는 것과 좋은 대조를 이룬다. 참고로 한국 국민의 신뢰도 순위는 군(59%)〉법원(51%)〉경찰(50%)〉공무원(44%)/지방정부(44%)〉중앙정부(27%)〉의회(15%)/정당(15%) 순이다. Doh Chull Shin and Chong-Min Park, "The Mass Public and Democratic Politics in South Korea," Chu, Diamond, Nathan, and Shin, *How East Asians View Democracy*, pp. 51~52.

64 Ethan Michelson and Benjamin L. Read, "Public Attitudes toward Official Justice in Beijing and Rural China," Margaret Y. K. Woo and Mary E. Gallagher (eds.), *Chinese*

자 법률의식을 조사한 갤러거(Mary E. Gallagher)는 법률동원 이후 노동자들이 두 가지 상호 모순된 법률의식을 동시에 가진 현상 — 소위 '법률의식의 이중성'(duality of legal consciousness) — 을 지칭하여 '인지된 각성'(informed disenchantment)으로 표현했다. 즉, 법률동원 이후 법률지식과 법률활용의 전략에 대한 이해가 높아지면서 노동자의 법률 효능감(efficacy)과 자신감은 증가하지만, 동시에 현행 법률제도에 대한 평가와 인식은 악화되는 각성이 발생한다는 것이다.[65]

또한 국민들은 지방정부와 당정간부들의 일탈행위(예를 들어, 부정부패)에 대해 많은 불만을 갖고 있다. 공산당 지도자들도 이 점을 인정하여 부패가 "공산당의 생사가 걸린 문제"로 인식하고 이를 해결 또는 완화하기 위해 '부패와의 전쟁'(反腐敗鬪爭)을 지속적으로 추진해 왔다.[66] 그러나 이 문제는 현재까지 제대로 해결되지 않고 있고, 여전히 공산당의 통치 정당성을 약화시키는 주된 원인이 되고 있다. 만약 이런 당정기관과 간부의 부패 문제가 해결되지 않으면 법률과 사법제도에 대한 국민의 신뢰는 결코 개선될 수 없다.

그래서 페이(Minxin Pei)는 이런 부패 현상에 근거하여 중국의 지방정부가 1980년대에는 발전 국가(developmental state)의 성격을 갖고 있었는데, 1990년대를 넘어서면서 약탈 국가(predatory state)로 전락했다고 주장

Justice: Civil Dispute Resolution in Contemporary China (New York: Cambridge University Press, 2011), pp. 169~203; Mary E. Gallagher and Yuhua Wang, "Users and Non-Users: Legal Experience and Its Effect on Legal Consciousness," Woo and Gallagher, *Chinese Justice*, pp. 204~233.

65 Mary E. Gallagher, "Mobilizing the Law in China: 'Informed Disenchantment' and the Development of Legal Consciousness," *Law and Society Review*, Vol. 40, No. 4 (December 2006), pp. 783~816.

66 Young Nam Cho, "Implementation of Anticorruption Policies in Reform-Era China: The Case of the 1993~97 'Anticorruption Struggle'," *Issues & Studies*, Vol. 37, No. 1 (January/February 2001), pp. 49~72.

한다.[67] 이와 비슷하게 하웰(Jude Howell)도 중국 전역에 걸쳐 공산당의 부패로 인해 발생하는 거버넌스 결핍(governance deficit) 문제가 심각하다고 주장한다.[68] 이처럼 지방정부의 불법 및 탈법이 일상화된 상황에서 법률 보급 운동은 국민에게 일방적으로 법률준수만을 강요하는 정책으로 변질되고, 이에 대해 국민은 거부감을 보일 가능성이 높다.

이는 실제로 농촌 지역에서 법률 보급 운동이 제대로 추진되지 않은 중요한 하나의 원인이 되고 있다. 우연히 접하게 되면서 알게 된 법률 내용(규정)과 실제 생활에서 접하는 현실이 크게 괴리될 뿐만 아니라, 그나마 알고 있는 법률도 전반적으로 불공정하게 적용 혹은 집행되기 때문에 정부와 법률제도 전체에 대한 농민의 신뢰는 크게 저하된다. 이런 이유로 농민들은 법률학습을 그렇게 중시하지 않는 현상이 나타난다.[69]

같은 이유에서, 농촌 간부와 촌민 간에 긴장관계가 존재하는 지역에서는 법률 보급 운동이 제대로 추진되지 않는 현상이 보편적으로 나타나고 있다. 농촌 간부는 주택용지의 분배, 가족계획의 집행 등에서 국가의 법률을 무시하고 자의적으로 권력을 행사하여 농민의 불신을 산다. 일부 농촌 간부는 농민의 부담금 납부를 독촉하는 과정에서 혹은 농민에게 불리한 정부 정책을 집행하는 과정에서 법률 규정을 무시하고 폭력적인 방법을 사용한다. 그 결과 농촌 간부와 농민 간에는 깊은 불신이 형성되고, 이런 상황에서 농민들은 정부에서 실시하는 법률교육을 농민의 복종을 이끌어내기 위한 '농민 의무 강조 교육'으로 인식하고 이를 거부하는 경

67 Minxin Pei, *China's Trapped Transition: The Limits of Developmental Autocracy* (Cambridge, M. A.: Harvard University Press, 2006).

68 Jude Howell, "Governance Matters: Key Challenges and Emerging Tendencies," Jude Howell (ed.), *Governance in China* (Lanham: Rowman & Littlefield Publishers, 2004), pp. 1~18.

69 王旭東・韓瑞華・呂如亮, 「當前農村普法的困惑與對策: 廣東省農村普法工作的調查」, 『中國司法』 1999年 10期, pp. 12~13.

향이 있다.[70]

(2) 국가 주도와 민간 배제의 문제

대중운동의 성격을 띠고 있는 법률 보급 운동은 공산당 중앙과 국무원이 계획과 집행 모두에서 주도권을 쥐고 전개해 왔다. 지방의 경우에도 법률 보급 운동의 추진 주체는 공산당과 정부이며, 여기에 국유기업, 각종 사업단위(예를 들어, 병원, 연구소, 학교 등), 노동조합・부녀연합회・공청단 등 다양한 사회단체가 참여하고 있다. 이처럼 법률 보급 운동은 국가 주도의 '위에서부터 아래로의 운동'이다.[71]

중국과 같은 봉건적 전통이 강하고 여기에 사회주의적 법 허무주의(法虛無主義, law nihilism)가 수십 년 동안 팽배했던 국가에서는 국가가 주도하여 '위에서부터 아래로' 법률 보급 운동을 전개하는 것이 타당할 수 있다. 그런데 문제는 '국가', 즉 공산당과 국가기관, 그리고 이를 운영하는 당정간부가 법률 보급 운동을 추진하는 주체이면서 동시에 법률 보급을 통해 개조되어야 하는 핵심 대상이라는 점이다. 이는 중국에서 의법 업무처리(依法辦事)나 의법치리(依法治理: 법률에 의거한 관리), 혹은 의법치국 방침을 제대로 따르지 않고, 각종 탈법 및 위법 행위를 저지르면서 법률 제도에 대한 국민의 신뢰를 저하시키는 주된 세력이 바로 당정기관과 당정간부이기 때문이다.

따라서 국가가 법률 보급 운동의 한 주체가 되어야 하는 것은 분명한 사실이지만, 이와 함께 국가를 감독하고 독려할 뿐만 아니라, 국가 방식

---

70 福建省 司法廳法制宣傳処,「依法治村存在的問題與對策」,『中國司法』2002年 7期, pp. 35~36.

71 蔣立山,『法律現代化』, p. 257; 張明新,「對當代中國普法活動的反思」, pp. 30~36; 宋曉,「普法的悖論」, pp. 25~33.

과는 다른 독자적인 방식과 내용으로 법률 보급 운동을 전개하는 다른 세력이 필요하다. 현재 중국에서 이를 담당할 수 있는 주체는 지식인 집단과 자율적인 사회단체뿐이다. 다시 말해, 서서히 형성되고 있는 소위 시민사회(civil society)가 국가와 함께 법률 보급 운동의 중요한 하나의 주체가 되어 활동해야 한다는 것이다.

지난 경험에 의하면, 국민의 법률의식과 법률행위에 영향을 주는 법률 보급 방식은 공산당과 정부가 주도하는 운동 이외에도 다른 다양한 방식이 있고, 실제로 그런 방식이 더욱 효과적인 경우가 많다. 예를 들어, 중요 사건에 대한 법원 소송을 둘러싸고 언론 보도를 통해 여론이 집중되고, 그 과정에서 법률의 학습과 선전이 광범위하게 이루어지는 경우가 있다. 이는 대개 사회단체나 권익수호 변호사가 이런 문제를 가지고 법원에 소송을 제기하면서 발생한다. 예를 들어, 2002~2003년 중국 전역에서 진행된 40여 건의 B형 간염 보균자의 소송사건이 있다. 당시에 B형 감염 보균자라는 이유만으로 취업이 거부된 수십 명의 사람들이 법원에 집단적으로 소송을 제기했고, 언론이 이를 대대적으로 보도하면서 사회적 관심사가 되었다. 이 사건을 통해 국민들은 헌법이 보장하는 국민의 기본권이 무엇이고, 이것이 침해되었을 때 어떻게 대응해야 하는가를 알게 되었다.[72]

2003년에 발생한 '순즈강(孫志剛) 사건'도 국민의 법률의식 제고에 크게 기여한 사례이다. 농민공(農民工) 신분이었던 디자이너 순즈강은 임시거주증(暫住證)을 지참하지 않았다는 이유로 유랑인 구치소에 불법 구금된 후 심한 구타로 사망했다. 이 사건을 계기로 일부 변호사와 사회단체가 국민의 기본권과 인권문제를 적극 제기하면서 관련 행정법규의 폐지

72 Thomas E. Kellogg, "The Constitution in the Courtroom: Constitutional Development and Civil Litigation in China," Woo and Gallagher, *Chinese Justice*, pp. 340~379.

를 주장했다. 이처럼 순즈강 사건을 통해 헌법에 보장된 국민의 기본권에 대한 사회적 인식과 지지가 크게 제고되었고, 이것이 바탕이 되어 정부의 잘못된 관련 행정법규가 결국 폐지되었다.[73]

그런데 문제는 국가가 이런 공공지식인이나 사회단체의 법률 활동을 심하게 통제한다는 사실이다. 인권 변호사에 대한 정부의 탄압은 대표적인 사례이다. 예를 들어, 2008년 쓰촨성(四川省) 원촨(汶川) 대지진에서 아이를 잃은 부모들을 대신해서 소송을 준비하던 변호사, 2009년 독성 유아분유 사건을 맡아 집단소송을 추진하던 변호사, 그 밖에 강제 철거 피해자의 집단소송을 맡았던 변호사들이 정부의 다양한 탄압으로 변호 활동을 중단해야만 했다. 정부의 중단 압력에 굴복하지 않은 일부 변호사나 변호사 사무소는 면허가 취소되어 공식적인 변호 활동을 할 수 없는 일이 발생하기도 했다.[74]

같은 맥락에서 국가는 법률구조 활동을 활발히 전개하는 사회단체를 탄압하기도 한다. 예를 들어, 2010년 3월 25일에 국무원 교육부가 베이징대학(北京大學) 법학원(法學院)에 설치되어 있는 '여성법률연구서비스센터'(婦女法律硏究與服務中心)를 다른 3개의 학내 연구소와 함께 등록을 취소한 사건이 발생했다. 이 센터는 1995년 12월에 베이징대학 출신의 변호사인 궈젠메이(郭建梅)가 수립한 중국의 제1호 법률구조 시민단체로서, 2010년 현재 11명의 전임 변호사와 수십 명의 겸직 변호사, 5명의 전임 직원이 있는 '중국 제1의 NGO'로 알려져 왔다. 특히 이 센터는 2000년에 전국적으로 28개 성(省)의 변호사 100여 명이 참여하는 '중국 법률구조 협력네트워크'(中國法律援助協作網)를 성공적으로 구축하면서 전국 시민

73 조영남, 『후진타오 시대의 중국정치』(서울: 나남, 2006), pp. 66~67.

74 Amnesty International, *Against the Law: Crackdown on China's Human Rights Lawyers Deepens* (June 2011).

단체의 법률구조 활동을 주도해 왔다.

그런데 이런 여성법률연구서비스센터가 갑자기 등록 취소된 이유는 크게 두 가지였다. 첫째, 외국 비영리기구의 자금 지원을 받았다는 점이다. 둘째, 전국적으로 공익적인 법률 서비스 네트워크를 구축하며 사회적으로 매우 민감하고 중요한 소송사건을 맡아 활동했다는 점이다. 한마디로, 그냥 놓아두면 '정치적 위험'(政治風險)이 크다는 것이 이 센터가 등록 취소된 이유였다.[75] 이처럼 사회적 약자를 위해 법률 활동을 적극적으로 전개하는 시민단체를 국가가 탄압하는 관행이 지속되는 한, 법률 보급 운동은 여전히 국가가 주도하는 제한적인 활동으로 남게 될 것이다.

(3) 지도기구와 실무조직의 문제

법률 보급 운동은 공산당과 국가기구가 일상적으로 수행하는 업무가 아니기 때문에, 이를 추진하기 위해서는 중앙과 지방 모두에 임시의 특별 조직을 구성해야만 한다. 그래서 중앙에는 전국보법판공실, 지방에는 '보법 영도소조'(普法領導小組)와 '영도소조 판공실'이 구성되었다. 단, 앞에서 살펴보았듯이, 영도소조의 명칭과 책임자 직급은 지역마다 조금씩 다르다. 또한 보법 영도소조와 '의법치국 영도소조'(依法治國領導小組)를 통합 운영하는 지역이 있는 반면, 양자를 별도로 운영하는 지역이 있는 등 전국적으로 통일된 기구편제는 없다.

일반적으로 보법 영도소조의 운영 방식은 의법치국 영도소조의 운영 방식과 크게 다르지 않다. 광둥성(廣東省)과 선전시(深圳市)의 의법치성(시) 영도소조를 사례로 보면, 영도소조 전체회의는 매년 1회 개최된다. 이때

75 「北大法學院婦女法律研究與服務中心沒了」, http://blog.sina.com.cn/s/blog_48a36c9c100iowi.html (검색일: 2011. 8. 23).

에는 최고책임자를 비롯한 구성원 전체가 참여하여 지난 사업을 평가하고 영도소조 판공실이 준비한 사업 계획을 승인한다. 전체회의 후에는 '업무요점(工作要點)'을 작성하여 공산당과 관련 국가기관에 배포한다. 또한 필요할 때 수시로 회의를 개최하여 업무 추진 상황(특히 중점사항)을 점검하고 평가한다. 영도소조 판공실은 영도소조를 보조하여 관련 기관 간의 업무를 조절하고, 업무 추진을 점검 및 감독하는 역할을 담당한다.[76]

그런데 보법 영도소조 및 판공실과 관련하여 몇 가지 문제가 있고, 이로 인해 법률 보급 운동이 제대로 추진되지 못하는 문제가 발생한다. 먼저, 중앙과 지방의 보법 영도소조의 '격'(格)이 맞지 않는다. 앞에서 보았듯이, 전국의 법률 보급 운동을 총지휘할 기구로 1991년에 전국보법판공실이 설치되고, 국무원 사법부 부장이 주임, 공산당 중앙 선전부 부부장, 사법부 부부장 등이 부주임을 맡는다. 그런데 '판공실'이라는 명칭에서 알 수 있듯이, 전국보법판공실은 '영도기구'가 아니라 '실무기구'이다. 이에 비해 각 지방에는 보법 영도소조[다른 명칭으로는 '보법·의법치리(依法治理) 영도소조', '법제 선전·교육 영도소조' 등]가 구성되고 대개 당위원회 부서기급 고위간부가 조장을 맡는다.

이처럼 법률 보급 운동을 지도하는 기구의 격을 놓고 보면, 중앙이 지방보다 낮은 현상이 발생한다. 이 때문에 법률 보급 운동이 별로 중요하지 않은 국가정책이라는 인식이 생겨나게 된다. 이런 문제점을 보완하기 위해 전국인민대표대회 상무위원회는 5년에 한 번씩 새로 시작되는 법률 보급 운동에 법적 강제력을 부여하기 위해 관련 '결의'(決議)를 제정

76 中共岳陽市委, 「切實加強普法機構建設. 為實施依法治市戰略提供組織保障」, 司法部, 『依法治國的生動實踐』(下), pp. 2005~2008; 광둥성 정부 고위 공직자와의 인터뷰: 2006년 2월 22일과 2009년 8월 11일, 광저우시; 선전시 정부 및 의회 고위 공직자와의 인터뷰: 2006년 2월 17일과 2009년 8월 12일, 선전시.

한다. 결의가 통과되면 법률 보급 운동의 '계획'은 정부 한 부서의 정책에서 전체 국가의 정책으로 승격되기 때문이다. 그러나 이런 조치가 지도기구의 문제를 해결할 수는 없다.

지방의 보법 영도소조도 형식적인 위상과 실제 위상이 서로 달라 업무 추진에 어려움을 겪는 경우가 많다. 저장성(浙江省) 법률 보급 운동에 대한 조사 보고에 의하면, '저장성 보법교육 영도소조'는 당위원회 부서기가 조장을 맡고 있지만 실제 업무는 보법판공실이 주도하고 있다. 그런데 보법판공실의 업무는 성 정부 사법청(司法廳)의 일개 부서인 '법률선전처'(法律宣傳處)가 주도하고 있다. 또한 보법판공실이 지위가 낮아 당정기관의 관련 부서 책임자가 성원으로 참여하는 영도소조의 회의를 소집하는 것도 쉽지 않다. 즉, "조랑말이 큰 마차를 끄는 격"(小馬拉大車)이라는 것이다. 마지막으로 법률 보급 운동을 실제로 책임지고 있는 법률선전처는 서너 명의 직원밖에 없어 과도한 업무량에 시달리고 있다.[77] 이는 다른 지역에서도 보편적으로 나타나는 현상이다.[78]

게다가 보법 영도소조와 판공실이 법률 규정에는 없는 임시기구이기 때문에 문제가 있다. 즉, 이들 기구는 일상적인 국가 업무를 수행하는 '법정기구'가 아니라 특정 과제(임무)를 수행하는 '임시기구'에 불과하기 때문에 권위가 부족하고, 인원이 자주 변동되면서 업무의 연속성과 안정성이 보장되지 않는다. 뿐만 아니라 임시기구이기 때문에 인원 배정에서도 항상 후순위로 밀려 최소한의 인원만이 할당되는 일이 발생한다. 예를 들어, 인구가 40~100만이 되는 현(縣)이나 구(區)에 1명의 인원이 법률 보급 운동의 업무를 전담한다. 그것도 전임(專任)이 아니라 겸직(兼職)인 경

77 中國法治與社會發展國情調研組,「浙江省普法教育依法治理20年」, 中國社會科學院法學研究所 編,『中國法治發展報告』(No. 5, 2007) (北京: 社會科學文獻出版社, 2007), p. 235.

78 李言靜,「關於海南省法制宣傳教育工作的調研和思考」,『中國司法』2009年 3期, pp. 33~35.

우가 많다. 이 때문에 법률 보급 운동의 전개 과정에서는 전국적으로 실무 인원이 부족하다는 문제가 항상 제기된다. 예를 들어, 경제가 발전한 상하이시에서도 대부분의 구(區)에 1인의 겸직직원이 법률 보급 운동의 업무를 담당한다.[79]

농촌 지역에서는 이런 문제가 더욱 심각하다. 농촌 기층정부인 향(鄕)·진(鎭)(한국의 면 단위에 해당)에는 정부의 공식 법률기구로서 '사법소'(司法所)가 공안파출소(公安派出所), 인민법정(人民法庭: 인민법원의 파출기관), 검찰실(檢察室: 인민검찰원의 파출기관)과 함께 설치되어 있다. 그리고 각 사법소에는 사법보조원(司法助理員)이 배치되어 있다.[80] 사법소는 1994년 13,800개에서 2004년 41,000개로 증가하여, 전국 향진의 91%에 설치되어 있다. 사법보조원은 1994년 11,077명에서 2004년 96,000명으로 증가하여, 각 사법소 당 평균 2.34명이 근무하고 있다. 이들의 학력을 보면, 전체 인원 중에서 전문대졸(大專) 이상 학력자는 1994년 28%에서 2004년 65%로 늘었다.[81]

일반적으로 사법소는 주민 민사분규의 조정(調解)과 해결, 법집행과 의법치리(依法治理)의 감독, 출소자 및 노동교육 복역자의 배치와 지원, 사회

---

79 劉道龍,「新形勢下加強普法依法治理工作的思考與建議」,『中國司法』2009年 2期, pp. 19~22; 陸秀好,「加強法制宣傳幹部隊伍建設, 夯實普法依法治理基礎」,『中國司法』2003年 2期, pp. 37~38; 劉有平·楊順傑,「工業大區的普法之路」,『中國司法』2003年 4期, pp. 26~27; 浙江省 慶元縣 人大法制工作委員會,「關於我縣五五普法工作情況的調研報告」(2008. 8), http://www.qyrd.gov.cn (검색일: 2011. 1. 21); 河北省 張家口市 人大常委會 五五普法專項工作評議小組,「關於全市五五普法專項工作評議調研報告」(2010. 12), http://zjk.mzfz.gov.cn (검색일: 2011. 1. 21); 山西省 呂梁市 離石區 人大常委會法制工作委員會,「關於我區五五普法工作情況的調查報告」(2008. 12), http://111srd.gov.cn (검색일: 2011. 1. 21).

80 기층 사법기구에 대해서는 Fu Yulin, "Dispute Resolution and China's Grassroots Legal Service," Woo and Gallagher, *Chinese Justice*, pp. 314~339; Sida Liu, "Laywers, State Officials and Significant Others: Symbiotic Exchange in the Chinese Legal Services Market," *China Quarterly* 206 (June 2011), pp. 276~293 참조.

81 朱景文,『中國法律發展報告』, pp. 499~505.

치안의 유지 등 다양한 정법(政法) 업무를 담당한다. 농촌 지역의 법률 보급도 이들의 담당 업무 중의 하나이다. 이처럼 많은 업무를 평균 2.3명의 인원이 담당하다 보니 법률 보급 업무는 사실상 제대로 수행할 수 없다.

더 큰 문제는 이런 정부기구인 사법소가 유료 법률 서비스 제공 기관인 '법률서비스소'(法律服務所)와 함께 운영되는 경우가 많다는 점이다. 소위 '같은 인원 다른 문패'(一個班子 兩塊牌子) 체제인 것이다. 법률서비스소는 독립채산제로 운영되고 많은 경우 사업을 통해 사법소의 경비를 충당해야 한다. 이 때문에 그나마 법률 전문성이 있는 사법소의 직원은 영리 사업에만 전념하는 경우가 많다. 결국 법률 보급 운동은 사실상 방치되는 것이다.[82]

(4) 기층간부의 추진 동기 부족과 농촌 지역의 문제

앞에서 몇 차례 강조했듯이, 법률 보급 운동은 지역별로 커다란 편차를 보이면서 전개되고 있다. 즉, 어떤 지역은 운동이 매우 잘 되는 반면, 어떤 지역은 그렇지 않다는 것이다. 이는 성급(省級) 행정단위 간에도 발생하며, 같은 성급 행정단위 내에서도 발생한다. 특히 문제가 되는 것은 도농격차, 즉 농촌 지역에서 법률 보급 운동이 제대로 전개되지 않는다는 점이다. 그 결과 농민과 도시민 간에는 법률지식, 법률의식, 법률행위 등 법률소질 면에서 큰 차이가 난다. 이는 앞에서 살펴본 각종 설문조사에서 확인되는 사실이다.

농촌 지역에서 법률 보급 운동이 제대로 추진되지 않는 것은 여러 가지 이유 때문이다. 그런데 이런 이유 중에서도 가장 중요한 것은, 법률

---

82 閻正生・賈利民・李兵,「農村普法工作仍需鞏固發展: 關於對囊城縣農村普法工作的調查報告」,『中國司法』2001年 4期, p. 28.

보급 운동이 기층간부의 이익과 충돌하여 기층간부들이 이를 제대로 추진하지 않는다는 점이다. 우선 법률 보급 운동을 통해 법률지식이 확대되고 법률의식이 제고되면서, 농민들이 기층간부의 각종 탈법 및 불법 행위에 문제를 제기하고 불만을 표출하는 사례가 늘고 있다. 온갖 수단과 방법을 동원해 상급 정부가 하달한 임무를 수행해야 하는 기층간부, 동시에 정부 정책의 수행 과정에서 다양한 사리사욕을 충족하기를 원하는 기층간부의 입장에서 보면, 이런 상황이 결코 유리하지 않다.

또한 제2차(1991~1995년) 법률 보급 운동 시기부터 핵심 목표가 된 의법치리의 확대도 마찬가지이다. 즉, 의법치리의 확대는 기층간부의 권한과 재량을 제약하기 때문에 기층간부가 이를 적극적으로 추진할 이유가 없다는 것이다. 이처럼 기층간부가 법률 보급 운동을 적극적으로 추진할 동기는 없고, 오히려 이를 반대할 동기만 많다. 이 때문에 이들은 법률 보급 운동을 잘해야 형식적으로만 추진하고, 심할 경우에는 각종 물리력을 동원하여 이를 막는 경향이 있다.

이런 상황은 농촌 지역의 법률 보급 운동을 조사한 중국 정부나 중국 학자들의 보고서에서 확인되고 있다. 예를 들어, 푸젠성(福建省) 농촌 지역에 대한 정부 조사 보고서에 의하면, 일부 간부들은 법률 보급과 의법치리를 너무 열심히 전개하면 군중의 법률지식이 많아지고, 그렇게 되면 이들을 관리하기 어렵고 무엇을 하려고 해도 할 수 없으며, 결국 간부 수중(手中)의 권력이 크게 약화될 것을 걱정하는 소극적인 저항심리를 갖고 있다. 이 때문에 기층간부들은 법률 보급 운동을 전개하지 않으려는 경향이 있고, 상부에서 실시를 독촉하면 형식적으로만 대응하는 경우가 많다.[83]

이와 비슷하게 허난성(河南省) 농촌 지역의 법률 보급 운동의 실시 상

83 福建省, 「依法治村存在的問題與對策」, pp. 35~36.

황을 조사한 다른 보고서에 의하면, 일부 향·진의 고위간부들은 농민이 국가 법률을 많이 알면 관리하기 어려워질 것을 두려워한다. 그래서 이들의 법률 보급 운동에서는 징계·몰수·배상 등 법률의 제재 기능만 주로 선전하고 농민의 권익 보호나 보장은 적게 선전하는 현상이 나타난다. 또한 농촌 간부들은 경제성장이 반드시 달성해야 하는 '강성'(硬) 임무인 반면, 법률 보급은 해도 좋고 하지 않아도 좋은 '연성'(軟) 임무로 생각하여 법률 보급 운동을 그렇게 중시하지 않는다. 심지어 일부 간부들은 법률을 강조할 경우 활동에 제약이 많아지고 그렇게 되면 경제성장에 해악이 될 수 있다고 판단하는 경향이 있다.[84]

후난성(湖南省) 농촌 지역의 법률 보급 운동에 대한 조사 보고서도 이와 유사하다. 즉, 기층간부들은 "농민이 법을 배우면 업무가 제대로 되지 않고 간부가 주인노릇하기 어렵다"(農民學了法 工作更難抓 幹部難當家)고 생각한다는 것이다. 여기에 경비와 인원이 부족하고, 법적 강제력이 약하며, 평가체제가 미비한 상황에서 법률 보급 운동을 충실하게 집행할 기층간부는 거의 없다. 일부 농촌 간부는 법률 보급 운동을 추진했다는 확실한 근거가 바로 법률 보급용 학습교재를 농민에게 많이 판매하는 것이라고 생각해서 이를 농민에게 강매함으로써 농민 부담을 가중시켜 농민의 원성을 사는 일도 있다. 결국 농촌에서 법률 보급 운동은 "천둥소리는 크지만 비는 거의 오지 않는"(上面雷聲大 下面雨點少) 국가정책으로 전락하는 상황이 발생한다는 것이다.[85]

이런 사실은 다양한 설문조사 결과에서도 확인된다. 앞의 〈표 6-6〉에

84 河南省 依法治省辦公室,「農村普法工作現狀及對策思考: 關於河南省農村普法工作的調查」,『中國司法』 2002年 2期, pp. 24~25; 閻正生·賈利民·李兵,「農村普法工作仍需鞏固發展」, p. 28.

85 陳壯志·肖忠華,「新形勢下農村法制宣傳教育工作的現狀問題及對策」,『中國司法』 2008年 8期, pp. 77~79.

보았듯이, 윈난성의 일부 농촌 지역에서는 법률 보급 운동이 실시된 지 18년이 지난 2003년에 법률 보급 운동에 대해 들어보지도 못했다는 응답자가 25%나 되었고, 들어보았지만 법률교육을 받지는 못했다는 응답자가 70%였다. 결국 전체 응답자의 95%가 법률교육을 받지 못했다. 농촌 지역의 대중저항을 연구한 많은 기존 연구도 농촌 간부들이 법률 보급을 적극적으로 막고 있다는 사실을 지적한다.[86] 예를 들어, 오브라이언과 리의 1997~1998년 설문조사(8개 성의 9,843명 대상)에 의하면, 1988년에 제정된 〈촌민위원회 조직법(임시)〉이 있다는 사실을 알고 있는 농민은 28%에 불과했고, 70%는 모른다고 응답했다.[87]

4. 소결

대부분의 국가정책이 그렇듯이, 지난 20여 년 동안 추진된 법률 보급 운동도 성과와 문제를 동시에 갖고 있다. 이 두 가지 중에서 중국 정부나 중국학자들은 전반적으로 성과를 강조하는 경향이 있다. 즉 법률 보급 운동은 추진 과정에서 여러 가지 문제가 있었지만, 중국처럼 법치의 전통이 미약하고 급격한 사회・경제적 변화를 겪고 있는 사회에서는 국가 주도의 법률 보급이 매우 적절하고 필요하다는 것이다.

중국 내의 평가처럼 법률 보급 운동이 적지 않은 성과를 거둔 것은

86 O'Brien and Li, *Rightful Resistance in Rural China*, pp. 11~12; Li and O'Brien, "Protest Leadership in Rural China," pp. 1~23; Thomas P. Bernstein and Xiaobo Lü, *Taxation without Representation in Contemporary China* (New York: Cambridge University Press, 2003), pp. 116~165; Tang, "When Peasants Sue En Masse," pp. 24~49.

87 O'Brien and Li, "Suing the Local State," pp. 31~34.

사실이다. 우선, 이 운동 때문에 국민의 법률지식이 증가하고 법률의식 또한 제고되었다. 이는 베이징, 상하이, 광둥성의 선전과 같은 연해 지역의 대도시에서 분명하게 나타났다. 또한, 법률 보급 운동 이후 국민의 법률행위도 크게 증가했다. 1990년대에 들어 법원 소송과 중재가 크게 증가한 사실은 이를 잘 보여준다. 이는 제1차 법률 보급 운동이 시작되면서 중국 정부가 내걸었던 '법률 무기의 사용' 구호가 실제로 어느 정도 실천되고 있음을 의미한다.

법률행위의 증가는 동시에 무상 법률 서비스의 제공 등 법률구조(救助)체제의 확대를 불러왔다. 제2차 법률 보급 운동을 추진하면서 중국 정부는 법률구조체제의 수립을 중요한 정책으로 추진했고, 이런 정책에 의해 전국적으로 다양한 종류의 법률구조 기구가 수립되었다. 이런 점에서 법률 보급 운동은 법률구조체제의 수립과 확산에도 큰 기여를 했다고 평가할 수 있다. 마지막으로 법률 보급 운동은 공산당이 1997년 제15차 당대회에서 의법치국을 국가통치 방침으로 공식 결정하는 데 크게 기여했다. 이 운동을 통해 의법치국 방침의 구체적인 세부 내용이 확정될 수 있었고, 영도간부의 법제의식이 제고되면서 정책 집행의 주체도 어느 정도 형성될 수 있었던 것이다.

그러나 법률 보급 운동은 몇 가지 문제를 보여주었다. 법률 보급만으로는 국민의 준법행위를 유도할 수 없다는 것은 이론적인 차원의 문제이다. 특히 법원제도의 문제 때문에 사법정의가 제대로 실현되지 않는 상황과 당정간부의 부정부패가 만연한 상황에서 국민은 법률제도를 신뢰하지 않는 경향이 있다. 이런 분위기에서는 법률 보급 운동이 기대했던 효과를 거둘 수 없다. 이것이 농촌 지역에서 운동이 제대로 추진되지 않는 이유 중의 하나이다. 다시 말해, 국민의 준법행위를 유도하기 위해서는 정치개혁과 사법개혁이 함께 추진되어야 한다.

더욱 심각한 문제는 법률 보급 운동이 민간을 배제한 상태에서 국가 주도로 추진된다는 점이다. 인권 변호사나 권익수호 변호사에 대한 중국 정부의 탄압, 주요 법률 관련 사회단체의 설립 취소 등은 이를 잘 보여준다. 또한, 법률 보급 운동은 지도기구와 실무조직의 문제로 인해 농촌 지역에서 제대로 추진되지 않는다. 마지막으로, 운동이 기층간부들의 기득권을 침해함으로써 농촌 지역에서 제대로 추진되지 않는 문제가 있다. 이는 단기간 내에 극복할 수 없는 구조적인 문제이다. 이 때문에 농촌 지역에서는 법률 보급 운동이 제대로 추진되지 않을 가능성이 높다.

제7장

결론:
요약 · 전망 · 함의

1. 연구 요약

2. 전망과 함의

지금까지 법률 보급 운동의 계획, 추진 배경, 전개 과정과 내용, 성과와 한계를 상세하게 살펴보았다. 여기서는 먼저 이상의 연구결과를 간략하게 정리할 것이다. 또한 향후 법률 보급 운동이 어떻게 전개될지를 전망할 것이다. 마지막으로 법률 보급 운동이 중국의 정치개혁 혹은 정치변화와 관련하여 어떤 함의를 갖는가를 검토할 것이다.

1. 연구 요약

법률 보급 운동은 우선 국가가 주도하여 법률제도(法制)를 장기적으로 광범위하고 체계적으로 교육 및 선전함으로써 당정간부와 일반 국민의 법률지식을 확대하고 법률의식(예를 들어, 준법정신)을 제고하려는 '법제 보급 및 실천' 운동이다. 또한 법률 보급 운동은 당정간부와 국민의 다양한 법률 실천 활동을 통해 전 사회적이고 전 국가적으로 의법치리(依法治理: 법률에 의거한 관리)와 의법치국(依法治國: 법률에 의거한 국가통치)을 실현하여, 궁극적으로는 공산당의 일당통치를 지속하려는 '통치 방식의 법제화' 운동이다. 이런 점에서 보면, 법률 보급 운동은 단순히 법률지식의 보급을 위한 '계몽운동'이 아니며, 이보다는 통치 방식의 제도화를 통해 정치・사회적 안정을 이룩하고, 이를 기반으로 공산당 통치의 정당성(legitimacy)을 제고하려는 '정치적 대중운동'이라고 평가할 수 있다.

법률 보급 운동은 크게 두 가지 배경 혹은 이유에서 추진되었다. 첫째, 법률제도의 수립을 위해 법률지식의 보급과 실천이 필요했다. 이는 문화대혁명(문혁)이 초래한 정치적 혼란을 수습하고 정치제도를 안정적으로 운영하기 위한 조치였다. 이런 의도는 1990년대 들어 사회관리 및 국가통치 방식의 전환을 위한 의법치리와 의법치국 방침의 추진으로 연결된다. 둘째, 문혁 이후 기층단위에서 심각했던 사회치안의 악화와 사회관리체제의 붕괴에 대응해야만 했다. 여기에는 기층간부의 부정부패 등 일탈행위를 통제하고 국민의 권익을 보호하려는 의도도 포함된다. '법률 무기를 사용하라!'는 구호는 이를 표현한 것이다. 이는 1990년대 이후 기존 제도 내에서 불만을 표출하고 분규의 해결을 유도하려는 정책으로 연결된다. 이런 점에서 '법률 무기의 사용' 명제는 국민의 권익보호와 함께 불만 표출 및 해결의 법제화를 촉진하기 위한 것이다.

법률 보급 운동은 1980년대에는 당정간부와 일반 국민의 법률지식 확대와 법률의식의 제고가 주된 내용이고 목표였다. 1990년대에는 국민의 법률소질 제고와 의법치리 및 의법치국의 실현을 위한 기초 제공으로 법률 보급 운동의 내용과 목표가 변화되었다. 이 운동은 원칙적으로 문맹이 아닌 전체 국민을 대상으로 하지만, 실제로는 '영도간부'(領導幹部), 청소년, 법집행(執法) 공직자, 국유기업 관리자, 농민이 차례로 중점 교육대상으로 선정되었다. 이 중에서 핵심 교육대상은 영도간부이다. 이런 면에서, 법률 보급 운동은 무엇보다 고위 당정간부의 법률의식 제고와 이들의 의법치리 및 의법치국의 실현을 추동하기 위해 추진된 정책이라고 평가할 수 있다.

법률 보급 운동은 '점진적 · 융통성 있는 추진'의 원칙에 입각하여 전개되었다. 이는 어떤 특정 모델을 전국에 걸쳐 획일적으로 적용하는 것이 아니라, 각 지역 및 교육대상의 조건과 특성을 고려하여 운동의 세부 정책과 방식을 마련하고 집행하는 것을 의미한다. 이에 따라 법률 보급 운동을 지도하는 조직의 구성과 운영, 운동의 추진 속도와 폭, 세부 추진 내용의 결정과 집행 등에서 커다란 지역 편차가 발생했다. 이 중에서 특히 심각한 문제는 농촌 지역에서 법률 보급 운동이 제대로 추진되지 않았다는 점이다. 중국 당국도 이 문제를 잘 인식하고 있다. 그래서 제5차(2006~2010년) 법률 보급 운동에서는 농민이 중점 교육대상에 선정되었고, 동시에 농촌 각지에 법률을 보급하는 '법률의 농촌 진출'(法律進鄉村) 정책을 추진하기 시작했다.

법률 보급 운동은 몇 가지 성과를 거두었다. 먼저, 국민의 법률지식이 확대되고 법률의식이 제고되었다. 이를 배경으로 법률수단을 통해 합법적인 권익을 수호하고 국가기관과 당정간부의 일탈행위에 맞서는 국민의 법률행위가 증가했다. 법원 소송과 중재의 증가, 노동자·농민의 대중저항 증가, 지식인집단과 사회단체의 법률 활동의 증가는 이를 보여준다. 이와 함께 국민의 법률행위를 지원할 법률구조체제도 갖추어졌다. 이는 경제발전과 함께 법제발전도 국가가 주도하고 있다는 사실을 보여준다.

또한 법률 보급 운동은 1997년 제15차 당대회에서 공산당이 의법치국과 사회주의 법치국가 건설을 새로운 국가통치 방침이며 동시에 정치개혁 방침으로 결정하는 데 중요한 역할을 담당했다. 만약 1980년대 중반부터 1990년대 중반까지 10여 년에 걸쳐 전국적으로 실시된 의법치리의 경험이 없었다면 공산당은 의법치국을 새로운 국가통치 방침으로 결정할 수 없었을 것이다.

이와 함께 법률 보급 운동은 몇 가지 문제를 안고 있다. 먼저, 법률지식의 보급만으로는 국민의 준법정신과 준법행위를 유도할 수 없고, 의법치리와 의법치국도 실현할 수 없다. 이를 위해서는 공정한 사법제도의 수립을 통한 국민의 법제 신뢰 제고, 당정기관과 간부의 부패 해소와 공정한 법집행체제의 수립 등 법치환경이 조성되어야 한다. 특히 의법치리와 의법치국의 실현을 위해서는 공산당, 정부, 의회, 법원, 사회단체 등 국가와 사회 전체를 대상으로 하는 체계적이고 장기적인 개혁 추진이 필요하다. 여기서 법률 보급 운동은 그런 개혁 중의 하나일 뿐이다.

또한 법률 보급 운동이 공익 변호사나 사회단체 등 민간을 배제한 상태에서, 더 나아가서는 이들의 활동을 억압하면서 국가 주도로 추진되는 것은 큰 문제이다. 이럴 때 법률 보급 운동은 법률을 국가권력의 통제와 국민의 기본권 보장을 위한 '법치(rule of law) 실현의 도구'가 아니라, 국가통치의 확장과 강화를 위한 '법제(rule by law) 실현의 도구'로 전락시키는 결과를 초래할 것이다. 지도기구와 실무기구의 역량 부족, 기층간부의 참여 동기 부족과 감독기제의 미비 등도 기술적인 문제이지만 법률 보급 운동의 효과적인 추진에 큰 걸림돌이 되고 있다.

2. 전망과 함의

향후에도 법률 보급 운동은 지속적으로 추진될 것이다. 현재 및 장래의 중국 상황을 놓고 볼 때, 국가와 사회 모두 법률 보급과 실천이 매우 필요하기 때문이다.

우선 국가 차원에서 보면, 공산당이 1997년 제15차 당대회에서 의법치국과 사회주의 법치국가의 수립 방침을 결정한 이후 법률 보급과 실천은 더욱 중요해졌다. 의법치국은 한마디로 국가통치 방식의 법제화(法制化, legalization)를 위한 종합적인 정치개혁 방침이다. 이 방침의 목적은 공산당이 법률제도의 수립과 집행을 통해 통치구조와 통치과정을 합리화

(合理化, rationalization) 및 규범화(規範化, standardization)하고, 궁극적으로 이를 통해 공산당의 일당통치를 안정적으로 유지하는 것이다.[1] 이를 위해서는 당정간부와 일반 국민의 법률의식 제고와 준법실천이 필수적이다. 이는 바로 법률 보급 운동이 일부 제공할 수 있다.

또한 사회 차원에서 보아도 법률 보급과 운영은 더욱 확대될 것이다. 시장제도의 도입, 사유제의 확대, 경제적 대외개방, 정책 결정 및 집행의 분권화(分權化, decentralization) 등 지난 30여 년의 개혁·개방 정책에 의해 중국 사회는 매우 복잡해지고 전문화되었다. 이와 동시에 전 사회적으로 계층 분화와 이익 다원화도 더욱 확대되었다. 게다가 중국은 세계 정치·경제체제에도 깊숙이 편입되었다. 이에 따라 법률이 개인·조직·사회를 관리하고 조정하는 중요한 수단이자 통로로 등장했다. 법률 소송과 중재의 증가, 노동자·농민의 법률동원의 확대 등 최근에 나타나는 법률 실천의 급증은 이런 사실을 반영한다. 이에 따라 개인과 조직은 법률지식을 습득하고 활용하려 더욱 노력할 것이다. 법률 보급 운동은 사회의 이런 노력에 부응하는 국가정책이다.

다만 향후 법률 보급 운동에는 두 가지 추세가 강화될 것이다. 첫째는 법률 보급 운동의 '일상화'(日常化, routinization)이다. 이는 법률 보급 운동이 '운동'에서 '일상적인 국가정책의 집행'으로 변화된다는 것을 의미한다. 지난 25년의 경험을 통해 법률 보급 운동과 관련된 각종 제도가 정비되었다. 영도간부와 일반 당정간부를 위한 다양한 법률교육 프로그램의 운영과 인사고과 평가체제의 수립, 학생들을 위한 학교 법률교육의 제도화, 농민과 일반 도시민을 위한 언론매체의 법률 선전과 교육의 확대, 기업과 사회단체의 법률교육체제 운영 등 법률 보급 운동은 이제 하나의 일상 정책으로 자리를 잡았다. 이는 제5차(2006~2010년)와 제6차(2011~

1 조영남, 『중국의 법치와 정치개혁』(파주: 창비, 2012).

2015년) 「법률 보급 계획」을 통해 엿볼 수 있다.

둘째는 법률 보급 운동의 '주변화'(周邊化, marginalization)이다. 1986년 제1차 운동이 시작되었을 때에 법률 보급 운동은 '사회주의 법제 완비'라는 공산당 중앙의 방침(1978년 결정)을 추진하는 데 필요한 독립적인 국가정책으로 인식되었었다. 그런데 1997년 제15차 당대회에서 의법치국과 사회주의 법치국가의 수립 방침이 결정되면서, 법률 보급 운동은 의법치국 방침을 추진하기 위한 일부 정책에 포함되었다. 지역마다 약간의 차이는 있지만 의법치국은 다섯 가지 정책을 포함한다. 첫째는 의회의 입법 및 감독 역할의 강화를 위한 의회개혁이다. 둘째는 의법행정(依法行政: 법률에 의거한 행정)을 중심으로 하는 정부개혁이다. 셋째는 사법공정과 사법효율의 제고를 위한 법원개혁이다. 넷째는 국민의 법률의식 제고와 국민 기본권 보장의 강화를 위한 법률 보급 및 법률 서비스의 확대 제공이다. 다섯째는 기층민주의 강화이다.[2] 이처럼 법률 보급 운동은 의법치국 방침의 다섯 가지 세부 정책의 하나로 추진되고 있다.

그렇다면 법률 보급 운동은 중국의 정치개혁 혹은 정치변화와 관련하여 어떤 함의를 갖는가? 먼저, 법률 보급 운동은 그동안 중국이 추구해온 정치개혁의 성격이 무엇이고, 향후 중국은 어떤 정치개혁을 추구할 것인가를 다시 한번 보여준다. 필자는 그동안 중국이 일본, 한국, 대만, 홍콩, 싱가포르, 말레이시아 등 동아시아 국가처럼 권위주의 정치체제를 유지하면서 급속한 경제성장을 추구하기 위해 '정치제도화 우선'(the priority of political institutionalization)의 정치발전 전략을 추구해 왔다고 주장했다.[3] 1980년대에는 분명하지 않았지만, 1992년 제14차 당대회와 1997년

2 조영남, 『중국의 법치와 정치개혁』.

3 조영남, 『21세기 중국이 가는 길』(파주: 나남, 2009), pp. 55~98; 조영남, 「중국 정치 60년: 중국 정치의 평가와 전망」, 중앙일보 중국연구소・현대중국학회, 『공자는 귀신을 말하지 않는다』(서울: 중앙books, 2010), pp. 203~228; Young Nam Cho, *Local People's*

제15차 당대회 이후에는 이런 목표의식이 분명하게 형성되었다. 제14차 당대회의 '사회주의 시장경제론', 제15차 당대회의 의법치국 방침의 확정은 이를 잘 보여준다. 법률 보급 운동은 바로 이와 같은 정치제도화 우선 전략을 모색하는 과정에서 추진된 정책이고, 동시에 이후 이 전략이 확립되는 데 경험적 근거를 제공한 활동이었다. 향후 중국은 정치제도화 우선 전략을 고수할 것이고, 이 속에서 정치민주화(political democratization)의 가능성을 탐색할 것이다.

또한 법률 보급 운동은 중국 정치체제의 상대적 안정성이 어디에서 기인하는가를 설명해준다. 지난 30여 년 동안 중국은 연 10%의 고도 경제성장을 달성하면서 동시에 비교적 성공적으로 사회·정치적 안정을 유지해 왔다. 이는 소련을 비롯한 동구 사회주의 국가가 급변사태 속에서 혼란을 겪고 아직도 그 충격에서 벗어나지 못하는 것과 좋은 대조를 이룬다. 중국이 고도 경제성장과 사회·정치적 안정을 동시에 달성할 수 있었던 중요한 원인 중의 하나가 바로 정치제도화의 추진이었던 것이다. 비록 정치민주화를 추진하지 않아 국민의 정치적 참여 배제나 인권 탄압 등 여러 가지 문제가 있지만, 정치제도화의 정책을 통해 국가체제가 정비되고 운영이 제도화되는 성과를 거둔 것은 사실이다. 이런 정치적 기반이 고도의 경제성장과 사회·정치적 안정의 유지를 동시에 달성할 수 있게 하였던 것이다.

그러나 향후에도 법률 보급 운동과 같은 정치제도화만으로 중국이 산적한 정치적 문제를 해결할 수 있는 것은 아니다. 지금까지 정치제도화는 고도의 경제성장과 사회·정치적 안정의 달성에 큰 기여를 한 것이 사실

Congresses in China: Development and Transition (New York: Cambridge University Press, 2009), pp. 163~172; Young Nam Cho, "Democracy with Chinese Characteristics? A Critical Review from a Developmental State Perspective," *Issues & Studies*, Vol. 45, No. 4 (December 2009), pp. 71~106.

이지만, 이와 함께 두 가지 문제를 여전히 해결하지 못하고 있기 때문이다. 따라서 향후 중국의 정치개혁은 정치제도화와 함께 정치민주화의 내용을 포함해야 한다.

첫째는 '당정결합'(黨政不分)에 의한 권력집중의 문제이다. 1987년 제13차 당대회에서 정치개혁의 핵심 내용으로 결정된 '당정분리'(黨政分開)는 이를 해결하기 위한 방침이었다. 그러나 1989년 톈안먼(天安門) 사건과 1991년 소련 붕괴 이후 이 방침은 폐기되었다. 또한 공산당은 권력집중 문제를 해결하기 위해 당서기 직선제나 당위원회의 민주적 운영 등 '당내민주'(黨內民主) 확대를 위한 당개혁을 지속적으로 추진해 왔다. 특히 2002년 제16차 당대회에서는 '의법집정'(依法執政: 법률에 의거한 집정)과 함께 당내 민주의 확대를 정치개혁의 핵심 정책으로 결정했다.[4] 그러나 현재까지 당내 민주가 그렇게 성공적이지는 않다. 당정간부의 부정부패가 지속적으로 발생하고, 이로 인해 국민의 불만이 고조되고 있는 상황은 이를 잘 보여준다. 다시 말해, 부정부패의 만연은 권력집중의 결과로서 현행 중국 정치체제가 안고 있는 최대의 정치문제인데, 정치제도화만으로는 이 문제를 해결할 수 없다는 것이다.

둘째는 국민들의 증가하는 정치참여 요구의 수용 문제이다. 의법치국 방침도 그렇고 법률 보급 운동도 마찬가지로, 모두 국가가 정한 현행 법률제도와 정치제도를 통해 국민이 요구를 제기하고 불만을 해결할 것을 요구한다. 그런데 개혁·개방 정책이 심화되고 사회 계층화와 이익분화가 확대되면서, 이런 방식으로 해결할 수 없는 문제가 급증하고 있다. 예를 들어, 무분별한 개발에 의한 환경파괴와 피해의 확대, 폭력적이고 약탈적인 지역개발 전략의 추진 등은 현행 법률제도나 정치제도를 통해서는 제대로 제기 및 해결될 수 없다. 이런 것들은 국가권력을 장악하고 있는

---

4 조영남·안치영·구자선, 『중국의 민주주의: 공산당의 당내 민주 연구』(파주: 나남, 2011).

당정간부의 이익과 밀접히 연관된 것이고, 따라서 이들이 기존 제도를 통한 문제 제기를 봉쇄하거나 제기된 요구를 묵살하기 때문이다. 이런 이유로 2000년대에 들어 기존 제도를 벗어난 노동자・농민의 대중저항이 급증하고 있다. 매년 10만 건 이상 발생하는 것으로 추정되는 '집단소요사건'(群體性事件)은 이를 잘 보여준다.

여기서 특히 문제가 되는 것이 불완전한 사법제도이다. 국민이 법률제도를 이용하여 사회문제를 해결하려면 공정하고 독립적인 사법제도가 필수적이다. 이 중에서도 법관(法官) 및 법원의 독립은 핵심 요소이다. 또한 이를 위해서는 법원개혁, 검찰개혁, 변호사제도 개혁, 법률구조제도 개혁이 좀 더 적극적이고 전향적으로 추진되어야 한다. 그런데 최근까지의 상황을 놓고 보면, 중국은 이를 실천할 의지가 없어 보인다. 제1차에서 제3차까지 이어지는 법원개혁은 이를 잘 보여준다.[5] 따라서 법률 보급 운동을 통한 국민의 법률의식 제고와 법률수단을 통한 사회문제 해결의 유도, 이를 통한 사회・정치적 안정의 유지는 제한적인 범위 내에서만 달성될 것이다. 다시 말해 노동자・농민의 대중저항은 향후에도 지속될 것이고, 이것이 정치안정을 저해하는 중요한 요소가 될 것이며, 정치제도화는 이 문제를 효과적으로 해결할 수 없을 것이다.

결국, 법률 보급 운동이나 의법치국 방침, 더 나아가서는 정치제도화 우선의 정치발전 전략이 소기의 목적을 달성하기 위해서는 좀 더 종합적이고 적극적인 개혁이 뒷받침되어야 한다. 이 중에는 국민의 정치적・시민적 권리의 보장, 직접선거를 통한 국민의 정치참여의 확대, 언론과 시민사회의 자율성 확대 등의 정치민주화 개혁이 반드시 포함되어야 한다. 이것만이 정치제도화가 해결하지 못한 두 가지 과제, 즉 권력집중의 문제와 국민의 정치참여 수용의 문제를 해결할 수 있기 때문이다. 2012년 제

5 이에 대해서는 조영남, 『중국의 법원개혁』(서울: 서울대학교출판문화원, 2012) 참조.

18차 당대회에서 등장할 '제5세대' 지도부는 이런 과제를 해결해야 하는데, 이것이 실현될 수 있을지는 두고 보아야 할 것이다.

부록

제1차에서 제6차까지의 〈법률 보급 운동 계획〉

부록에는 법률 보급 운동의 계획(規劃) 전체를 우리말로 번역하여 실었다. 이 계획은 당정기관이 법률 보급 운동을 전개할 때 실행해야 하는 가장 중요하면서도 기본적인 정책 문건이다. 따라서 법률 보급 운동을 이해하기 위해서는 우선적으로 이를 검토해야 한다.

각 시기에 제정된 법률 보급 운동의 계획에는 모두 세 가지 종류의 정책 문건이 포함된다. 첫째는 공산당 중앙과 국무원의 '통지'(通知)이다. 법률 보급 운동은 모든 당정기관이 시행해야 하는 중요한 정책이다. 그래서 공산당 중앙과 국무원은 공동명의로 법률 보급 운동의 시행을 지시하는 정책 문서를 하달한다. 둘째는 주관기관인 공산당 중앙 선전부와 국무원 사법부(司法部)가 제정하고 공산당 중앙과 국무원이 비준한 법률 보급 운동의 '계획'이다. 계획에는 지도사상・목표・원칙, 주요 임무, 운동의 대상과 요구사항, 업무절차와 배치, 조직과 실시보장의 내용이 들어있다. 각 지방과 당정기관은 이 계획에 입각하여 해당 지역과 부문에서 실시할 구체적인 실행계획을 다시 작성한다. 이 때문에 이 계획은 비교적 원칙적이고 추상적인 내용을 담고 있다고 말할 수 있다.

셋째는 전국인민대표대회(전국인대) 상무위원회의 '결의'(決議)이다. 공산당 중앙과 국무원의 정책 문서는 엄격히 말하면 법률이 아니기 때문에 공산당원과 공직자가 아닌 일반 국민이 반드시 준수해야 하는 것은 아니다.

또한, 그것은 엄격히 말하면 공산당과 정부를 제외한 군・의회・법원・검찰과 같은 국가기관이 실시해야 하는 국가정책도 아니다. 따라서 계획이 제정된 이후에는 이를 '국가 법률'로 승격시키는 과정이 필요하다. 결의는 바로 이런 목적으로 작성되는 것이다. 전국인대가 제정한 결의나 결정(決定)은 법률과 동등한 효력을 갖기 때문이다.

여기에서는 세 가지 정책 문서를 순서대로 실었다. 번역은 원문의 내용과 느낌을 충실히 전달하기 위해 직역을 원칙으로 했다. 또한 독자의 이해를 돕기 위해 괄호 안에 간단한 해설을 적고 "역자"라고 표기했다.

Ⅰ. 제1차 법률 보급 운동(1986~1990년)

〈중공중앙 · 국무원의 '전 국민에 대한 법률상식의 기본 보급 5년 계획' 전달 배포의 통지〉[1]

각 성 · 자치구 · 직할시의 당위원회(黨委)와 인민정부, 각 대군구(大軍區) · 성군구(省軍區) · 야전군의 당위원회, 중앙 및 국가기관의 각 부(部) · 위원회(委), 군사위원회(軍委) 각 총부(總部) · 각 병종(兵種)의 당위원회, 각 인민단체:

중국공산당 중앙(中共中央)과 국무원(國務院)은 중앙 선전부(宣傳部)와 (국무원 — 역자) 사법부(司法部)의 〈전 국민에 대한 법률상식의 기본 보급 5년 계획〉에 동의하고, 이제 여러분에게 전달 배포하니, 실제와 결합하고 구체적으로 배치하여 열심히 조직하여 실시하기를 바란다.

전 국민의 법률상식 보급은 우리나라 인민의 정치생활의 일대 사건이며, 사회주의 정신문명 건설의 중요한 구성 부분이다. 이 업무를 잘하는 것은, 사회주의 민주를 더욱더 발양하고 사회주의 법제를 강화하는 데, 사회주의 두 개 문명(즉, 물질문명과 정신문명 — 역자) 건설을 추진하는 데, 새로운 시기에 당이 전체 분투 목표와 전체 임무를 실현하는 데 모두 중요한 의의가 있다. 이 업무를 사회치안의 종합치리(綜合治理) 및 기타 사상 · 정치교육과 유기적으로 결합하여, 이상이 있고 도덕이 있고 문화가 있고 기율이 있는 신세대 인간(一代新人)을 육성(培養)하는 데 견실한 기초를 놓아야 한다. 신문과 잡지, 라디오 · 텔레비전 · 영화, 문예예술 등 각종 선전문화의 진지(陣地)와 각종 수단을 대대적으로 운용하여 정확하

1 〈中共中央 · 國務院轉發'關於向全體公民基本普及法律常識的五年規劃'的通知〉.

고 구체적으로(形相地) 법제선전을 진행해야 한다. 긍정 및 부정(正反) 양면의 전형(典型)을 통해 전체 인민에게 준법(遵紀守法)의 본보기(榜樣)를 수립하고, 의법치국(依法治國)과 의법 업무처리(依法辦事)의 양호한 분위기를 조성해야 한다. 법률을 학습(學法)하고 법률을 알(知法)뿐만 아니라 스스로 알아서 법률을 준수(守法)하고 법률을 활용(用法)하며, 각종 위법 및 기율위반 행위(違法亂紀)에 용감히 맞서 투쟁하고, 사회풍조・사회질서・사회치안의 근본적인 호전을 위해 노력하도록 인민을 인도해야 한다. 일부 간부 중에는 위법 및 기율 위반과 형법 저촉 현상(예를 들어, 뇌물수수와 법률 왜곡, 사익 추구와 부정행위, 군중 기만과 압박, 국민의 인신권리・민주권리・기타 합법권익의 임의적인 침해 등)이 현재까지 여전히 끊임없이 발생하여 국가와 인민의 이익에 엄중한 손해를 끼치고 있다. 각급 당위원회, 정부, 각 당위원회의 지도자(領導)는 이번 법률상식 보급의 업무와 결합하여, 해당 지역・부문・단위의 준법 상황을 진지하게 검사하여 경험에서 얻은 교훈을 종합하고 개선을 위한 조치를 제정하며, 영도간부(領導幹部: 한국 중앙정부의 과장급, 지방정부의 시장・군수 이상의 고위간부 — 역자)와 광대한 공무원의 법제관념을 확실하게 강화하고 준법의 자각성을 제고해야 한다. 위법 및 기율 위반자와 형법 위반자, 특히 위법한 "법집행자"(執法者)에 대해서는 법률에 의거하여 반드시 추징하고 신속히 조사 처벌하며 모든 사건을 끝까지 해결해야 한다. 정법(政法)부문과 모든 법집행 관계자는 솔선하여 법률을 학습하고 법률을 표준으로 삼아 자기의 언행을 규범하고, 광명정대(光明正大)와 공정정숙(公道正派)의 원칙을 견지하고, 청렴하게 공익을 받들고(廉潔奉公) 정의를 보면 용감하게 뛰어드는(見義勇爲) 좋은 태도(作風)를 발양하며, 법률의 존엄 유지와 국가 및 인민의 이익 수호를 위해 새로운 공헌을 해야 한다.

5년 정도의 시간을 쟁취하여 전 국민에게 법률상식을 열심히 기본적으로 보급하는 것은 어렵고도 긴 임무이다. 각급 당위원회와 정부는 반드시 지도(領導)를 강화하고 제때에 실시 과정에서 부딪히는 실제 문제를 해결하여 이 임무의 무난한 완성을 반드시 보장해야 한다.

중공중앙 국무원

1985년 11월 5일

〈중앙 선전부·사법부의 전 국민에 대한 법률상식의 기본 보급 5년 계획〉[2]

국민(公民)의 법제 보급 교육에 대한 헌법 규정, 공산당의 제12차 전국대표대회의 보고(報告) 중 전체 인민의 법제 선전·교육의 반복적인 진행에 대한 후야오방(胡耀邦) 동지의 제기, 모든 국민이 법률을 알고 준수하도록 노력해야 한다는 요구에 근거하여, 중앙 선전부와 사법부는 1985년부터 5년 정도의 시간을 쟁취하여 전 국민에게 법률상식을 기본적으로 보급하기로 결정한다. 이것은 우리나라 사회주의 민주와 법제의 건설을 강화하는 중대한 단계이다. 이것은 안정과 단결의 정치국면을 공고히 하고 발전시키는 데, 사회풍조·사회질서·사회치안 상황의 근본적인 호전(好轉)을 쟁취하여 국가를 오랫동안 안정적으로 통치하는 데, 사회주의 물질문명과 정신문명의 건설을 보장하고 촉진하는 데, 공업·농업·국방 및 과학기술의 현대화를 점차로 실현하는 데, 우리나라를 고도의 문명·고도의 민주적인 사회주의 국가로 건설하는 데, 모두 중요한 현실적 의의와 심원한 역사적 영향이 있다. 이 임무를 실현하기 위해 특별히 본 계획(規劃)을 제정한다.

2 〈中央宣傳部·司法部關於向全體公民基本普及法律常識的五年規劃〉.

1. 법률상식 보급의 대상·내용 및 요구

법률상식 보급의 대상은 노동자(工人), 농(목축·어)민, 지식인, 간부, 학생, 군인, 기타노동자(예를 들어, 자영업자 — 역자)와 도시거주민 등 교육 수용 능력이 있는 모든 국민이다.

법률상식 보급의 기본 내용은 다음과 같다: 우리나라의 헌법, 형법, 형사소송법, 민사소송법(시행), 혼인법, 상속법(繼承法), 경제계약법(經濟合同法), 병역법, 치안관리 처벌조례 및 기타 광대한 국민과 밀접한 관계가 있는 법률상식.

법률상식 보급의 교육을 통해 전 국민의 법제관념을 강화하고, 법률을 알고 준수하며, 의법 업무처리하는(依法辦事) 습관을 배양한다.

2. 법률상식 보급의 요점

법률상식 보급의 요점은 다음과 같다:

• 헌법: 우리나라 헌법의 지위와 역할, 우리 국가의 근본 제도와 근본 임무, 국민의 기본 권리와 의무, 국가기구의 조직·직권 및 활동 원칙, 헌법 존엄의 수호와 헌법 실시의 보장은 모든 국민의 신성한 직무와 책임(職責).

• 형법: 우리나라 형법의 임무, 위법과 범죄, 정당방위와 긴급위험의 회피, 형법의 종류, 범죄의 종류, 처벌과 관대의 결합 원칙, 형법을 무기로 형사범죄와 적극 투쟁하기.

• 형사소송법: 우리나라 형사소송법의 임무, 형사소송의 원칙, 형사소송의 제도, 법률에 근거한 소송활동 참가는 개개 국민의 권리와 의무.

• 민사소송법(시행): 민사소송법의 임무, 소송 참여인의 권리와 의무, 민사소송의 관할과 절차, 민사 소송장(訴訟狀)의 작성법.

• 혼인법: 우리나라 혼인법의 주요 원칙, 결혼의 조건과 혼인 등기, 이혼의 조건과 처리 원칙, 사회주의 가정관계, 혼인·가정 측면의 위법 범죄행위와 맞서 투쟁하기.

• 상속법: 상속권과 유산, 법정상속(法定繼承)·유촉상속(遺囑繼承)과 유증(遺贈), 유산의 처리.

• 경제계약법: 경제계약법의 역할, 경제계약의 체결·이행·변경과 해지, 경제계약 위반의 책임, 경제계약 분규의 화해와 중재, 경제계약 수호의 엄숙성과 진지한 계약이행은 개개 당사자의 의무.

• 병역법: 우리나라의 현행 병역제도, 병사(兵員)의 징집(徵集), 현역군인과 예비역군인, 민병(民兵), 법률에 의거한 병역 복무와 민병조직 참여는 국민의 의무, 현역군인의 우대와 퇴역 후의 배치.

• 치안관리 처벌조례: 우리나라 치안관리 처벌의 성질과 역할, 치안관리 위반의 행위, 치안관리 위반 행위의 처벌 및 처벌 결정의 절차.

상술한 내용에 대해 각 지역·단위는 각기 다른 대상과 상황에 근거하여 어느 정도 강조를 달리할 수 있다. 그 밖에 각 지역은 각기 다른 지역과 대상의 수요에 근거하여 다른 관련 법률상식[예를 들어, 민족구역자치법, 삼림법, 환경보호법(시행), 중외합자(中外合資)경영기업법, 특허법(專利法), 문물보호법, 식품위생법 및 각종 세법 등]을 선별하여 학습할 수 있다.

교육 수용 능력이 있는 모든 국민은 모두 법률상식 보급의 활동에 적극 참여해야 한다. 법률상식 보급의 중점 대상은 다음과 같다: 첫째, 각급 간부, 특히 각급 영도간부(領導幹部: 한국 중앙정부의 과장급, 지방정부의 시장·군수 이상의 고위간부 — 역자); 둘째, 청소년.

법률상식 보급은 각기 다른 직업의 국민에게 마땅히 다른 요구를 해야 한다. 각급 영도간부는 더 많이 학습하고 더 깊이 학습해야 한다. 상술한 기본 요점을 완전히 파악(掌握)하는 것 외에도, 해당 직책과 관련된 법률・법규를 숙지해야 한다. 학습을 통해 법제관념, 특히 헌법 준수와 헌법 수호의 관념을 견실하게 수립해야 한다. 또한 법률과 정책, 법률과 개혁 간의 관계를 정확하게 인식하여 처리하고, 법률수단을 운영하여 경제를 관리하고 과학・문화・교육사업 및 기타 각종 사업을 관리하는 것을 학습하여, 모범적으로 국가 법률을 준수하고 집행해야 한다.

청소년의 법률상식 보급은 얕은 내용에서 깊은 내용으로 순서에 맞추어 점진적으로 진행하여 기초를 잘 놓아야 한다. 각급 각종 대학교・중고등학교・소학교는 성・자치구・직할시의 각기 다른 상황에 근거하여 몇 년 내에 하나의 혹은 몇 개의 법제 주제(題材)의 드라마를 제작해야 한다. 영화제작소가 있는 성・자치구・직할시는 최소한 한 부 이상의 법제 주제의 영화를 제작해야 한다. 법제 문제를 다루는 문예작품은 반드시 법률규정에 부합해야 한다. 문화궁(文化宮: 문화센터 — 역자)・청소년궁・문화관(站)・클럽(俱樂部)・극장, 향(鄕)・진(鎮)의 문화센터 등 군중 문화의 진지(陣地)가 역할을 발휘하는 데 주의하여 법제 선전・교육 활동을 전개한다; 법률상식 퀴즈대회・강연・독서활동의 개최 등의 방법을 통해 학생을 끌어들여 진열창(橱窗)・칠판・화랑・환등・전시회 등 다양한 형식의 법제선전을 운용하는 방법을 배우도록 하며, 광대한 인민 군중의 눈과 귀를 물들게 하여, 뚜렷하고 구체적으로 법률상식을 이해하도록 하여 법제관념을 강화한다.

법률상식 보급의 업무는 반드시 현 단계 공산당의 전체 임무와 전체 목표에 기여해야 하며, 사회주의 경제건설과 개혁에 기여해야 한다. 생산과 업무, 사회치안의 종합치리, 사상정치 업무, "사유(四有)" 교육, "오강・사미・삼열정"(五講四美三熱愛) 활동과 밀접히 결합하여 진행해야 한다.

3. 법률상식 보급의 절차

전국 범위의 법률상식 보급의 업무는 대략 3단계(階段)로 나누어 진행한다:

(1) 준비단계. 1984년 6월부터 1985년 6월까지 잘 준비한다. 이 단계에서는 다음과 같은 업무를 잘 처리한다: ① 사상동원을 진행하여 전 국민이 법률상식 보급의 활동에 적극 참여하도록 시동한다; ② 전국, 성・지급시[地市: 구(區)가 설치된 비교적 큰 도시 — 역자]・현(縣)・향(鄉)의 법률상식 보급의 계획을 제정한다; ③ 자격이 있는 선전인원 대오, 특히 각급의 지도 기간요원(領導骨幹)을 육성한다; ④ 교재를 편찬한다; ⑤ 시험 실시(試點)를 진행한다. 중앙, 성・자치구・직할시와 지급시・현은 모두 각자의 시험 실시를 진행하며, 여기서 경험을 얻어 전면적으로 (법률상식 보급을 — 역자) 추동한다.

아직 준비업무를 완성하지 못한 지역은 마땅히 준비업무를 계속 잘 추진해야 한다.

(2) 실시단계. 1985년 7월부터 1990년 상반기까지 열심히 실시한다. 전국 범위에서 우선 196개의 대형・중형 도시와 그 근교 농촌 현을 선택하여 법률상식 보급의 업무를 실시한다. 각 지역・업종도 각자의 업무 중점과 절차를 확정하여, 분기별로 단위별로(分批) 조직하여 실시해야 한다.

(3) 결산심사(總結考核)단계. 일부 지방과 단위의 준비업무는 같은 속도로 전개된 것이 아니라는 점, 또한 실시단계에서도 먼저 한 곳과 그렇지 않는 곳이 있다는 점을 고려하여, 심사 시간에 대한 통일적인 규정은 두지 않는다. 각 지역은 실제 상황에 근거하여 단위별로 보급한 기초 위에서 단위별로 심사한다.

4. 심사(考核) 방법과 기준

개인의 심사 기준은 다음과 같다:

(1) 학습 내용을 심사하여 합격한다;

(2) 스스로 알아서 법률을 준수할 수 있고, 국민의 권리를 정확하게 행사할 줄 알며, 국민의 의무를 스스로 알아서 이행할 수 있다. 간부, 특히 각급 영도간부는 위의 기준에 도달하는 것 이외에도, 모범적으로 법률을 준수하고 또한 법률 수단을 운영하여 자기의 직무를 관리할 줄 안다.

단위(單位)의 심사 기준은 다음과 같다:

(1) 학습에 참가하고 심사에 합격한 인원이 규정된 지표, 즉 개인 합격률은 심사에 참가한 인원의 60% 이상이다. 간부, 특히 영도간부의 합격률은 마땅히 더욱 높아야 한다.

(2) 법률에 따라 해당 지역·부문의 생산·업무와 기타 각종 활동을 관리할 수 있다.

심사 방법은 각 지역·부문이 자기의 실제 상황에 근거하여 스스로 확정한다. 심사에 합격한 개인에게는 수료증서(結業證書)를 발급하거나 혹은 게시하여 공포한다. 심사에 합격한 단위는 마땅히 합격증(合格證)을 발급한다. 개인 심사의 성적은 이후에 간부 임용, 직급 확정, 선진(先進) 평가 선정의 한 조건으로 활용된다. 법률상식 보급에서 특출한 모습을 보인 선진 단위와 개인은 마땅히 표창하고 장려한다.

5. 법률상식 보급의 조직지도

전 국민에게 법률상식을 보급하는 것은 국가 정치생활 중의 일대 사건이다. 따라서 반드시 각급 당위원회와 정부의 통일적인 지도하에, 당위원회 선전부서와 사법부서가 주관하고, 경찰・검찰・법원, 노동조합(工會)・공청단(共青團)・부녀연합회(婦聯), 문화・교육・언론・출판, 공업・농업・교통・재정 등 각 부문이 힘을 합해 협조해야 한다.

각급 당위원회는 법률상식 보급의 업무를 마땅히 의사일정에 포함하여 확실하게 지도를 강화하고, 또한 힘 있는 조치를 채택하여 그 실시를 보장해야 한다. 법제교육을 간부 정치이론 학습, 청년 노동자 계통의 교육 및 학교의 정규교육에 포함시켜야 한다.

법률상식 보급의 업무는 지도사상에서 실사구시(实事求是)에 입각해야 하고, 실제에서 출발하며 실제 효과를 추구하고 과장과 형식주의를 경계해야 한다; 방법상 점(點)이 면(面)을 추동하고(즉, 일부 지역에서 먼저 시작한 다음 더 넓은 지역으로 확대 실시해야 하고 — 역자) 전형(典型)으로 시범을 보이고 분류 지도해야 한다.

법제선전부서의 인원이 너무 적은 곳은 해당 지역 당위원회와 정부에 요청하여 상황에 근거하여 적당하게 인원을 늘려 필요한 기간역량(骨幹力量)에 충당해야 한다. 법률상식 보급에 소요되는 경비는 지방재정의 지출에 포함하고, 반드시 구매해야 하는 선전장비는 당위원회와 정부에 요청하여 확실하게 해결한다.

보고요청제도(請示彙報制度)를 수립해야 한다. 1985년 하반기부터 각 성・자치구・직할시의 당위원회 선전부와 (정부 — 역자) 사법청(국)은 매 반년마다 한 번씩 각각 (공산당 — 역자) 중앙 선전부와 (국무원 — 역자) 사법부에 보고하고, 이로써 업무 지도를 강화하여 법률상식 보급의 업무가 순조롭게 진행되도록 보장한다.

〈전국인민대표대회 상무위원회의 국민 법률상식 기본보급 결의〉[3]

(1985년 11월 22일 제6기 전국인민대표대회 상무위원회 제13차 회의 통과)

사회주의 민주의 발전과 사회주의 법제의 완비(健全)를 위해 법률을 반드시 광대한 인민에게 주어 장악하게 하고, 광대한 인민이 법률을 알고(知法) 준수(守法)할 수 있도록 하고, 법제관념을 수립하며, 법제 무기(武器)를 운영하는 방법을 배워 헌법과 법률의 모든 위반행위에 맞서 투쟁하여, 국민의 합법권리와 권익을 보장하고 헌법과 법률의 실시를 보장해야 한다. 법제 선전・교육을 대대적으로 강화하여 국민에게 법률상식을 보급하는 것은, 사회주의 법제의 강화, 국가의 장기적이고 안정적인 통치의 보장, 사회주의 물질문명과 정신문명의 건설 촉진, 우리나라 새로운 시기의 분투 목표와 전체 임무의 실현 모두에 중대한 의의가 있다. 제6기 전국인민대표대회 상무위원회 제13차 회의는, 국무원이 제출한 '국민 법률상식 보급의 결의(초안)'의 의안이 매우 중요하고 시의적절하다고 생각하여 아래와 같이 결정한다:

(1) 1986년부터 5년 정도의 시간을 쟁취하여 계획적이고 절차에 맞추어 모든 교육 수용 능력이 있는 국민에게 한 차례 법률상식 보급의 교육을 보편적으로 진행하며, 또한 점차로 (법률상식 보급을 — 역자) 제도화・일상화한다.

(2) 법률상식 보급의 중점 대상은 각급 간부와 청소년이다. 각급 영도간부는 법률학습(學法)・법률 이해(懂法)・의법 업무처리에 더욱 표상(表率)이 되어야 한다.

(3) 법률상식 보급의 내용은 헌법을 위주로, 형사・민사・국가기관

3 〈全國人民代表大會常務委員會關於在公民中基本普及法律常識的決議〉.

등 방면의 기본법률의 기본내용, 기타 광대한 간부 및 군중과 밀접히 관련된 법률상식을 포함한다. 각 부문은 마땅히 해당 부문과 관련이 있는 법률상식을 중점적으로 학습해야 하고, 각 지역은 필요에 따라 기타 관련 법률상식을 선택하여 학습할 수 있다.

(4) 학교는 법률상식 보급의 중요한 근거지이다. 대학교, 중·고등학교, 소학교 및 기타 각급 각종 학교는 모두 법제교육 과정을 개설하거나, 혹은 관련 과정 중 법제교육의 내용을 늘려 교육 계획에 포함시켜야 한다. 혹은 법제교육을 도덕 인격 교육, 사상정치 교육과 결합한다.

(5) 간단하고 통속적인 법률상식의 읽기자료를 편찬해야 하며, 실제와 밀접히 연계하고 다양한 형식을 채택하여 법률상식 보급의 선전·교육을 진행하되 정확하고 통속적이며 생동감 있고 건전하도록 노력해야 한다. (법률상식 보급은 — 역자) 견실하고 실제 효과를 추구하며 형식주의를 방지해야 한다.

(6) 법률상식 보급은 중국공산당의 지도하에 전 사회역량을 동원하고 의지해야 한다. 모든 국가기관과 무장역량, 각 정당과 사회단체, 각 기업 및 사업조직은 마땅히 해당 계통·단위의 국민에게 법률상식 보급을 열심히 진행해야 한다. 신문과 잡지, 통신사와 라디오·텔레비전, 출판, 문학예술 등 부문은 법제 선전·교육의 강화와 법률상식 보급을 마땅히 중요한 일상 임무로 간주해야 한다. 각급 인민대표대회 상무위원회와 인민정부는 본 결의의 실시를 위한 지도를 강화해야 하며, 확실히 실행 가능한 계획을 제정하고, 또한 효과적인 조치를 채택하여 열심히 관철 집행해야 한다.

Ⅱ. 제2차 법률 보급 운동(1991~1995년)

〈중공중앙 · 국무원의 '중앙 선전부와 사법부의 국민 법제 선전 · 교육 전개의 제2차 5개년 계획'의 비준 전달의 통지〉[4]

각 성 · 자치구 · 직할시의 당위원회(黨委)와 인민정부, 각 대군구(大軍區)의 당위원회, 중앙 및 국가기관의 각 부(部) · 위원회(委), 군사위원회(軍委) 각 총부(總部) · 각 군(軍) 병종(兵種)의 당위원회, 각 인민단체:

중국공산당 중앙(黨中央)과 국무원은 〈중앙 선전부와 사법부의 국민 법제 선전 · 교육 전개의 제2차 5개년 계획〉에 동의하고, 이제 여러분에게 전달 배포하니, 해당 지역과 부문(部門)의 실제와 결합하고 구체적으로 배치하여 열심히 조직하여 실시하기를 바란다.

법제 선전 · 교육 실시의 제2차 5개년 계획은 하나의 중대한 사회교육 프로젝트(工程)이다. 각급 당위원회 · 인민대표대회와 정부는 지도와 감독을 확실하게 강화하여 이 업무가 순조롭게 진행되도록 보장해야 한다. 법제 선전 · 교육은 헌법을 핵심으로 하고 전문법률(專業法)을 중점으로 하여, (법률 — 역자) 학습과 활용의 결합 원칙을 견지해야 한다. 각급 영도간부, 특히 성(省) · 군(軍)급 이상의 영도간부는 솔선하여 법률을 학습하고 법률을 활용해야 한다. 교육 수용 능력이 있는 모든 국민은 모두 법률 보급(普法) 학습에 적극 참여하여 법률의식을 끊임없이 강화하고, 법제 선전 · 교육을 통해 사회주의 민주와 법제건설을 추진하고, 치리정돈(治理整頓)과 개혁 심화를 위해 양호한 법제환경을 조성하여, 우리나라의 정치 · 경제와 사회의 장기적이고 안정적인 발전을 보장해야 한다.

---

4 〈中共中央 · 國務院批轉'中央宣傳部 · 司法部關於在公民中開展法制宣傳教育的第二個五年規劃'的通知〉.

중공중앙 국무원

1990년 12월 13일

〈중앙 선전부와 사법부의 국민 법제 선전·교육 전개의 제2차 5개년 계획〉[5]

1986년부터 실시하기 시작한 제1차 전 국민 법률 보급 5년 계획은, 공산당 중앙·전국인민대표대회·국무원과 각급 당위원회·인민대표대회·정부의 지도와 감독하에, 각 방면의 공동 노력을 통해 임무를 순조롭게 완성하고 현저한 성과를 거두어, 우리나라 사회주의 법제건설의 발전을 위해 일정한 기초를 놓았다. 제1차 5개년 법률 보급 업무의 성과를 공고히 하고 발전시키기 위해, 사회주의 경제건설과 사회주의 법제건설의 요구에 부단히 부응하기 위해, 전 국민을 대상으로 법제 선전·교육의 제2차 5개년 계획을 1991년부터 실시하는 것이 필요하다.

1. 지도사상과 요구

제2차 5개년 계획을 실시하는 지도사상은 다음과 같다: 당과 국가의 중심 업무를 긴밀히 중심에 놓고, 각급 당위원회·인민대표대회·정부의 지도와 감독하에, 헌법을 깊이 학습하고 국가 기본법률의 상식을 적절하게 학습하며, 계획하에 절차에 따라 층위를 나누고 부문을 나누어 전문법

5 〈中央宣傳部·司法部關於在公民中開展法治宣傳教育的第二個五年規劃〉.

률(專業法律)의 지식을 학습하여, 간부와 군중의 사회주의 법률의식과 민주의식을 더욱 제고하고, 각 항목 사업의 의법관리(依法管理)를 촉진하여, 치리정돈(治理整頓)과 개혁 심화를 위해 양호한 법제환경을 조성하여, 국가의 정치・경제와 사회의 안정적인 발전을 보장한다.

구체적인 요구는 다음과 같다:

(1) 헌법과 관련 법률상식을 깊이 보급하여 광대한 국민의 헌법 관념을 강화하고, 헌법 존엄의 수호 및 헌법 실시 보장의 자각성을 제고하며, 사항기본원칙(四項基本原則: 공산당 영도, 마르크스-레닌주의・마오쩌둥 사상・덩샤오핑 주의, 인민민주 독재, 사회주의의 길 견지를 의미 — 역자)을 견지하고 자산계급의 자유화에 반대하여, 국가의 정치・경제와 사회의 안정적인 발전을 촉진한다.

(2) 현(縣)・단(團: 군의 연대 — 역자)급 이상의 영도간부는 자기가 담당하는 업무와 밀접히 연관된 법률지식을 학습하고 파악하는 것 외에도, 사회주의 법제이론과 헌법학(憲法學) 이론을 학습해야 하고, 의법치국(依法治國)과 의법 업무처리(依法辦事)의 관념을 수립해야 하며, 의법정책결정(決策)・의법관리(依法管理)의 자각성과 능력을 제고해야 한다.

(3) 각 업종과 분야의 간부는 해당 업종과 분야・해당 단위가 책임지고 집행하는 법률지식, 그리고 자기의 업무와 밀접이 연관된 법률지식을 숙지하고, 스스로 알아서 의법 업무처리(依法辦事)를 (실천 — 역자)해야 한다.

(4) 광대한 군중은 자기 업무・생산 및 생활과 밀접이 연관된 법률상식을 기본적으로 이해하며, 법률에 의거하여 국민의 권리를 행사하고 법률에 의거하여 국민의 의무를 이행할 수 있도록 한다.

(5) 대학교・중고등학교・소학교는 학교의 법제교육체제를 더욱 완전하게 개선해야 하며, 법제교육의 체계화를 실현하기 위해 노력하고, 학생들의 법제관념을 강화해야 한다.

(6) 이론과 실제의 연계, 법률학습과 활용의 결합 원칙을 견지하여, 의법치향(依法治鄕: 법률에 의거한 향 통치 — 역자), 의법치현(依法治縣), 의법치시(依法治市), 성・자치구・직할시의 의법치리(依法治理: 법률에 의거한 관리 — 역자)와 업종(行業) 의법치리의 시험 실시(試點)를 더욱 추동하고, 각 항목의 사업을 법률에 의거하여 관리하는 일단의 선진적인 전형(典型)을 육성(培養)한다.

2. 대상

제2차 5개년 계획의 실시 대상은 다음과 같다: 노동자, 농(목축・어)민, 지식인, 간부, 학생, 군인, 자영업자(個體勞動者)와 기타 교육 수용 능력이 있는 모든 국민. 중점 대상은 현・단급 이상의 각급 영도간부(領導幹部), 특히 당・정・군의 고급간부(高級幹部: 한국 중앙정부의 국장급 이상의 고위간부 — 역자); 사법 공무원과 행정 법집행 공무원을 포함한 법집행 공무원(執法人員); 청소년, 특히 대학교・중고등학교 재학생.

3. 주요 내용

(1) 전 국민은 헌법을 계속해서 심화 학습한다. 행정소송법, 의무교육법, 집회시위법, 국기법(國旗法)과 전국 법률 보급 기관(즉, 전국보법판공실 — 역자)이 확정한 학습할 필요가 있는 새로운 법률・법규를 열심히 학습한다. 동시에 제1차 5개년 법률 보급 기간에 이미 학습한 "10법(法) 1조례(條例)" (즉, 헌법 등 10개 법률과 치안조례 — 역자)의 관련 내용을 적절하게

학습해야 한다.

(2) 각 지역은 실제 수요에 근거하여 해당 지역 내에서 선택하여 학습할 기타 관련 법률・법규를 확정한다. 토지관리법, 삼림법, 수자원법(水法), 광산자원법, 군사시설보호법, 환경보호법, 문물보호법, 식품위생법과 가족계획 관련 법률・법규를 선별하여 학습하는 데에 주의해야 한다.

(3) 각 부문・계통은 해당 업무의 필요에 근거하여 업무 및 생산과 관련된 법률지식을 중점적으로 학습한다.

중앙과 지방의 각급 국가기관은 관련 조직법(組織法: 예를 들어, 지방정부조직법 — 역자)과 선거법을 학습해야 한다. 각급 당정기관은 청렴정치(廉政) 건설 방면과 관련된 법률・법규를 학습해야 한다. 각급 당정기관・기업 및 사업 단위와 과학기술 부문은 비밀보호법(保密法)을 학습해야 한다. 각 기업 및 사업단위와 자영업자는 모두 국가 세수(稅收) 방면의 법률・법규를 학습해야 한다.

4. 절차

제2차 5개년 계획은 1991년부터 실시하기 시작하여 1995년에 종결하며, 대체로 3단계로 나누어 진행한다.

(1) 준비업무. 현재부터 시작하여 5개 방면의 업무를 잘 처리한다. 첫째, 계획(즉, 제2차 5개년 계획 — 역자)의 요구에 근거하고 실제에서 출발하여, 해당 지역, 해당 부문・계통이 법률지식을 보급할 구체적인 계획을 제정한다. 각 지역의 법률 보급 계획은 상급의 법률 보급 주관기관에 보고 비치(備案)해야 한다. 각 부문・계통의 법률 보급 계획은 국무원 각 부(部)・위원회(委)・국(局)이 제정하여 전국 법률 보급 주관기관(즉, 전국

보법판공실 — 역자)에 보고 비치한다. 둘째, 사상 시동(發動)을 진행하여, 전 국민, 특히 각급 간부와 법집행 공무원이 법률지식의 보급을 위한 학습에 적극 참여하도록 동원한다. 셋째, 법률지식 보급을 위한 교재를 편찬한다. 넷째, 시험 실시(試點) 업무를 진행한다. 다섯째, 선전 기간요원(骨幹)을 훈련한다.

(2) 조직실시. 준비업무가 완료된 이후, 각 지역・부문・계통은 본 계획과 각자의 세부 계획의 요구에 근거하여 계획적이고 절차에 따라 분기별로 단위별로 조직하여 실시해야 한다. 실시업무는 실제 상황에서 출발해야 하고 획일적으로 해서는(一刀切) 안 된다.

(3) 심사 및 검수(考核驗收). 각 지역・부문은 법률지식 보급 업무의 진전 상황에 근거하여, 스스로 심사 및 검수를 조직한다. 전국 법률 보급 업무의 심사 및 검수는 1995년 하반기에 진행한다.

간부에 대한 심사표준은 다음과 같다: ① 규정된 학습 대상인 법률지식(法律知識)을 비교적 숙지하여 심사를 거쳐 합격한다. ② 학습한 전문법률 지식을 활용하여 자기의 직무를 관리할 수 있다. ③ 마르크스주의 법률 기본이론을 일정하게 이해한다.

군중의 심사표준은 다음과 같다: ① 규정된 학습 대상인 법률상식(法律常識)을 기본적으로 이해하여 심사를 거쳐 합격한다. ② 국민의 권리를 정확히 행사하고 국민의 의무를 스스로 알아서 이행할 줄 안다.

단위(單位)의 심사표준은 다음과 같다: ① 법률지식 학습에 참가하고 또한 심사에 합격한 인원수가 학습에 참가한 인원수의 80% 이상이다. ② 해당 단위의 각 항목의 업무가 기본적으로 의법관리의 궤도에 진입한다.

각 지역・부문은 이와 같은 심사 및 검수 규정에 근거하여, 각자의 실제 상황과 결합하여 더욱 구체적인 심사표준을 제정하고 심사의 구체적인 방법을 확정할 수 있다.

5. 방법

(1) 대면교육(面授) 위주를 고수한다. 각 지역・부문・계통은 실제 상황에 근거하여 조건을 만들어 다른 방식의 법제수업(法制課)을 채택한다.

당정기관・사회단체・기업단위는 정기적인 재직(在職) 강좌를 조직할 수 있고, 일정한 시간 동안 업무에서 벗어나 집중적으로 학습하는 단기연수반(短訓班)을 운영할 수도 있다.

조건이 갖추어진 농촌 지역에서는 일과후 법제학교(業餘法制學校)나 야간학교(夜校) 등의 진지(陣地)를 이용하여 간부와 군중에게 법률상식을 교육해야 한다; 아니면 농한기를 이용하여 집중적으로 학습할 수 있다; 또한 간부는 일정 지역, 당원은 일부 가구(戶)를 책임지고 연계하고, 선전원(宣傳員)은 가가호호 방문하는 등의 법률상식 학습과 선전방식을 채택할 수 있다.

각급 당교(黨校: 현급 이상에 설치된 공산당 학교 — 역자)・단교(團校: 현급 이상에 설치된 공산주의청년단 학교 — 역자)와 각급 간부학교(幹部學院)는 모두 법제교육 과목을 필수과목에 편성하여 교육 계획에 포함시켜야 한다.

(2) 각종 선전 여론 도구의 역할을 충분히 발휘한다. 텔레비전・라디오・신문과 잡지는 법률지식을 계획적으로 선전해야 하고, 법률 보급 선전의 진지를 계속 완비해야 한다. 군중을 즐겁게 하는 각종 문예형식을 광범위하게 운용하여 법률지식의 보급활동을 전개한다. 문화궁(文化宮)・청소년궁・클럽(俱樂部), 향(鄕)・진(鎭)의 문화센터 등 군중의 문화진지의 역할을 발휘하는데 주의하여, 각종 오락활동 중에 법률지식의 선전・교육을 포함시킨다. 법제선전 진열창(櫥窗)・칠판・화랑・도서전시회, 법률지식 퀴즈대회, 법제선전 강연, 법제선전일(宣傳日)[(주(週)・순(旬)・월(月)] 등 각종 활동을 계속 잘 수행한다.

6. 조직지도

법률지식 보급은 각급 당위원회・인민대표대회와 정부의 통일적인 지도와 감독하에 당위원회 선전부서와 사법행정부서가 주관한다. 통일관리(統一管理: 공산당 선전부와 정부 사법부의 관리 — 역자), 구별실시(分別實施: 상급과 하급, 농촌과 도시 등을 구별하여 실시 — 역자), 수직・수평 지도의 결합(條塊結合: 상급기관과 동급기관의 동시 지도 — 역자), 수평위주(一塊爲主: 동급기관의 지도 우선 — 역자), 분류지도(分類指導: 지도 대상을 나누어 지도 — 역자)를 실시하며, 법률 보급 주관기구(즉, 공산당 선전부와 정부 사법부 — 역자)와 각 업무 주관부문의 적극성을 충분히 발휘한다.

전국 법률 보급 주관기관(즉, 전국보법판공실 — 역자)은 전국적인 전체 계획의 제정과 조직 실시를 책임지고, 각 지역・부문・계통 계획의 실시를 조정 및 지도한다; 전형(典型)을 발견하여 육성하고 경험을 총정리하고 전체 계획의 실시를 추동한다; 각 지역・부문 계획의 집행 상황을 검사한다; 각 계통과 각 성・자치구・직할시의 법률 보급 업무의 진행을 심사 및 검수하는 책임을 진다.

중앙과 국가기관의 각 부문은, 해당 계통의 간부 및 군중이 전문 법률・법규를 학습하는 계획의 제정을 책임지고, 또한 전국 법률 보급 주관기관의 협조와 지도하에 (이를 — 역자) 조직하여 실시하는 것을 책임진다; 교재를 편찬하고 경험을 총정리하고 전형을 육성하고 하급 업무부문의 전문 법률학습 진행을 독촉하고 검사한다; 지방의 법률 보급 주관기관과 협력하여 해당 계통의 전문 법률학습의 업무를 관리한다; 해당 기관 간부의 법률 선전・교육의 업무를 책임진다.

각 지방의 법률 보급 주관기관은 전국적인 전체 계획과 해당 지역의 실제 상황에 근거하여 지방 계획의 제정과 조직 실시를 책임진다; 지방

각 부문과 계통이 해당 부문과 해당 계통의 중앙 주관기관이 제정한 법률 보급 교육의 계획을 실시하도록 조정하고 지도한다; 해당 지역의 관할하에 있는 각 부문의 법률 보급 업무의 전개를 독촉하고 검사하며, 경험을 총정리하고 전형을 육성하고, 해당 지역의 법률 보급 계획의 실시 상황에 대해 검사 및 검수를 진행한다.

법률 보급 업무의 순조로운 진행을 보장하기 위해, 각급 당위원회·인민대표대회와 정부는 마땅히 확실하게 지도와 감독을 강화해야 하고, 보법 영도소조(普法領導小組: 법률 보급 운동의 지도기구 — 역자)와 그 판공실(辦公室)을 완비 및 강화해야 한다. 법률지식 보급에 소요되는 경비와 필요한 선전설비는 각급 당위원회와 정부가 최대한 해결한다.

중국인민해방군의 법률 보급 업무는 중앙군사위원회(中央軍委)가 본 계획에 근거하여 배치하고 조직하여 실시한다.

〈전국인민대표대회 상무위원회의 법제 선전·교육의 심층 전개의 결의〉[6]

(1991년 3월 2일 제7기 전국인민대표대회 상무위원회 제18차 회의 통과)

1986년부터 실시하기 시작한 제1차 법률상식 보급 5개년 계획은 이미 명확한 성과를 거두었다. 그러나 우리나라 법제건설의 수요와는 아직 상당한 거리가 있다. 사회주의 민주 법제의 건설을 강화하기 위해, 전국인민대표대회 상무위원회는 제1차 5개년 법률 보급의 경험에 대한 진지한 총결산의 기초 위에, 1991년부터 법률상식 보급을 실시하여 법제 선전·교육의 제2차 5개년 계획을 강화하고, 광대한 간부 및 군중의 법제관념

6 〈全國人民代表大會常務委員會關於深入開展法制宣傳教育的決議〉.

을 더욱 제고하고, 헌법과 법률의 실시를 보장하고, 의법 업무처리를 견지하고, 의법치국과 의법관리의 각 항목 사업을 촉진하여, 국민경제와 사회발전 10년 계획(規劃)과 (국민경제와 사회발전 — 역자) "제8차 5개년 계획"(八五計劃)의 순조로운 실시를 위해, 개혁·개방의 양호한 법제환경을 조성하기 위해, 국가의 정치안정·경제진흥과 사회발전을 촉진하기 위해, 아래의 결정을 제정한다:

(1) 법제 선전·교육 제2차 5개년 계획의 실시는, 〈중화인민공화국 헌법〉의 선전과 학습을 핵심으로 하고, 〈중화인민공화국 행정소송법〉, 〈중화인민공화국 의무교육법〉, 〈중화인민공화국 집회시위법〉, 〈중화인민공화국 국기법(國旗法)〉, 〈중화인민공화국 혼인법〉, 〈마약금지의 결정(決定)〉, 〈음란물의 밀수·제조·판매·전파 범죄자에 대한 징치(懲治)의 결정〉 등 법률의 기본 지식을 보급한다; 동시에 민사·형사의 기본법률과 국가기관의 기본법률과 관련된 내용을 적절하게 선별하여 학습해야 한다. 각 부문·단위는 계획하에 절차에 따라 층위를 나누어 해당 부문·단위의 업무와 밀접히 관련된 경제 등 방면의 전문법률 지식을 학습하여 숙지해야 한다. 각 지역은 해당 지역의 실제 상황과 결합하여 관련된 법률·법규를 선별하여 학습해야 한다.

(2) 제2차 5개년 법제 선전·교육의 중점 대상은 각급 영도간부, 법집행간부(執法幹部), 선전·교육 종사자와 청소년이다. 고급간부(高級幹部)는 법률학습과 법률준수에 더욱 솔선하고 의법 업무처리하여 전국 인민의 표상이 되어야 한다.

(3) 사회주의 사업의 신세대 후계자를 육성한다는 높은 견지에서, 대학교·중고등학교·소학교와 기타 각급 각 종류의 학교에서 법제교육을 필수과정으로 개설하고, 대학교·중고등학교·소학교의 다른 수준이 요구하는 교재를 편찬하며, 충실한 법제교육의 내용을 교학 계획에 포함시

켜, 학교 학생의 법제교육을 확실하게 강화해야 한다. 제1차 5개년 법률 보급의 기초 위에서 학교의 법제교육을 더욱 개진(改進) 및 완전하게 개선하고, 법제교육의 제도화를 실현하도록 노력하며, 청소년 학생의 법률 소질을 확실하게 제고하고, 그들의 법제관념을 강화한다.

(4) 학습 중에 이론과 실제의 연계, 법률학습과 활용의 결합 원칙을 견지해야 한다. 법제 선전·교육 제2차 5개년 계획을 실시하는 중에, 법률행정과 의법관리의 각 항목 사업을 각급 지도부(領導)의 의사일정에 확실하게 포함시켜야 한다; 계획을 잘 수립하고 잘 실천하며, 법집행 상황의 조사를 적절하고 엄숙하게 전개하여, 법은 있으나 의거하지 않으며, 법집행이 엄격하지 못하며, 법률 위반을 추궁하지 않는 등의 현상을 확실하게 바로잡아야 한다. 법률학습의 성과는 의법 업무처리(依法辦事)에 관철되어야 하며, 또한 이런 사실을 법률학습의 성과를 검사하는 하나의 주요한 기준으로 삼아야 한다.

(5) 법제 선전·교육을 심층적이고 끈질기게 전개하여 각 항목 사업의 의법관리를 촉진하고, 반드시 중국공산당의 지도하에 전체 사회역량을 동원하고 의존해야 한다. 모든 국가기관과 무장역량, 각 정당과 사회단체, 각 기업 및 사업조직은 모두 해당 계통·부문·단위의 국민에게 마땅히 진지하게 법제교육을 진행해야 하며, 의법관리 업무를 적극적으로 전개해야 한다. 각급 인민대표대회 상무위원회와 인민정부는 본 결의의 실시에 대한 지도와 감독을 강화해야 하고, 확실하게 실행 가능한 계획을 제정하고 힘 있는 조치를 채택하여 진지하게 관철하여 집행해야 한다.

Ⅲ. 제3차 법률 보급 운동(1996~2000년)

〈중공중앙・국무원의 '중앙 선전부와 사법부의 국민 법제 선전・교육 전개의 제3차 5개년 계획' 전달 배포의 통지〉[7]

각 성・자치구・직할시의 당위원회(黨委)와 인민정부, 각 대군구(大軍區)의 당위원회, 중앙 및 국가기관의 각 부(部)・위원회(委), 군사위원회(軍委) 각 총부(總部)・각 병종(兵種)의 당위원회, 각 인민단체:

중국공산당 중앙(中共中央)과 국무원(國務院)은 〈중앙 선전부와 사법부의 국민 법제 선전・교육 전개의 제3차 5개년 계획〉에 동의하고, 이제 여러분에게 전달 배포하니, 해당 지역과 부문(部門)의 실제와 결합하고 구체적으로 배치하여 열심히 조직하여 실시하기를 바란다.

법제 선전・교육을 잘 실시하는 것은 우리나라 사회주의 민주와 법제 건설의 기본 업무로서, 전 당과 전국 인민의 공통 임무이다. 각급 당위원회와 인민대표대회, 그리고 정부는 지도와 감독을 강화하고, 법제 선전・교육 제3차 5개년 계획의 임무 이행을 보장해야 한다. 덩샤오핑(鄧小平) 동지의 사회주의 민주와 법제건설에 관한 이론과 사회주의 시장경제의 법률지식의 학습에 중점을 두고, 법제 선전・교육과 법제실천이 서로 결합하고 또한 경제건설과 사회발전의 실제와 서로 결합하는 것을 견지하여, 업무의 기초를 견고히 하고, 반드시 실제 효과를 얻도록 애써야 한다. 각급 간부, 특히 현처급(縣處級: 지방정부 현급, 중앙정부 처급 — 역자) 이상의 영도간부는 솔선하여 법률지식을 학습해야 하며, 의법관리(依法管理)와 의법정책결정(依法決策)의 수준을 제고해야 한다. 사법 공무원(司法人员)과

7 〈中共中央・國務院轉發'中央宣傳部・司法部關於在公民中開展法制宣傳教育的第三個五年規劃'的通知〉.

행정 법집행 공무원(行政执法人员)은 개인의 법률소질을 힘써 제고해야 하며, 법률에 충실한 신념을 확고히 수립하고, 엄격한 법집행의 실제 행동을 통해 헌법과 법률의 존엄을 지키고, 사회주의 법제의 통일을 유지해야 한다. 이전 제1, 2차의 5개년 법률 보급(普法) 업무의 경험을 성실히 총괄하여 적절한 조치를 마련하며, 점차적으로 법제 선전・교육 업무의 규범화와 제도화를 실현하고, 전 사회에 걸쳐 법률을 학습(學法)하고 법률을 활용(用法)하며 법률을 준수(守法)하는 좋은 분위기를 형성하며, 광대한 간부와 군중의 법률소질을 힘써 제고하고, 의법치국(依法治國)과 사회주의 법제(法制)국가 건설을 견지하기 위해 견실한 기초를 다져야 한다.

중공중앙 국무원

1996년 4월 18일

〈중앙 선전부와 사법부의 국민 법제 선전・교육 전개의 제3차 5개년 계획〉[8]

전 국민에 대한 법률 보급 업무는 이미 진행된 지 10년이 되었고, 현저한 성과를 거두었다. 법률지식의 광범위한 보급은 국민의 법률의식을 확실하게 증가시켰고, 우리나라 민주법제건설의 과정을 촉진시켰으며, 사회안정을 유지하게 하였고, 경제건설과 각 사업의 발전을 촉진했다. 전 국민(公民)의 법제관념을 진일보 강화하고, 우리나라 국민경제와 사회발전 "제9차 5개년 계획"(九五計劃)과 2010년의 장기목표의 실현을 보장하기 위해, 이전의 제1, 2차 5개년 법률 보급 업무의 기초 위에서 전 국민에게 법제 선전・교육을 심화하여 전개할 필요가 있다. 이를 위해 특별히 제3

8 〈中央宣傳部・司法部關於在公民中開展法制宣傳教育的第三個五年規劃〉.

차 5개년 법제 선전・교육 계획을 제정한다.

1. 지도사상

제3차 5개년 법제 선전・교육 업무의 지도사상은 다음과 같다: 덩샤오핑(鄧小平) 동지의 중국 특색의 사회주의 이론 건설을 근본지침으로 삼아, 당의 기본 노선을 견지하고, 당의 제14기 중앙위원회 제5차 전체회의(14기 5중전회)의 정신을 심도 있게 관철하며, 전당과 전국의 업무대세(工作大局)에 복종 및 기여하고, 법제 선전・교육과 법제실천을 서로 결합하는 것을 견지하며, 각급 법률 보급 기구와 업무 주관부서의 적극성을 발휘하는 것을 견지하고, 반드시 새로운 것을 창조할 수 있도록 애쓰며, 전 국민의 헌법관념과 법률의식을 더욱 강화하고, 법제 권위를 수립하며, 각 사업의 의법치리(依法治理)를 전면적으로 추진하고, 사회주의 법제국가 건설의 과정을 촉진한다.

2. 목표・임무・대상과 요구

1) 전체목표

전 국민에게 헌법과 기본법률, 그리고 사회주의 시장경제의 법률지식을 주요 내용으로 하는 선전・교육을 지속적으로 더욱 심도 있게 진행하는 것을 통해 국민의 법률의식과 법제관념을 더욱 강화하고, 각급 간부는 의법 업무처리(依法辦事) 및 의법관리(依法管理)의 수준과 능력을 부단히 제고하며, 의법치국(依法治國: 법률에 의거한 국가통치 — 역자)을 촉진하고 사회주의 법제국가를 건설하도록 노력한다.

2) 주요 임무

(1) 덩샤오핑 동지의 사회주의 민주와 법제건설에 관한 이론을 심도 있게 학습하고, 각급 간부의 법학이론 수준을 힘써 제고하며, 자각적으로 이 이론을 운용해 법제건설의 실천을 지도하며, 의법 업무처리와 의법관리의 자각성을 강화한다.

(2) 헌법 지식과 국민의 업무·생활과 밀접히 관련된 기본법률 지식 및 사회안정을 유지하는 것과 관련이 있는 법률지식 교육을 지속적으로 전개한다. 국민의 권리·의무 관념을 강화하고, 법률에 의거하여 자신의 합법권익을 보호하는 국민의 능력과 법률 무기를 운용하여 위법 범죄행위에 맞서 투쟁하는 자각성을 제고한다.

(3) 사회주의 시장경제 법률지식의 보급에 중점을 둔다. 시장 주체를 규범화하고 시장질서를 유지하며 거시 조정을 강화 및 개선하며, 대외개방을 촉진하는 등의 내용(環節)에 대해 각각의 상황에 맞게 관련 법률·법규의 지식을 보급하고, 각급 영도간부와 국유기업 관리자가 법률을 운용하여 각종 경제관계를 조정하는 능력(本领)을 제고하여, 사회주의 시장경제의 건전한 운행을 보장하기 위한 조건을 만든다.

(4) 법률학습과 활용의 결합 원칙을 견지하여, 각 사업의 의법치리(依法治理)를 전면적으로 추진한다. 농촌·기업·기관·학교 및 각 업종(行業)은 모두 해당 지역·업종·단위의 실제와 결합해야 하며, 의법치리 업무를 중요 위치에 놓고 그 역량을 강화하고 수준을 제고해야 한다. 의법치국을 견지하는 것에서 출발하여, 적극적이고 온당하게 의법치현(依法治

縣), 의법치시(市), 의법치성(省)을 추진한다.

3) 교육대상

제3차 5개년 계획의 법제 선전・교육을 실시하는 대상은 다음과 같다: 노동자, 농(목축・어)민, 지식계층, 간부, 국유기업 관리자, 학생, 군인과 자영업자 및 기타 교육 수용 능력이 있는 모든 국민이 대상이다. 그 중에서 중점대상은 다음과 같다: 현처급(縣處級: 지방정부 현급, 중앙정부 처급 — 역자) 이상의 영도간부, 사법 공무원(司法人員)과 행정 법집행 공무원(行政执法人員), 국유기업 관리자(企業經營管理人), 청소년.

4) 기본요구

(1) 교육 수용 능력이 있는 국민은 모두 헌법과 기본법률 지식을 학습해야 하며, 법률을 알고(知法) 법률을 준수하고(守法) 법률을 수호(護法)하도록 노력하고, 법률에 의거하여 자신의 합법권익을 보호해야 한다.

(2) 현처급(縣處級) 이상의 영도간부는 덩샤오핑 동지의 사회주의 민주와 법제건설 이론을 심도 있게 학습한 기초 위에서, 헌법, 국가배상법, 행정처벌법, 행정소송법, 국가공무원 임시조례 및 각자의 직무와 연관된 기타 법률・법규를 중점적으로 이해 및 파악하고, 법률학습(學法), 법률활용(用法), 법률준수(守法)에서 모범역할을 발휘해야 한다.

(3) 사법 공무원과 행정 법집행 공무원은 각자의 직무와 관련된 법률・법규를 능숙하게 파악 및 운용해야 하고, 자신의 법률소질을 제고해야 하며, 공정하게 법을 집행하고, 법이 있으면 반드시 법에 근거하고(有法必依), 법집행은 반드시 엄격히 하며(執法必嚴), 법위반은 반드시 추궁해야 한다(違法必究).

(4) 국유기업 관리자는 회사법, 노동법 등 사회주의 시장경제와 밀접히 연관된 법률・법규를 집중적으로 파악해야 하며, 또한 기업 경영관리의 실제와 결합하고, 기타 관련 법률・법규를 학습하여 의법 경영관리의 수준을 제고해야 한다.

(5) 청소년의 법제 선전・교육을 꾸준히 지속해야 한다. 대학교・중고등학교・초등학교는 법제 선전・교육을 학생의 필수과목으로 삼고, 수업 요강을 만들고, 학습 교재를 만들며, 수업담당 교사를 채용하고, 수업시간을 확실히 보장해야 한다. 기층조직은 사회 청소년의 법률상식 교육에 매진해야 한다.

3. 방법과 절차

1) 업무방법

(1) 대면교육(面授) 위주를 고수한다. 다양한 형식을 이용하여 계획적으로 각종 인원을 대상으로 법률지식의 훈련을 진행한다. 각급 당교(黨校)・단교(團校)와 각급 간부학교(幹部學院)는 모두 법제교육 과목을 필수과목으로 개설해야 한다. 법제강좌를 잘 활용한다. 당위원회 중심조(黨委中心組)의 집단(集體)학습 등 다양한 형식의 영도간부 법률학습 활동에 지속적으로 매진해야 한다.

(2) 대중매체를 이용한다. 법제 선전・교육에서 각종 대중매체의 중요한 역할을 충분히 발휘한다. 각급 텔레비전・라디오・신문과 잡지의 법제 프로그램과 법제 칼럼을 잘 활용하여 선전역량을 확대한다. 동시에 각종 문예형식을 이용하여 법제 선전・교육을 전개한다.

(3) 선전 활동을 조직한다. 각 상황에 맞게 법제 사진(그림) 전시회를 개최하고, 법률지식 자문을 확대하며, 법률지식 퀴즈대회와 법제 문예 콩쿠르 등 다양한 활동을 조직하고, 법제 선전·교육의 사회적 분위기를 적극적으로 조성해야 한다.

(4) 분류지도(分類指導: 지도 대상을 나누어 지도 — 역자)를 실시한다. 각 급 법률 보급 주관기구(즉, 공산당 선전부와 정부 사법부 — 역자)와 각 업무 주관부서는 서로 다른 지역·부문·업종·대상의 특성에 맞추어 목표를 확정하고 임무를 제기하며 방법을 선택하여 법제 선전·교육의 효과를 제고해야 한다.

2) 실시절차

제3차 5개년 법제 선전·교육 계획은 1996년에 실시하기 시작하여 2000년에 종결한다.

1996년에 각 지역·부문은 5개년 계획을 제정해야 하고, 교재를 편찬하며, 시험 실시(試點)에 중점을 두고, 선전 기간요원(骨幹)을 훈련하며, 선전 시동(發動) 등의 업무를 잘 시행해야 한다.

1997년부터 1999년까지 각 지역·부문은 이번 계획의 요구에 근거하여 연도별 계획을 제정하고 법제 선전·교육 임무를 확정하며, 성실히 실시를 조직해야 한다.

2000년에는 이번 계획이 확정한 목표·임무 및 요구에 근거하여 각급 법률 보급 주관기구와 업무 주관부서는 총괄 검수를 조직한다.

4. 보장조치

(1) 법제 선전・교육의 대오(隊伍)를 안정화하고 강화한다. 각급 법률 보급 주관기구와 업무 주관부서는 업무의 필요에 적합한 업무요원을 배치하고 훈련하며, 업무요원을 위해 조건을 만드는 사업을 전개해야 한다.

(2) 법제 언론관계자(新聞工作者)의 소질을 제고한다. 실제단련(實際鍛煉), 업무훈련, 직업도덕 교육 등의 다양한 형식을 통해 언론관계자들의 업무능력을 제고하고, 정치성이 강하고 업무에 정통하며 태도가 올바른 법제 언론관계자의 대오를 배양한다.

(3) 법제 문예선전 대오를 배양한다. 직업 및 아마추어 문예단체와 도시 및 농촌의 문화관이 법제 선전・교육에서 역할을 충분히 발휘하고, 계획적으로 법제 문예 프로그램을 창작 및 연출하며, 비교적 높은 예술 수준을 구비한 법제 문예선전 대오를 형성한다.

(4) 간부 법률학습에서 강사진의 중요한 역할을 충분히 발휘하고, 법제선전 요원과 선전 강사 요원 대오를 안정화하고 발전시키며, 강사진이 업무를 전개하는 것을 지지하고 돕는다.

(5) 각 지역・부문은 법제 선전・교육을 업무계획에 포함하고, 법제 선전・교육 업무책임제를 수립하며, 직무책임을 명확히 하여 개인의 책임을 확실하게 하고, (임무를 ― 역자) 잘 배치하고 조사하여 업무가 실제적으로 잘 이행되도록 해야 한다.

(6) 각 성・자치구・직할시의 법제 선전・교육 주관기구, 중앙과 국가기관의 각 부문은, 해당 지역・부문의 집행 계획과 의법치리 업무를 전개하는 상황에 대해 책임을 지고 심사 감독과 총괄 검수를 진행한다. 연도별 및 단계별 총괄을 통해 앞서 가는 지역이나 부문은 표창하고, 뒤에 처진 지역이나 부문은 감독 및 독촉해야 한다. 필요한 법률지식을 구

비하고 있는가의 여부와 엄격히 의법 업무처리를 할 수 있는가의 여부를 간부 시험과 심사의 중요한 내용으로 삼는다.

(7) 법제 선전·교육에 필요한 경비는 각급 당위원회와 정부가 보장한다.

5. 조직지도

(1) 각급 당위원회·인민대표대회(人大)·정부는 법제 선전·교육 업무에 대한 지도와 감독을 확실하게 강화하고, 법제 선전·교육 영도소조(領導小組)와 사무기구(辦事機構)를 완비하고 강화하며, 이러한 업무를 사회주의 정신문명 건설과 민주법제건설의 중요한 구성 부분으로 삼고 중요한 의사일정에 포함해야 한다.

(2) 각급 당위원회의 선전부서와 정부의 사법행정부서는 법제 선전·교육의 주관기구로 계획의 제정과 지도·협조·검사·감독 등의 업무를 책임진다.

(3) 중앙과 국가기관 각 부문의 법률 보급 주관기구는 해당 부문·계통의 특징과 실제 수요에 따라 해당 부문·계통의 법제 선전·교육의 계획을 책임지고 제정 및 실시하며, 또한 구체적으로 조직하여 실행한다.

(4) 법제 선전·교육 업무에 대한 연구를 강화해야 하며, 이러한 업무가 점차적으로 규범화되고 제도화되도록 한다.

(5) 각 성·자치구·직할시의 법률 보급 주관기구, 중앙과 국가기관 각 부문은 해당 지역·부문의 법제선전 교재를 책임지고 편찬하며, 전국보법판공실(全國普法辦公室)에 보고 비치(備案)한다. 중앙 선전부와 사법부는 전국에서 일률적으로 편찬된 교재와 추천교재를 집필하고 심사 수정

하는 것을 책임진다.

중국인민해방군의 법제 선전·교육 업무는 중앙군사위원회가 본 계획에 따라 통일적으로 배치(部署)한다.

〈전국인민대표대회 상무위원회의 법제 선전·교육의 지속적인 전개 결의〉[9]

(1996년 5월 15일 제8기 전국인민대표대회 상무위원회 제19차 회의 통과)

1986년부터 시작하여 이미 10년여 동안 실시한 법제 선전·교육 업무는, 전 민족의 법률소질을 제고하고 사회주의 민주와 법제건설을 강화하며, 개혁·개방과 사회주의 현대화 건설사업의 발전을 보장하는 데 적극적인 역할을 해왔다. 사회주의 시장경제체제를 수립하고 완벽하게 하고자 하는 요구에 부응하기 위해, 국민경제와 사회발전 "제9차 5개년 계획"(九五規劃)과 2010년 장기 목표의 실현을 위해, 전국인민대표대회 상무위원회는 1996년부터 2000년까지 "제3차 5개년 법제 선전·교육"을 실시할 필요가 있다고 인식하고, 헌법·기본법률과 사회주의 시장경제의 법률지식을 주요 내용으로 하는 법제 선전·교육을 계속 심화하여 진행하는 것을 통해, 전체 국민의 법제관념과 법률의식을 더욱 강화하고, 각급 간부의 의법 업무처리(依法辦事) 및 의법관리(依法管理)의 수준과 능력을 부단히 제고하며, 법이 있으면 반드시 법에 근거하고(有法必依), 법집행은 반드시 엄격히 하며(執法必嚴), 법위반은 반드시 추궁한다(違法必究)는 것을 견지하여, 의법치국(依法治國)과 사회주의 법제국가(法制國家) 건설의 진전을 추진하고자 한다. 이를 위해 다음과 같이 결의한다:

---

9 〈全國人民代表大會常務委員會關於繼續開展法制宣傳教育的決議〉.

(1) 교육 수용 능력이 있는 모든 국민은 모두 법제 선전·교육을 받아야 하며, 헌법과 관련 법률지식을 열심히 학습하며, 법률을 알고 준수하며, 법률에 의거하여 국가·단체와 개인의 합법권익을 보호해야 한다.

(2) 각급 영도간부, 특히 고급 영도간부(高級領導幹部)는 솔선하여 헌법과 법률지식을 학습하고, 헌법과 법률을 모범적으로 준수하며, 의법 업무처리(依法辦事), 의법정책결정(依法決策), 의법관리(依法管理)를 엄격히 수행해야 한다. 각급 간부학교에서는 법제교육을 간부교육의 필수과정으로 삼아야 한다. 각 부문과 지방에서는 필요한 법률지식을 가지고 있는가의 여부와, 엄격히 의법 업무처리할 수 있는가의 여부를 간부 시험과 심사의 중요 내용으로 삼아야 한다.

(3) 사법기관과 행정 법집행(行政执法) 기관의 법집행 공무원은 업무의 필요에 따라 반드시 법률지식 훈련에 참가하고, 본인의 직무와 관련이 있는 법률·법규를 능숙하게 파악하고 운용하며, 자신의 법률소질을 제고하고, 법률에 의거해 직책을 이행하며, 의법행정(依法行政)과 공정사법(公正司法)을 달성해야 한다.

(4) 기업 및 사업단위의 경영관리자는 사회주의 시장경제 법률지식의 이해를 반드시 갖추어야 할 자질로 삼고, 해당 단위의 실제와 결합하여 관련 법률·법규를 학습하며, 엄격한 의법 경영관리를 달성하고, 자발적으로 시장질서를 준수하며, 사회의 공공이익을 보호해야 한다.

(5) 청소년 역시 반드시 필요한 법률지식을 구비해야 한다. 대학교와 중·고등학교(중등기술학교 포함), 초등학교는 모두 법제교육 과목을 개설해야 한다. 기층조직은 사회 청소년의 법률상식 교육에 중점을 두어야 한다.

(6) 서로 다른 대상의 특징에 맞게 다양한 종류의 형식을 운용하여 생동감 있고 활기찬 법제 선전·교육을 전개하고, 실제 효과를 높일 수

있도록 관심을 기울여야 한다. 문화·신문·출판·방송·텔레비전·영화 등의 부문은 대중 전파매체의 중요한 역할을 충분히 발휘하도록 해야 하며, 적극적이고 주동적으로 법제 선전·교육을 전개해야 한다.

(7) 법제 선전·교육은 반드시 법제실천과 경제건설 그리고 사회발전의 실제와 서로 결합하여야 하며, 모든 사업은 의법치리(依法治理: 법률에 의거한 관리 — 역자)를 전면적으로 추진해야 한다. 의법치국의 통치 방침을 견지하는 것에서부터 출발하여, 적극적으로 의법치촌(村), 의법치현(縣), 의법치시(市), 의법치성(省), 그리고 각 업종·부문의 의법치리 업무를 추진해야 한다.

(8) 〈국민 법제 선전·교육 전개의 제3차 5개년 계획〉을 실시하는 과정에서, 계속 심도 있게 법제 선전·교육을 전개하는 것은 전 사회의 공동 책임이며, 반드시 중국공산당의 지도하에 전 사회의 역량을 동원하여 완성해야 한다. 모든 국가기관과 무장역량, 각 정당과 사회단체, 각 기업 및 사업조직은 모두 해당 계통·단위에 속한 일반 국민에게 성실히 법제 선전·교육을 실시해야 한다. 각급 인민대표대회 상무위원회와 인민정부는 (각 지역의 — 역자) 실시계획(實施規劃)과 본 결의에 대한 지도와 감독을 강화해야 하며, 효과적인 조치를 채택하여 이러한 업무가 점차 법률화·제도화로 나아갈 수 있도록 하며, 전 사회에 법률학습(學法)·법률활용(用法)·의법 업무처리(依法辦事)의 사회 분위기를 형성하고, 개혁·개방과 사회주의 현대화 건설 사업을 위해 양호한 법제환경을 조성해야 한다.

Ⅳ. 제4차 법률 보급 운동(2001~2005년)

〈중공중앙・국무원의 '중앙 선전부와 사법부의 국민 법제 선전・교육 전개의 제4차 5개년 계획' 전달 배포의 통지〉[10]

각 성・자치구・직할시의 당위원회(黨委)와 인민정부, 각 대군구(大軍區)의 당위원회, 중앙 및 국가기관의 각 부(部)・위원회(委), 군사위원회(軍委) 각 총부(總部)・각 군(軍) 병종(兵種)의 당위원회, 각 인민단체:

중국공산당 중앙(黨中央)과 국무원은 〈중앙 선전부와 사법부의 국민 법제 선전・교육 전개의 제4차 5개년 계획〉을 이제 여러분에게 전달 배포하니, 해당 지역과 부문의 실제 상황과 결합하고, 구체적으로 배치하여, 열심히 조직하여 실시하기를 바란다.

사회주의 법제 선전・교육의 심화 전개는 전 국민, 무엇보다 각급 영도간부의 법률의식과 법률소질을 제고하고, 의법치국과 사회주의 법치국가 건설의 기본 방침의 중요 내용을 철저히 이행하며, (국민경제와 사회발전 — 역자) "제10차 5개년 계획(十五計劃)"이 제시한 중요 임무와 "제10차 5개년 계획"을 실시하는 법제 보장을 제고하기 위함이다. 각급 당위원회・인민대표대회(人大)・정부는 장쩌민(江澤民) 동지의 "3개대표"(三個代表: 공산당은 가장 광범위한 인민의 이익, 선진문화, 선진 생산력을 대표해야 한다는 주장 — 역자)에 관한 중요사상에 따라, 제4차 5개년 법률 보급 계획의 관철에 대한 지도와 감독을 확실하게 강화하고, 이 업무를 각 지역의 경제・사회 발전의 전체 계획에 포함하고 통일적으로 고려하고 배치하여, 제4차 5개년 계획이 실제 상황에 부합하도록 해야 한다. 전 국민의 법률소질과 전 사회의

---

10 〈中共中央・國務院轉發'中央宣傳部・司法部關於在公民中開展法制宣傳教育的第四個五年規劃'的通知〉.

법치화(法治化) 관리수준의 제고를 목표로 하여, (법률 — 역자) 학습과 활용을 결합하고, (여러 부서의 — 역자) 공동관리를 견지하며, 의법행정(依法行政)과 공정사법(公正司法)을 촉진하고, 전 국민의 법제 선전・교육과 각 지역・부문・단위의 의법치리(依法治理) 업무를 계속 추진해야 한다. 15년여 동안의 우리나라 법제 선전・교육과 의법치리 업무의 경험을 성실히 총괄하고, 현실에 근거하고 미래에 대한 긴 안목을 바탕으로 법제 선전・교육의 입법(立法) 업무에 박차를 가하고, 법제 선전・교육 업무의 규범화와 법제화를 실현하는 데 노력해야 한다. 전 당원, 특히 각급 영도간부는 법률의식과 의법 업무처리의 능력을 부단히 강화해야 하며, 전 국민의 법률의식과 법률소질의 제고를 촉진하고, 사회주의 법치(法治)국가 건설을 위해 견실한 기초를 다져야 한다.

중공중앙 국무원

2001년 4월 26일

〈중앙 선전부와 사법부의 국민 법제 선전・교육 전개의 제4차 5개년 계획〉11

공산당 중앙과 국무원의 지도하에 우리나라는 이미 3차에 걸친 5개년 법제 선전・교육 계획을 실시하여 중대한 성과를 거두었다. 법률상식이 광범위하게 보급되었고, 법제교육과 법제실천이 긴밀히 결합되어 광대한 국민의 법률의식이 현저히 증가되었고, 사회 각 사업의 의법치리 업무가 활발히 전개되었다. 이러한 모든 내용은 의법치국과 사회주의 법치국가의 기본방침을 실시하는 과정에서 중요한 기초역할을 발휘했고, 개혁과 발전

11 〈中央宣傳部・司法部關於在公民中開展法治宣傳教育的第四個五年規劃〉.

의 안정적인 상황을 유지하는 데 중요한 보장(保障) 역할을 발휘했다. 2001년은 새로운 세기에 진입하는, 그리고 (국민경제와 사회발전 — 역자) "제10차 5개년 계획"의 실시와 사회주의 현대화 건설의 3단계(第三步) 전략목표를 실현하는 첫 번째 해이며, 이는 우리나라 민주법제건설과 법제 선전·교육 업무에서 새로운 임무와 요구를 제기한다. 우리는 전 국민의 법률소질과 전 사회의 법치화 관리수준을 더욱 제고해야 하며, 두 개의 문명건설(즉 물질문명과 정신문명 — 역자)을 위해 더욱 양호한 법치환경을 조성해야 하고, 전 국민에게 계속해서 법제 선전·교육을 심화해야 할 필요가 있다. 이를 위해 특별히 법제 선전·교육의 제4차 5개년 계획을 제정한다.

1. 지도사상

제4차 5개년 법제 선전·교육 계획의 지도사상은 다음과 같다: 덩샤오핑 이론의 위대한 기치를 높이 들고, 당의 제15차 당대회(15大) 정신을 심도 있게 관철하며, 장쩌민 동지의 "3개대표" 중요사상을 지도로 삼아, 국민경제와 사회발전 제10차 5개년 계획이 확정한 광대한 목표에 기반하고, 사회주의 시장경제체제를 수립하고 완전하게 하는 객관적인 수요에 근거하여, 또한 의법치국과 사회주의 법치국가 건설의 기본방침의 전체 요구에 입각하여, 당과 국가의 업무대세(工作大局)를 중심에 놓고, 법제 선전·교육을 계속 심화 전개하고, 광대한 국민의 법률소질을 진일보 제고한다. 법제교육과 법제실천의 상호 결합을 지속적으로 견지하고, 의법치리(依法治理)를 적극 추진하며, 전 사회의 관리업무가 점차적으로 법치화 궤도에 오르도록 하고, 경제건설과 사회의 각 사업이 건전하게 발전하도록 보장하고 촉진한다.

2. 목표와 임무

1) 목표

우리나라 헌법 원칙과 새로운 시기 사회주의 민주법제건설의 발전과정에 근거하여, 법제 선전·교육을 심화 전개하고, 전 국민, 특히 각급 영도간부의 법률소질을 전면적으로 제고한다; 지방(地方)·업무(行業)·기층(基層)의 의법치리를 견실히 추진하고, 사회의 법치화 관리수준을 전면적으로 제고한다. 제4차 5개년 법률 보급 계획의 실시를 통해, 전 국민의 법률의식(法律意識)을 제고하는 것에서 전 국민의 법률소질(法律素質)을 제고하는 것으로의 전환을 열심히 실현하고, 행정수단에 의존한 관리에 치중하는 것에서 법률수단을 운용한 관리에 중점을 두는 방향으로의 전환을 실현하며, 전 방위적으로 각 사업의 의법치리를 추진하고, 의법치국과 사회주의 법치국가 건설을 위해 견실한 기초를 다진다.

2) 임무

(1) 덩샤오핑의 민주법제 이론과 당의 의법치국 및 사회주의 법치국가 건설의 기본방침을 지속적으로 심도 있게 학습하여, 헌법과 기본법률을 학습 선전하고, 국민의 업무·생산·생활과 밀접히 관련된 법률·법규의 지식을 학습 선전하며, 광대한 국민의 법률소질을 제고하도록 노력한다. 국민의 권리와 의무가 대등하다는 현대 법제관념을 중점적으로 배양하고, 국민의 준법(遵紀守法)의식, 합법권익 수호의 의식, 민주참여와 민주감독의

의식을 강화한다. 광대한 간부, 특히 영도간부의 사회주의 법제이론의 수준을 중점적으로 제고하고, 의법정책결정 · 의법행정 · 의법관리의 능력을 제고한다.

(2) 당과 국가의 중심 업무를 중심으로 하여 적극적으로 법제 선전 · 교육을 전개한다. 사회주의 시장경제, 특히 시장경제 질서를 정돈하고 규범화하는 것과 관련된 법률 · 법규를 선전해야 하고, 국가의 서부대개발(西部大開發)을 보장하고 촉진하는 것과 관련된 법률 · 법규를 선전하며, 세계무역기구(WTO) 가입과 연관된 법률지식을 선전하고, 사회안정의 유지와 관련된 법률 · 법규를 선전하며, 사회발전에 따라 절박하게 보급이 요구되는 각종 법률 · 법규를 선전하고, 개혁 · 발전 · 안정을 위해 좀 더 양호한 법치환경을 조성한다.

(3) 법제교육과 법제실천의 상호 결합을 견지하고, 의법치리 업무를 지속적으로 촉진한다. 의법치리는 법제 선전 · 교육의 내재적 요구이다. 법률학습과 활용 간의 관계를 적절히 처리해야 하며, 법제 선전 · 교육을 기초로, 의법행정과 공정사법을 중점으로, 법치화 관리를 목표로, 의법치리의 역량을 더욱 확대하고, 의법치리의 과정을 적극적으로 추진한다.

(4) 법제교육과 사상도덕 교육을 긴밀히 결합하고, 의법치국과 이덕치국(以德治國: 덕에 의거한 통치 — 역자)을 긴밀히 결합하여 민주법제건설과 정신문명 건설을 촉진한다.

3. 업무요구

(1) 교육 수용 능력이 있는 국민은 모두 헌법과 국가 기본법률지식을 성실히 학습해야 하고, 사회주의 민주법제 의식을 부단히 강화하며, 열심

히 법률을 학습하고 법률을 알고 법률을 준수하고 법률을 활용하고 법률을 수호해야 한다. 각급 영도간부, 사법 공무원(司法人員)과 행정 법집행 공무원(行政執法人員), 국유기업 관리자(企業經營管理人), 청소년은 법제 선전・교육의 중점 대상이다.

각급 영도간부는 솔선하여 법률을 학습하고 활용해야 하며, 의법정책결정・의법행정・의법관리를 수행하고, 지도방식과 관리방식의 전환을 적극적으로 실현해야 한다. 사법 공무원과 행정 법집행 공무원은 자신의 법률소질 제고에 노력하고, 헌법과 법률에 충실하며, 사법공정과 엄격한 법집행을 준수하고, 자각적으로 국가 법제의 권위와 준엄함을 수호해야 한다.

청소년 학생들은 법률소질의 양성에 노력해야 한다. 각급 학교는 법제교육 과정을 개설해야 하고, 계획・수업시간・교재・교사 자격의 "네 가지의 완전한 실행"(四落實)을 구체화 및 확정하여, 기본 법률상식을 보급하는 임무가 9년의 의무교육 기간 내에 완성되도록 보장해야 한다. 사회청소년의 법제 선전・교육에 매진해야 한다.

국유기업 관리자는 사회주의 시장경제의 법률・법규 지식과 국제경제 무역의 법률지식, 기업관리 법률지식 등을 중점적으로 학습하고 숙달해야 하며, 의법 경영관리의 수준과 능력을 제고해야 한다. 농촌의 촌과 진(鎭: 한국의 읍에 해당 — 역자), 도시의 사구(社區: 공동체 — 역자) 간부의 법률훈련 및 유동인구에 대한 법제 선전・교육을 중시해야 한다.

(2) 법률학습과 법률활용의 상호 결합을 견지하고, 지방의 의법치리를 적극적으로 전개한다. 법제 선전・교육에 중점을 두는 기초 위에서, 의법치성(省), 의법치시(市), 의법치현(縣), 의법치향(鄕)의 결정・결의・계획을 성실히 제정하여 실시하고, 지방의 입법・사법・법집행(執法)・법률 보급・법률감독・법률서비스 등의 내용을 중점으로 지방의 정치・경제・문화 사업과 사업 사무관리의 법치화를 점차적으로 실현해야 한다.

각 부문과 업종은 자신의 업무 직능과 특징을 결합하여, 해당 부문・업종과 관련된 법률・법규를 중점적으로 학습하고, 또한 의법치리의 실시방안을 제정하고 완전하게 개선하며, 의법행정을 전면적으로 추진하고, 엄격한 법집행과 공정사법을 실행하며, 업종의 의법치리 수준을 대대적으로 제고해야 한다.

촌(村)과 진(鎭), 사구(社區), 기업, 학교 등 기층단위의 법률 보급과 의법치리 업무에 중점적으로 매진해야 한다. 유관 법률규정에 따라 촌민규약(村規民約), 주민규약(居民公約) 및 기층단위의 의법치리 규정(章程)을 제정하고 효과적인 운영기제를 건립하는 것은, 민주관리와 민주감독을 실현하고 기층의 의법치리를 강화하는 것이다. 기층의 사회안정을 유지하고, 기층의 민주정치 건설을 촉진해야 한다.

지방・업종・기층 의법치리의 성공적인 경험과 선진적인 모범사례(典型)를 성실히 총괄하고 강력하게 선전해야 하며, 지도를 강화하고 분위기를 조성하며, 이러한 기초 위에서 각 사업의 의법관리를 전면적으로 추진해야 한다.

(3) 영도간부의 법제강좌제도와 이론중심조(理論中心組)의 법률학습제도, 법률훈련제도, 중대 정책결정 시 법률자문 심사제도 및 임용 전 법률지식 시험심사제도를 완전하게 제정하고 수립하며, 특수한 상황의 지방 역시 법률지식 임용제도(法律知識任職制度)를 실시할 수 있다. 각급 정부의 법률고문제도를 적극 추진한다.

공무원의 법률지식 훈련・시험・심사 제도를 완전하게 수립한다. 공무원의 법률학습과 법률활용을 국가공무원 "제10차 5개년" 훈련의 전체계획에 포함시켜야 하며, 시험을 통일적으로 조직하고 합격증제도를 실행하며, 이것을 공무원의 심사・보직・평가・승진의 중요한 근거로 삼아야 한다.

행정 법집행 공무원과 사법 공무원의 완전한 법집행책임제(執法責任制), 법집행공시제(執法公示制), 오심·법집행과오 책임추궁제(錯案執法過錯責任追究制)를 제정하여, 행정 및 사법권력에 대한 감독을 강화한다.

기업관리자의 완전한 법률지식 훈련제도를 수립한다. 기업관리자가 법률을 학습하는 것을 "제10차 5개년" 기업지도자 훈련요강의 중요 내용의 하나로 삼고, 의법정책결정·의법관리·의법경영을 기업관리자, 특히 국유기업 경영관리자를 심사하는 중요한 근거 중의 하나로 삼아야 한다. 완전한 기업 법률고문제도를 수립한다.

법제 선전·교육의 진지(陳地) 건설을 강화한다. 각급 각층의 법제 선전·교육 근거지(基地)를 지속적으로 공고히 발전시켜야 하며, 청소년 법제교육 기지를 점차적으로 건립하고, 교사의 자질·교재·시설 건설을 강화해야 한다. 각급 당교(黨校), 간부학교(幹部學院), 단교(團校), 농촌 야간학교는 법제교육 과정을 개설하고, 특히 각급 당교와 행정학원(行政學院)은 영도간부의 법률지식 훈련 업무에서 주요한 경로 역할을 발휘해야 한다.

4. 절차와 방법

1) 절차

제4차 5개년 법률 보급 계획은 2001년에 실시가 시작되며 2005년에 종결된다.

2001년에 각 지역·부문·업종은 본 계획에 근거하여 5개년 계획을 제정하고, 교재를 편찬하며, 시험 실시(試點)하고, 핵심인원(骨幹)을 훈련하며, 조직·선전·시동 등의 업무를 실행한다.

각 성・자치구・직할시의 법률 보급 및 의법치리의 주관기관, 중앙과 국가기관의 각 부문과 업종은 해당 지역・부문・업종의 교재를 책임지고 편찬하고, 전국보법판공실(全國普法辦公室)에 보고 비치한다. 중앙 선전부와 사법부는 전국적으로 통일 편찬하는 교재의 편저와 심사, 교재 추천의 책임을 맡는다.

2002년에서 2004년까지 각 지역・부문・업종은 법제 선전・교육의 연도별 계획을 제정하고 구체적으로 배치하여 성실하게 조직하여 실시한다.

2005년에는 본 계획이 확정한 목표・임무・요구에 근거하여 각급 법률 보급 및 의법치리 주관기관이 총괄 검수를 조직한다.

2) 방법

(1) 실제에 맞추어 전력투구하여 실시한다. 해당 지역・부문・업종의 구체적인 상황과 결합하고 상황에 맞추어 법제 선전・교육을 전개하며, 전체적인 상황을 고려하면서도 중점을 특화하고 적절한 조치를 채택하고 형식주의를 방지하며, 법제 선전・교육이 진정한 실효를 거둘 수 있도록 보장해야 한다.

(2) 전면적으로 관리하고 함께 행동하여 총체적으로 추진한다. 법률학습과 법률활용의 상호 결합을 견지하고, 법제교육과 법제실천을 상호 결합하며, 법률 보급 교육과 의법치리의 내용과 형식에서 계속 혁신을 이루고, 전면적으로 관리하고 함께 고려하며 총체적으로 추진한다.

(3) 수직・수평 지도를 결합하고(條塊結合: 상급기관과 동급기관이 동시에 지도하는 것을 의미 — 역자) (여러 부서가 — 역자) 공동 관리한다. 전국적인 범위에서 법제 선전・교육을 지속적으로 심화 전개하는 것은 지역이 광범위하고 임무가 막중하므로, 각 지역은 모두 동급 당위원회와 정부의 통일적

인 조직 지도하에, 또한 인민대표대회(人大)와 인민정치협상회의(人民政治協商會議/政協: 일종의 통일전선 조직 — 역자)의 대폭적인 지지와 감독하에, 수직·수평 지도의 결합을 견지하고, 상호 연합하여 추동하며, 지방과 업종·부문의 적극성을 충분히 발휘하여 업무 협력을 이루어내야 한다.

(4) 전형(典型)을 널리 보급하고, 분류지도(分類指導)한다. 조사연구를 주의 깊게 실행하고, 부단히 경험을 총결산(總和)하며, 각종 전형의 시범 역할을 충분히 발휘한다. 동시에 서로 다른 지역·부문·업종·대상의 특징에 근거하여, 적실성(針對性) 있게 목표를 확정하고 요구를 제출하며, 법제 선전·교육이 형세의 변화와 발전에 부응할 수 있도록 해야 한다.

(5) 여러 다양한 경로를 통해 광범위하게 선전한다. 다양한 형식의 법제 선전·교육 활동을 적극적으로 조직하고, 법률자문과 법률지식 퀴즈대회를 개최하며, 법제 사진 전람회 등을 개최한다. 대중매체의 역할을 충분히 발휘하고, 방송·텔레비전·신문·잡지·인터넷 등의 법제 특별란과 특정 주제에 관한 프로그램, 법제 시리즈 강좌 등을 잘 운영해야 한다. 법제 뉴스, 법제 영화와 텔레비전 그리고 법제 문예의 교육 인도 역할을 지속적으로 발휘하여, 대중이 생동감 있고 구체적이며 은연중에 감화되는 법제 선전·교육을 받을 수 있도록 해야 한다.

(6) 우리나라의 현행 헌법반포일(實施日)인 12월 4일을 매년 1회의 전국 법제선전일로 삼는다.

5. 조직지도 및 보장조치

(1) 각급 당위원회·인민대표대회·정부는 법제 선전·교육과 의법치리 업무에 대한 지도와 감독을 강화해야 하고, 영도기구를 더욱 완전하게

하며, 당위원회의 지도와 정부의 실시, 인민대표대회의 감독, 그리고 전 사회의 참여와 운행기제를 완전하게 개선해야 한다. 법률 보급과 의법치리 업무를 사회주의 정신문명 건설과 민주법제건설의 중요한 구성부분으로 삼아 의사일정에 배치하고, 해당지역의 국민경제와 사회발전 5개년 계획에 포함시켜야 한다.

(2) 각급 당위원회의 선전부서와 정부의 사법행정부서는 본 계획의 구체적인 조직과 실시를 책임진다. 각급 당위원회 및 정부의 지도와 지지하에, 업무처리 기구를 더욱 완전하게 하고, 계획의 제정을 책임지며, 조직・협조・검사・지도 업무를 수행해야 한다. 법제 선전・교육과 의법치리 업무에 필요한 경비는 각급 정부의 재정예산에 반드시 포함하고, 업무의 효과적인 운행을 보장해야 한다.

(3) 중앙과 국가기관 각 부문의 법률 보급 주관기구는 해당 부문・단위의 실제 수요에 따라 계획을 제정하고 조직하여 실시해야 한다.

(4) 각 지역・부문・업종은 법제 선전・교육의 업무책임제를 수립하여 실행하고, 책임을 명확히 하며, 목표관리를 실행하고, 배치와 검사를 실시한다. 각급 인민대표대회와 인민정치협상회의는 시찰(視察) 및 검사(檢査) 활동을 잘 실행하고, 정기적으로 법제 선전・교육 계획의 이행 상황을 심의해야 한다.

(5) 완전한 감독과 격려기제를 수립하고, 각 지역・부문・업종의 적극성을 동원하여, 법제 선전・교육 업무의 심도 있는 발전을 촉진해야 한다.

중국인민해방군과 무장경찰 부대의 법제 선전・교육 업무는 중앙군사위원회가 본 계획의 정신에 근거하여 군대와 무장경찰 부대의 특징을 결합하여, 계획을 제정하고 배치하여 조직 실시해야 한다.

〈전국인민대표대회 상무위원회의 법제 선전·교육의 심화 전개 결의〉[12]

(2001년 4월 28일 제9기 전국인민대표대회 상무위원회 제21차 회의 통과)

1986년 이래, 우리나라는 이미 세 차례의 5개년 법제 선전·교육 계획을 실시했고, 광대한 국민의 법제관념이 명확히 증강되었으며, 사회 각 사업의 의법치리 업무가 점차적으로 확대 전개되었고, 개혁과 발전의 안정을 보장하는 대세(大局)하에 의법치국 기본방침의 실시를 촉진하는 가운데 적극적인 역할을 발휘해 왔다. 새로운 세기에 우리나라의 사회주의 현대화 건설의 요구에 부합하기 위해, 또한 국민경제와 사회발전의 "제10차 5개년 계획"을 순조롭게 실시하고 사회주의 민주와 법제건설을 적극적으로 추진하기 위해, 2001년부터 2005년까지 전 국민에게 법제 선전·교육의 제4차 5개년 계획을 계속 실시할 필요가 있다. 법제 선전·교육을 심도 있게 전개함으로써 덩샤오핑의 민주법제건설 이론, 의법치국 기본방침, 헌법·법률을 선전 학습하고, 의법치리 업무를 견실히 추진하며, 전 국민의 법률소질과 전 사회의 의법 관리수준을 진일보 제고하고, 법이 있으면 반드시 법에 근거하고, 법집행은 반드시 엄격히 하며, 법위반은 반드시 추궁함으로써, 경제건설과 사회 각 사업이 순조롭게 발전하는 것을 보장하고 촉진해야 한다. 이를 위해 특별히 이하의 결의를 제정한다.

(1) 계속해서 헌법의 선전 학습을 심화하고, 전 국민의 헌법의식을 강화한다. 광대한 국민의 권리·의무와 밀접히 관련된 법률·법규의 선전·교육을 확대 전개하도록 노력하고, 국민의 준법의식과 법률에 의거한 권리 수호 의식을 강화한다. 당과 국가의 중심 업무와 관련하여, 사회주의 시장경제의 법률·법규를 선전하고, 서부대개발을 보장하고 촉진하는 법률·

12 〈全國人民代表大會常務委員會關於進一步開展法制宣傳教育的決議〉.

법규를 선전하고, 우리나라가 세계무역기구(WTO)에 가입한 이후 국민들이 숙지할 필요가 있는 법률·법규를 선전하고, 사회치안을 강화하고 사회안정을 유지하는 것과 관련된 법률·법규를 선전하고, 광대한 국민이 위법범죄행위와 투쟁하는 자각성을 강화하고, 개혁과 발전의 안정을 위해 양호한 법치환경을 조성한다. 의법치국과 이덕치국(以德治國)을 상호 결합하며, 법제교육과 사상도덕 교육을 상호 결합하고, 사회주의 민주법제건설과 정신문명 건설 그리고 물질문명 건설이 함께 발전하도록 촉진한다.

(2) 전 국민은 모두 법제교육을 받아야 한다. 중점은 각급 영도간부, 사법 공무원(司法人員)과 행정 법집행 공무원(行政執法人員), 청소년과 국유기업 관리자(企業經營管理人)의 법제교육을 더욱 강화하는 것이다. 특히 각급 영도간부는 솔선하여 법률을 학습하고 준수하며 활용해야 하며, 법제관념 특히 헌법관념을 강화하고, 의법정책결정(依法决策)과 의법관리(依法管理)를 (실천 — 역자)해야 한다. 사법 공무원과 행정 법집행 공무원은 자신의 직무와 관련된 법률·법규를 반드시 심도 있게 학습하고 숙련되게 파악해야 하며, 공정사법(公正司法)과 의법행정(依法行政)을 실행하고, 자각적으로 법제의 통일과 권위를 유지하며, 국민의 합법권익을 보호해야 한다. 청소년은 반드시 초등학교부터 법제교육을 받아야 하고, 9년의 의무교육 기간 내에 국민으로서 마땅히 이해해야 하는 기본 법률상식을 습득해야 한다. 국유기업 관리자는 반드시 해당 업무와 관련된 법률·법규를 열심히 학습해야 하고, 의법 경영관리의 자각성을 증가해야 한다.

(3) 법제 선전·교육은 의법치국과 사회주의 법제국가 건설의 기초 업무이다. 제4차 5개년 법제 선전·교육 계획의 실시는, 의법치국의 방침을 적극적으로 관철하며, 법률의 학습과 활용, 그리고 법제 선전·교육과 의법치리의 실천을 긴밀히 결합해야 한다. 지방의 의법치리 업무를 적극적으로 전개하고, 각 사무 관리의 법제화를 점차적으로 실시한다; 각 부

문과 업종의 의법치리 업무를 적극적으로 확대 전개하고, 의법행정・의법관리의 수준을 부단히 제고한다; 기층의 의법치리 업무를 적극적으로 전개하고, 인민 내부의 모순을 정확히 처리하며, 사회안정을 유지하고, 기층 민주정치의 건설을 추진한다; 당과 국가의 중심 업무와 관련하여 각종 형식의 의법치리의 전문적인 활동을 전개하고, 각 사업이 순조롭고 건전하게 발전하도록 추진한다.

(4) 법제 선전・교육은 상황과 긴밀히 결합하여 전개하고, 적실성 있게 진행해야 한다. 문화・언론・출판・방송・영화・텔레비전 등의 부문은 대중매체의 역할을 충분히 발휘하여 다양하고 생동감 있는 법제 선전・교육을 전개하고, 충분한 법제 여론 분위기를 형성해야 한다. 거민위원회(居民委員會)와 촌민위원회(村民委員會) 등의 기층조직의 역할을 충분히 발휘하고, 법제 선전・교육 업무가 모든 가정에까지 도달하도록 해야 한다.

(5) 전 국민에게 법제 선전・교육을 더욱 확대 전개하는 일은, 중국공산당의 지도하에 전 사회역량을 동원하고 의지하여 완성해 나가야 한다. 모든 국가기관과 무장역량, 각 정당과 사회단체, 각 기업조직과 각급 학교는 모두 법제 선전・교육 업무를 고도로 중시하고 적극적으로 참여하며, (여러 부서가 — 역자) 공동 관리하고, 책임을 명확히 하며, 제도를 완비하고 실제 효과를 중시해야 한다.

(6) 각급 인민대표대회와 상무위원회는 법제 선전・교육 업무와 의법치리 업무의 감독을 강화해야 하며, 업무 상황 보고를 청취하고, 시찰 활동과 조사 연구 및 법집행검사(執法檢查)를 전개하여, 본 결의의 집행을 감독하고 독촉해야 한다.

Ⅴ. 제5차 법률 보급 운동(2006~2010년)

〈중공중앙·국무원의 '중앙 선전부와 사법부의 국민 법제 선전·교육 전개의 제5차 5개년 계획' 전달 배포의 통지〉13

각 성·자치구·직할시의 당위원회(黨委)와 인민정부, 중앙 및 국가기관의 각 부(部)·위원회(委), 인민해방군 각 총부(總部)·각 대단위(大單位), 각 인민단체:

〈중앙 선전부와 사법부의 국민 법제 선전·교육 전개의 제5차 5개년 계획〉 [이하 "제5차 5개년 법률 보급 계획"(五五普法規劃)으로 약칭]이 이미 중앙의 동의를 얻어 이제 여러분에게 전달 배포하니, 실제 상황과 결합하여 구체적으로 배치하여 열심히 조직하여 전개하기를 바란다.

법제 선전·교육은 전체 인민의 법률소질을 제고하고 의법치국의 기본방침(基本方略)과 사회주의 법치국가의 건설을 추진하는 기초 업무이다. 법제 선전·교육을 지속적으로 심도 있게 전개하는 것은, 공산당의 제16차 당대회와 제16기 중앙위원회 제5차 전체회의(16기 5중전회)의 정신을 관철하여 완전하게 실행하는 중요한 임무이며, (국민경제와 사회발전 — 역자) "제11차 5개년 계획"(規劃)을 실시하고 사회주의 조화사회(和諧社會)를 수립하며 전면적 소강사회(小康社會)를 건설하는 데 중요한 보장이기도 하다. 각급 당위원회와 인민대표대회 및 정부는 법제 선전·교육 업무를 고도로 중시하고, 법제 선전·교육 업무의 지도(領導)와 감독을 실질적으로 강화하며, 이 업무를 해당 지역의 경제·사회발전의 전체 계획에 포함하여, 제5차 5개년 법률 보급 계획이 제대로 실행되도록 보장해야 한

13 〈中共中央·國務院轉發'中央宣傳部·司法部關於在公民中開展法制宣傳教育的第五個五年規劃'的通知〉.

다. 전당의 모든 동지들, 특히 각급 영도간부는 솔선해서 법률지식을 학습하고, 헌법의식과 법제관념의 제고에 노력해야 하며, 의법집권(依法執權: 법률에 의거한 집권 — 역자)과 법률을 운용한 경제・사회 사무 관리능력을 지속적으로 강화해야 한다. 공무원의 법제 선전・교육을 더욱 강화하여 법률소양을 제고하고, 의법정책결정(依法決策)・의법행정(依法行政)・의법관리(依法管理)를 실시하며, 업무효율과 인민을 위한 서비스의 수준을 부단히 제고해야 한다. 법제 선전・교육의 입법(立法)을 더욱 강화하여 법제 선전・교육 업무의 제도화와 규범화를 촉진해야 한다. 각 지역・부서・업종은 모두 실제와 결합하여 법제 선전・교육 업무를 대대적으로 전개하고, 법률학습과 법률활용의 결합(學用結合)을 견지하며, 의법치리(依法治理: 법률에 의거한 관리 — 역자)를 심도 있게 추진하여 사회 전체의 법치화 관리 수준을 전면적으로 제고하여, 사회주의 조화사회와 전면적 소강사회의 건설을 위해 강력한 법제적 보장을 제공해야 한다.

중공중앙 국무원

2006년 3월 17일

〈중앙 선전부・사법부의 국민 법제 선전・교육 전개의 제5차 5개년 계획〉[14]

중국공산당 중앙과 국무원의 정확한 지도하에 우리나라는 이미 제4차 5개년 법률 보급 계획을 순조롭게 실시했고, 헌법을 핵심으로 한 법률지식이 비교적 광범위하게 보급될 수 있었으며, 인민 군중의 법률의식과 법률소질이 눈에 띄게 향상되었다; 의법치리 업무를 심도 있게 전개하고,

14 〈中央宣传部、司法部關於在公民中開展法制宣傳教育的第五個五年規劃〉.

각 사업의 법치화 관리수준이 점진적으로 제고되었으며, 의법치국 기본방침의 실시 및 사회주의 조화사회 건설 중에 법제 선전・교육이 중요한 역할을 발휘했다. 공산당 제16차 당대회(16大)와 제16기 중앙위원회 제5차 전체회의(16기 5중전회)는 법제 선전・교육 업무의 완수에 대해 더욱 명확한 요구를 제시했다. 법제 선전・교육의 대대적인 전개는, (국민경제와 사회발전의 — 역자) 제11차 5개년 계획의 순조로운 실시 보장 및 전면적 소강사회 건설의 장대한 목표 실천에 매우 중요한 의의를 지닌다. 새로운 형세와 새로운 임무가 법제 선전・교육 업무에 대해 제기한 새로운 요구에 부응하기 위해, 특별히 본 계획을 제정한다.

1. 지도사상, 주요 목표와 업무원칙

제5차 5개년 법제 선전・교육 계획 업무의 지도사상은 다음과 같다: 덩샤오핑 이론과 "3개대표"(三個代表) 중요사상을 지도로 삼고, 제16차 당대회 및 제16기 3중전회, 4중전회, 5중전회의 정신을 심층적으로 관철하며, 과학적 발전관(科學發展觀)을 전면적으로 실천하고, 경제・사회발전의 목표와 임무를 굳건하게 중심으로 삼으며, 의법치국 기본방침의 요구에 따라 법제 선전・교육을 심층적으로 전개하고, 의법치리(依法治理)를 강력히 추진하며, 법제교육과 법치실천의 상호 결합 및 법제교육과 도덕교육의 상호 결합을 견지하여, 사회주의 조화사회의 수립과 전면적 소강사회의 건설에 양호한 법치환경을 제공한다.

제5차 5개년 법제 선전・교육 계획의 주요 목표는 다음과 같다: 당과 국가의 업무대세(大局)에 부응하고, 법률지식에 대한 전체 사회 및 광대한 인민 군중의 현실적 수요에 부응하며, 국가 민주법제건설의 새로운 진전과 새로운 성과를 긴밀하게 결합하고, 더욱 심층적이고 확고한 법제 선전·교육 및 법치실천을 통해 전체 인민의 법률의식 및 법률소질을 더욱 제고한다; 공무원의 사회주의 법치이념을 더욱 강화하고, 의법행정의 능력 및 수준을 제고한다; 의법치리에 대한 각급 정부와 사회조직의 자각성(自覺性)을 더욱 강화하고, 의법관리 및 사회에 대한 서비스 수준을 제고한다.

제5차 5개년 법제 선전·교육 계획의 업무는 다음과 같은 원칙을 견지해야 한다.

• 중심견지(圍繞中心)와 대세기여(服務大局)의 원칙을 견지한다. (국민경제와 사회발전 — 역자) 제11차 5개년 계획의 전체 목표를 중심에 두고 굳건히 따르고, 법제 선전·교육의 각 업무를 계획하고 실천하며, 경제건설과 개혁·개방, 사회주의 조화사회의 건설을 위해 기여하도록 한다.

• 이인위본(以人爲本: 국민을 근본으로 함 — 역자)과 군중에의 기여(服務群衆)의 원칙을 견지한다. 전적으로 인민을 위한 기여를 근본 취지로 삼아 시종일관 견지하고, 군중의 수요에서 출발하여 법제 선전·교육을 전개하며, 군중이 관심을 갖는 쟁점과 난제를 해결하기 위해 노력하고, 인민 군중을 위해 기여하는 가운데 인민 군중을 교육한다. 선전·교육의 내용은 인민 군중의 생산·생활과 밀접히 연관되어야 하고, 선전·교육의 형식은 인민 군중이 기꺼이 보고 듣게 하기 위한 것이어야 한다.

• 실제 추구 및 혁신(求實創新)과 시대와 함께 전진(與時俱進)의 원칙을 견지한다. 사회주의 조화사회와 전면적 소강사회 건설의 새로운 형세와 새로운 임무를 연구하고, 법제 선전·교육에 대한 전체 사회의 근본 수요를 파악하며, 내재적인 규칙을 탐색하고, 업무관념을 바꾸며 업무형식을 혁신한다.

• 실제 출발과 분류지도(分類指導)의 원칙을 견지한다. 각 지역·부서·업종은 서로 각기 다른 지역·대상·업종의 특성에 맞추어 법제 선전·교

육의 중점 내용을 확정하고 실행 가능한 방법을 연구하며, 연간 업무계획을 제정하고, 업무의 적실성과 실효성을 제고한다.

2. 주요 임무

(1) 헌법을 심층적으로 학습하고 선전한다. 헌법은 국가의 기본대법(基本大法)이며, 치국안민의 종합헌장(治國安邦的總章程)이다. 헌법을 심층적으로 학습하고 선전하는 것은, 법제 선전・교육의 기초적이고 근본적이며 중점적인 업무이다. 헌법을 더욱 학습하고 선전하며, 전체 인민 특히 각급 영도간부 및 공무원의 헌법의식의 제고에 노력하고, 전체 사회가 헌법을 학습하고 실천하는 열기를 형성하면서, 집집마다 헌법을 다 알고, 헌법이 모든 이의 마음속에 파고들도록 한다. 민주법제건설에 관한 당과 국가의 이론・방침・정책을 더욱 학습하고 선전하며, 당의 지도(領導)・인민의 주인화(人民當家作主)・의법치국의 유기적 통일을 촉진한다. 국가의 기본 법률제도를 더욱 학습하고 선전하며, 민주법제 관념・애국의식・국가안보의 통일적인 의식을 배양한다.

(2) 경제・사회발전과 관련된 법률・법규를 심층적으로 학습하고 선전한다. 사회주의 시장경제 법률체계의 완전한 개선에 힘쓰고, 계약자유・공평경쟁・성실신용 등 시장경제의 기본적인 법률원칙과 제도의 선전・교육을 강화하며, 경제주체의 의법(依法) 생산・경영・관리를 촉진하고, 안정적이고 지속적이면서도 다소 빠른 경제발전을 추진한다. 법률 경로와 법률 운용수단을 통해 사회관리와 공공서비스를 진행할 것을 강력하게 주창하고 학습하며 선전하고, 사회사업의 진보를 촉진한다. 또한 인구・자원・환경 및 공공위생 등 방면의 법률・법규의 선전・교육을 적극적으로 전

개하고, 자원절약형 및 환경친화형 사회건설을 추진한다. 문화·체육 및 올림픽 관련 법률·법규의 선전·교육을 심층적으로 전개하며, 문화 및 체육사업 발전을 위해, 특히 2008년 베이징올림픽을 위해 기여하도록 해야 한다.

(3) 인민 군중의 생산·생활과 밀접히 관련된 법률·법규를 심층적으로 학습하고 선전한다. 생산안전, 노동 및 사회보장, 사회구제 등 방면의 법률·법규의 선전·교육을 강화하고, 전체 사회의 생산 안전의식 및 노동자의 합법권익 보호 의식을 강화한다. 지적재산권과 관련된 법률·법규를 보급하고, 노동자·지식·인재·창조를 존중하는 전체 사회의 관념을 형성하며, 자주혁신 및 혁신형 국가건설에 유리하고 양호한 사회적 분위기의 형성을 촉진한다. 도시주택의 철거이주, 농촌의 토지징발, 농촌 도급지의 거래(承包地流轉), 국유기업 제도 개정 등과 관련된 법률·법규의 선전·교육을 대대적으로 전개하며, 사회모순을 예방하고 감소한다.

(4) 시장경제 질서를 정비하고 규범화하는 법률·법규를 심층적으로 학습하고 선전한다. 인민 군중이 관심을 갖고 반응이 강렬한 문제와 사회에 끼치는 해악이 심각한 문제를 중심으로, 가짜·위조 또는 저질 식품, 약품, 농자재의 제조 및 판매의 소탕을 중점으로 삼는 법제 선전·교육을 심층적으로 전개하고, 입찰회피·허위입찰(假招標)·허위도급·위법외주(違法分包)의 타파를 중점으로 삼는 시장정비 및 규범화의 법제 선전·교육을 심층적으로 전개하며, 탈세·조세포탈·불법감세 및 불법면세의 타파를 중점으로 삼는 조세징수 및 관리의 법제 선전·교육을 심층적으로 전개하고, 출판물 시장·오락문화 시장·정보인터넷 시장 정비를 중점으로 삼는 법제 선전·교육을 심층적으로 전개하여, 사회주의 시장경제 질서를 수호한다.

(5) 사회주의 조화와 안정을 수호하고, 사회의 공평정의를 촉진하는

데 관련된 법률·법규를 심층적으로 학습하고 선전한다. "법률을 학습하고, 권리를 주장하며, 의무와 책임을 논하는" 것을 주요 내용으로 하는 국민 법제 선전·교육을 심층적으로 전개하여, 국민이 법률에 의거하여 권리를 행사하고 의무를 이행하도록 촉진하고 자발적으로 법률 규범을 사용하여 행동하며, 법률을 준수하고 법률을 숭상하며 의법 업무처리(依法辦事) 하는 사회풍조를 형성한다. 법률준수 관념을 강화하고, 기층 민주자치(民主自治) 관념의 선전·교육을 적극적으로 전개하며, 국민이 법률에 근거하여 사회사무에 참여하고 관리하는 능력을 강화하기 위해 노력한다. 의법 권리수호와 의법청원(信訪)의 선전·교육을 강화하고, 국민이 법률에 의거하여 자신의 이익을 표출(表達)하고 추구하도록 유도하며, 법률에 의거하여 각종 모순과 분쟁(糾紛)을 해결한다. 치안 및 형사 법률·법규의 선전·교육을 전개하여, 위법행위와 범죄(違法犯罪)를 예방하고 감소한다. 법률의 권위와 사법공정 교육을 강화하고, 사회의 공평정의를 촉진한다.

(6) 법률 보급과 법치실천의 상호 결합을 견지하고, 의법치리를 강력하게 전개한다. 의법치국의 기본방침을 관철하고, 다양한 단계와 영역에서 의법치리의 업무를 전개하며, 국민이 공공관리에 적극 참여하도록 독려하고, 의법행정·의법관리·공정사법을 촉진하며, 전체 사회의 법치화 관리수준을 제고하는 데 노력한다.

의법치성(依法治省)(자치구·직할시), 의법치시(依法治市)(지·주), 의법치현(依法治縣)(시·구) 업무를 전면적으로 전개한다. 경제·사회발전의 실제 상황에 근거하여 의법치리의 계획을 제정하며, 각 단계별 업무계획을 확정하고, 명확히 책임을 지며 성실하고 조직적으로 전개한다. 지역·업종·기층 의법치리의 실천 형식을 적극적으로 탐색하고 추진하며, 법치도시(法治城市)·법치현(法治縣)(시·구) 창설 활동을 심층적으로 전개한다.

〈의법행정의 전면추진 실시요강〉(全面推進依法行政實施綱要)(2004년 국무원 제정 — 역자)을 성실히 실행하고 법치정부의 건설을 촉진한다. 의법행정의 체제와 기제를 완전하게 개선하고, 의법행정의 제도를 완비하며, 의법행정의 절차를 엄격히 하고, 행정행위의 감독을 강화한다. 법집행책임제, 법집행공시제, 법집행과오 책임추궁제(執法過錯責任追究制)를 완전하게 개선 및 확대하고, 법집행 수준을 심사하는 평가제도의 수립을 적극적으로 탐색한다. 평안건설(平安建設), 조화구역 건설(和諧區建設) 및 인민 군중이 특히 주목하는 사회 쟁점과 난제(難題)를 중심으로, 특정 주제의 관리활동(專項治理活動)과 의법행정(依法行政) 시범단위의 창설 활동을 심층적으로 전개한다.

(7) 법제선전의 주제별 활동(主題活動)을 조직하여 전개한다. 법제 선전・교육이 각 기관・농촌・사구(社區)・학교・기업・단위(單位)에 진입하도록 강력하게 추진하여, 모든 직종에서 법률을 학습하고 활용하는 열기를 불러일으킨다.

"법률의 당정기관 진입"(法律進機關) 활동을 전개하여, 의법관리와 사회서비스의 수준을 제고한다. 법률을 당정기관 학습의 중요 내용으로 삼아 계획・배치・실행・검사를 완수한다; 기관의 학습요람(學習園地)과 네트워크(網絡) 등의 진지(陣地)를 충분히 이용하고, 기관의 법제학습 자료 및 정보공간(平臺)을 건설하여 공무원의 법률학습을 위한 조건을 제공한다; 공무원의 법률학습제도를 수립하고 실행하며, 법률지식의 시험 및 심사업무의 규범화를 점진적으로 실천한다; 행정 법집행(執法) 책임제를 완비하고, 의법행정의 수준과 효과를 업무심사의 내용으로 삼는다; 사회에 대한 법제 선전・교육을 적극적으로 전개하고, 법제 선전・교육이 관리 및 서비스의 전 과정에 녹아들도록 한다.

"법률의 농촌 진입"(法律進鄕村) 활동을 전개하여 사회주의 신농촌(新農村) 건설을 촉진한다. 법제 선전・교육이 농촌에 대한 정부의 공공서비스의 중요 내용에 녹아들도록 하고, 법제선전 자료, 법제정보, 법제문예, 법률서비스의 농촌진입 활동을 전개하며, 농민의 법률의식 및 법제관념의 제고를 실행한다; 농촌 법제 선전・교육의 기초시설 건설을 강화하고, 선전・교육의 범위를 확대한다; 농촌 법제 선전・교육의 서비스 성질을 강화한다; "민주법치촌"(民主法治村) 창건 활동을 지속적으로 심화하고, 활기가 넘치는 촌민자치 기제를 완비한다.

"법률의 사구 진입"(法律進社區) 활동을 전개하여, 조화사회 건설을 촉진한다. 사구 주민의 법률학습제도를 수립하고, 사구 법제선전 진열창(橱窗)과 사구 법률 도서코너(圖書角)를 설치하며, 사구 법제 선전・교육의 대오를 형성하고, 군중과 함께하는 법제 특별주제 활동을 정기적으로 전개한다; 시민학교, 사구 청소년 법률학교 등이 법제 선전・교육 중에 충분한 역할을 발휘하게 하고, 공익 법제강좌와 주민 법제포럼 활동을 전개한다; "민주법치 사구" 창설 활동을 전면적으로 전개하여, 관리가 질서정연하며 문명화되고 평온한 새로운 형태의 사구건설을 촉진한다.

"법률의 학교 진입"(法律進學校) 활동을 전개하여, 청소년 학생의 법률소질 교육을 추진한다. 교과교육(第一課堂)의 주요 경로로서의 역할을 발휘하게 하고, 품성교육과 법제교육을 모두 다 지속적으로 중시하여, 법제교육을 교육과정에 넣고, 법제교육의 교재・수업시수・교사를 확정하고 실행해야 한다; 과외활동(第二課堂)을 적극적으로 개척하고, 법률을 학습하고 활용하는 실천활동을 추진한다; 법제교육의 인력 훈련을 전개하고, 법제 부교장(副校長), 법제 지도원(輔導員)의 업무 규범화를 추동한다; 학교의 의법치리(依法治理) 활동 전개를 조직하고 유도한다.

"법률의 기업 진입"(法律進企業) 활동을 전개하여 의법 기업경영과 신용경영을 촉진한다. 기업의 생산・경영과 개혁・발전을 중심으로 하여 다양한 형식의 법제교육과 법제훈련을 전개하고, 기업경영 관리자와 많은 직원의 법률소질을 제고한다; "주관하는 이가 책임을 진다"(誰管理誰負責)는 원칙에 따라 많은 직원을 대상으로 한 노동 및 사회보장, 노동조합, 민주관리 방면의 법제교육 전개를 강화하고, 기업간부와 직원의 법률학습 및 법률활용의 제도를 수립한다; 의법 기업관리(依法治企) 활동을 심층적으로 전개하고, 기업이 법규를 완비하는 제도를 수립하도록 촉진하며, 기업의 운영기제를 완전하게 개선 및 규범화하고, 기업의 의법 경영 및 의법 관리수준을 제고한다; 기업의 민주관리제도를 완전하게 개선하고, 법률에 의거하여 직공의 합법권익을 보호한다; 법제교육과 신용교육(誠信教育)의 상호 결합을 견지하고, 신용을 지키고 법률을 준수하는 기업활동을 전개하며, 현대화된 기업제도의 수립을 촉진한다.

"법률의 단위 진입"(法律進單位) 활동을 전개하여 법치화 관리를 촉진한다. 각 종류의 단위는 법제 선전·교육의 책임을 철저히 이행하고, 다양한 형식의 법제 선전·교육 활동을 조직하여 전개한다. 법제 학습요람을 만들고, 주기적인 법제교육을 전개한다; 단위의 훈련장소·기구·조직을 이용하여, 소속 인원에 대한 법률훈련을 전개한다; 업무의 실제 상황과 결합하여 사회성의 공익법제선전을 전개하고, 특히 공원·역·공항·항구 등 공공활동 장소를 관리하는 단위는 관할 범위 내에서 법제선전을 전개해야 한다; 조건이 갖추어진 단위는 인민 군중을 대상으로 선전·교육의 장소와 시설을 개방하고, 법률자문과 서비스활동을 전개한다.

"12월 4일"(12·4) 전국 법제선전일의 선전·교육 활동을 완수하고, 헌법을 핵심으로 하는 법제 선전·교육을 집중적으로 전개한다. 선전월(宣傳月)·선전주(宣傳周)·기념일 등을 이용하여, 인민 군중이 기꺼이 보고 들을 만한 선전·교육 활동을 광범위하게 전개하여, 법률을 학습하고 활용하는 분위기를 조성한다. 법제 선전·교육과 인민 군중의 문화생활이 상호 결합하는 심도와 범위를 확대하는 데 노력하고, 법제 문예의 창작을 활성화하며, 군중과 함께하는 법제 문화활동을 독려하고 지원하며 유도하고, 법제교육과 도덕교육의 유기적인 결합을 위한 새로운 경로를 적극적으로 탐색하며, 대외 법제선전을 강화한다.

3. 대상과 요구

(1) 법제 선전・교육의 대상은 교육 수용 능력이 있는 모든 국민(公民)이다. 국민은 업무・생산・학습・생활의 실제와 결합하여 자발적으로 법률을 학습하며 법률 권위를 수호해야 한다. 영도간부, 공무원, 청소년, 기업경영 관리자, 농민에 대한 법제 선전・교육을 중점적으로 강화한다.

(2) 영도간부에 대한 법제 선전・교육을 강화하고, 의법집정(依法執政) 능력을 제고하는 데 노력한다. 영도간부는 솔선하여 법률을 학습하고 활용해야 하고, 헌법과 법률의 범위 내에서 활동한다는 관념을 형성하고, 일체의 국가권력은 인민에 속한다는 관념을 수립하며, 법률에 의거해 경제・사회 사무를 관리하는 능력을 제고하고, 정책결정・관리・서비스의 행위를 규범화한다. 영도간부의 법제교육의 제도화 및 규범화를 강력하게 추진하고, 당위(黨委)・당조(黨組)(국가기관과 사회단체의 공산당 지도조직 —역자)의 이론학습 중심조(理論學習中心組)의 집단학습제도, 영도간부 법제강좌 제도, 연간 법률지식 시험과 심사제도를 지속적으로 견지하는 동시에, 법률지식을 학습하고 이해한 상황을 영도간부의 연간심사 및 임용조사 때의 중요한 내용으로 삼는다. 각급 당교, 행정학원, 간부학교는 법제교육 과정을 교육계획과 훈련계획에 넣고, 법제교육 과정의 수립을 강화한다.

(3) 공무원의 법제 선전・교육을 강화하고, 의법행정과 공정사법의 능

력을 제고하는 데 노력한다. 공무원의 권리에는 반드시 책임이 따르고, 권리를 행사하면 감독을 받아야 하며, 법률을 위반하면 반드시 책임을 추궁받는다는 관념이 형성되도록 육성해야 한다. 사법 공무원과 행정 법집행 공무원은 솔선해서 법률을 학습하고 활용하며, 법률에 의거하여 공공권력을 행사하는 능력을 제고하고, 엄격하고 공정하며 문명적인 법집행을 촉진하며, 국가법률의 공정한 실시를 확실히 보증한다. 공무원 채용 중에는 법률지식을 이해하는 수준과 법률지식을 운용하는 능력에 중점을 두고 응시자를 시험해야 한다. 공무원의 연간 법제학습 훈련 업무를 지속적으로 추진하고, 청렴정치(廉政)의 법제교육을 강화하고, 부패처벌 및 예방체계의 건설을 촉진한다.

(4) 청소년의 법제 선전·교육을 강화하고 법제관념의 배양에 노력한다. 청소년의 애국의식·준법의식·권리의무 의식의 배양에 노력한다. 다양한 연령대의 생리적·심리적 특성 및 수용능력에 맞추어 적실성 있는 법제교육을 전개한다. 초등학생과 중·고등학생의 법률계몽과 법률상식 교육에 중점을 두고, 자기보호 의식을 길러주며 잘잘못을 가릴 수 있는 능력을 제고하고, 법률을 준수하는 습관을 형성한다; 대학생의 법률 기초이론 교육을 강화하고, 법률을 숭상하고 준수하는 의식을 견고하게 형성하며, 법제관념을 강화한다. 학교·사회·가정이 상호 결합된 법제교육 네트워크를 수립하고 완전하게 개선하며, 각종 교육의 진지를 충분히 이용하고, 청소년 법제교육의 유도성·상호작용성·흥미유발성을 강화한다. 청소년의 위법행위 및 범죄행위의 예방교육을 강화하고, 중점 청소년집단에 대한 교육·관리·서비스를 강화하며, "내일을 위해"(爲了明天) 프로젝트를 실시하고, 교육과 법제를 결합함으로써 미성년자의 위법 및 범죄 행위를 방지하고 축소한다.

(5) 기업경영 관리자의 법제 선전·교육을 강화하고 의법경영·의법

관리 능력을 제고하는 데 노력한다. 기업경영 관리자의 성실준법·의법경영·의법 업무처리 관념을 배양해야 한다. 다양한 형식을 채택하고 기업관리 업무의 수요와 결합하여 기업경영 관리자의 법제교육과 법제훈련을 전개한다. 법제교육을 기업지도자의 훈련요강에 포함하고, 기업경영 관리자의 법률학습 및 활동의 시험과 심사제도를 수립하며, 의법정책결정·의법관리·의법경영을 기업경영 관리자 심사의 중요한 근거로 삼는다. 자영업자(個體)나 사영기업 등 비공유제(非公有制)기업 경영관리인의 법제 선전·교육을 강화한다.

(6) 농민의 법제 선전·교육을 강화하여 농민의 법률소질을 제고하는 데 노력한다. 촌민자치 및 기타 사회관리에 참여하는 농민의 능력을 배양하고 강화하는 데 노력하고, 농민이 문제나 분쟁을 해결하고 합법권익을 보호하는 법률적 수단을 이해하고 파악할 수 있게 한다. 법제 선전·교육과 법률서비스의 상호 결합을 강화하고, 농촌의 기층 법제 선전·교육의 방법과 형식을 혁신한다; 농촌의 "두 개의 위원회"(兩委: 당위원회와 촌민위원회 — 역자) 간부들이 교대로 법률연수를 받는 활동을 전개하고, 농촌 기층의 겸직 법제간부를 양성한다. 다양한 형식을 채택하여, 농민공(進城務工人員)의 법제 선전·교육을 현저히 강화하고, 고용단위의 법제 선전·교육 책임을 명확히 하며, 농민공의 관리활동 중 법제 선전·교육 및 법률서비스를 강화한다.

4. 업무절차와 배치

제5차 5개년 법률 보급 계획은 2006년부터 실시하기 시작하여 2010년에 종료한다. 이를 3단계로 나누면 다음과 같다:

선전・시동 단계: 2006년 상반기. 각 지역・부서들은 본 계획에서 연구하고 제정한 지방・부서・업종의 5개년 계획에 따라, 선전 및 시동업무(發動工作)를 완수하고 강력한 사회 분위기를 조성한다. 각 성(자치구・직할시), 중앙 및 국가기관이 제정한 제5차 5개년 법률 보급 계획은 전국보법판공실에 보고 비치(備案)한다.

조직・실시 단계: 2006년 하반기부터 2010년까지. 본 계획에서 확정한 목표・임무・요구에 근거하여 각 지방・부서・업종의 실제 상황과 결합하여 연도별 업무계획을 제정하고 업무 중점을 밝히고, 신속한 배치, 유효한 조치, 강력한 지도, 적절한 감독이 이루어지도록 완수하며, 제5차 5개년 법률 보급 계획의 전적이고 철저한 실행을 확실히 보장한다. 2008년에는 지도감독 및 조사활동을 전개한다.

조사・검사 단계: 2010년. 당위원회의 통일 지도하에, 각급 법률 보급 및 의법치리 주관기관은 제5차 5개년 법률 보급 계획의 실시 상황에 대한 구체적인 결산 및 검수(總結驗收)를 조직한다.

5. 조직지도와 보장

(1) 당위원회가 지도하고 인민대표대회가 감독하며 정부가 실시하는 지도체계를 더욱 완전하게 개선한다. 각급 당위원회는 법제 선전・교육 업무에 대한 지도를 실질적으로 강화하고, 당의 각급 조직과 전체 당원들은 모두 헌법 준수의 모범을 보여야 하며, 헌법에 의거하여 엄격하게 사무를 처리하고, 자발적으로 헌법과 법률의 범위 내에서 활동해야 한다. 각급 법률 보급 및 의법치리 지도기구를 완비하고, 직책과 책임을 명확히 하며, 영도소조(領導小組)의 정기회의, 연석회의, 연간 업무보고, 업무감사

등의 제도를 수립하고 완전하게 개선하며, 일상업무는 사법행정부서가 담당해야 한다; 각급 인민대표대회는 법제 선전・교육 업무에 대한 검사와 감독을 강화하고, 본 계획이 확정한 각 임무의 실천을 보장하며, 입법과정 중에 입법업무에 대한 국민의 질서 있는 참여를 점진적으로 확대해야 한다. 법제 선전・교육을 국민경제와 사회발전 계획에 포함하고, 각 지역・부서・업종의 목표관리 책임제에 포함해야 한다.

(2) 조화롭고 협력적인 법제 선전・교육 업무기제를 수립하고 완비한다. 각급 당위원회의 선전부서, 정부 사법행정부서는 본 계획의 실시에 책임을 지고, 법제 선전・교육의 업무를 조직하고 조화롭게 지도하고 검사해야 하며, 구체적인 실시방안을 제정한다. 당위원회와 정부 각 부문・업종은 각종 수단과 방법을 이용하여 전 사회를 대상으로 법제 선전・교육 활동을 전개하고, 부문과 업종의 업무인원과 직원에 대한 법제 선전・교육 제도를 수립하고 전개한다. 각 종류의 사회조직, 광대한 국민의 법제 선전・교육 활동 전개 및 지원을 독려하고 유도한다. 법제 선전・교육 활동 중에는 대상을 나누어 대응하고(區別對待), 대상을 분류 지도하며(分類指導), 사람에 맞게 실시하여(因人制宜), 형식주의를 방지하며 실효성을 중시한다.

(3) 법제 선전・교육을 독려하고 감독하는 기제를 수립한다. 평가심사 기제를 점진적으로 수립하고, 평가심사의 지표체계를 완전하게 개선한다; 독려 및 감독기제를 수립하고 완비하며, 계획 실시의 연간 및 단계별 심사업무를 전개하고, 법제 선전・교육 표창 및 포상업무를 전개한다.

(4) 법제 선전・교육의 경비보장을 실천한다. 각급 정부는 법률 보급 및 의법치리 업무의 경비를 재정예산에 포함하고, 이 항목에만 예산을 사용하며, 경제・사회발전의 수준에 근거하여 지방의 법률 보급 및 의법치리 업무경비의 보장기준을 제정한다. 각 부문・단위 역시 법제 선전・교

육의 전용경비를 배분하고, 업무의 정상적인 실시를 보장한다.

(5) 전임(專職) 및 겸직(兼職) 인원이 결합된 법제 선전·교육의 대오를 양성한다. 법제 선전·교육 업무 종사자에 대한 학습 및 훈련활동을 전개하고, 전임 법제 선전·교육 업무자의 정치·법률소질 및 업무능력을 제고한다; 겸직 법제 선전·교육 대오의 건설을 강화하고, 법제 선전·교육의 인력풀을 형성한다; 직업법률가와 법학교수 및 학생이 자원봉사자 대오에 참여하도록 적극적으로 독려하고, 조직훈련을 강화하며, 주제별 선전·교육 활동을 적극적으로 전개하고, 자원봉사자 활동의 규범화된 발전을 추진한다; 법제 선전·교육 강사단의 업무를 강화하고, 법제 선전·교육에서 강사단이 충분히 그 역할을 발휘하게 한다.

(6) 법제 선전·교육 운동의 진지(陣地) 건설을 강화한다. 언론매체는 공익성의 법제 선전·교육 전개의 사회적 책임을 부담해야 한다. 텔레비전·라디오, 각종 간행물들은 법제 코너(특별란·특집면) 등을 개설하고, 형식이 다양하고 풍부하고 다채로우며 생동감 있고 활기가 넘치는 법제 선전·교육을 전개한다. 인터넷 공간(平臺)을 충분히 이용하여 법제 선전·교육을 전개하고, 법제 선전·교육 홈페이지를 만들어 인터넷 법제교육의 형식을 혁신하고, 정부 인터넷 홈페이지 및 각종 포털사이트에 법제 선전·교육 코너를 개설해야 한다. 선전요람(園地) 건설을 강화하고 공공장소에 고정식 및 이동식 법제선전 시설을 건립한다; 교육기지(基地) 건설을 강화하고, 시민학교·야간학교·기술훈련학교 등 다양한 종류의 학교가 그 역할을 충분히 발휘하도록 한다; 서비스 진지 건설을 강화하고 대중의 편의를 위한 서비스공간·법률서비스 핫라인 등의 형식을 이용하여 인민 군중을 위해 편리하고 신속한 법률서비스를 제공한다.

중국인민해방군과 무장부대의 제5차 5개년 법제 선전·교육 업무는 본 계획을 참고하여 안배 배치한다.

〈전국인민대표대회 상무위원회의 법제 선전·교육 강화 결의〉15

(2006년 4월 29일 제11기 전국인민대표대회 상무위원회 제21차 회의 통과)

2001년부터 우리나라는 전 국민을 대상으로 법제 선전·교육 제4차 5개년 계획을 실시하여, 헌법을 핵심으로 하는 법률지식이 상당히 광범위하게 보급되었고, 인민 군중의 법률의식도 점진적으로 강화되었다; 의법치리(依法治理) 업무가 심층적으로 전개되면서 각 사업의 법치화 관리수준이 점진적으로 제고되었다. 사회주의 조화사회의 수립과 전면적 소강사회 건설의 새로운 형세에 적응하기 위해, 과학적 발전관을 전면적으로 관철하기 위해, 국민경제와 사회발전 제11차 5개년 계획의 새로운 요구를 실천하기 위해, 의법치국 기본방침의 실시를 촉진하기 위해, 2006년부터 2010년까지 전 국민을 대상으로 법제 선전·교육 제5차 5개년 계획을 조직하고 실시할 필요가 있다. 이를 위해 특별히 아래를 결의한다:

(1) 국민경제와 사회발전 제11차 5개년 계획 요강이 제시한 목표에 근거하여 법제 선전·교육의 내용을 확정한다. 헌법을 더욱 선전하고 보급하며, 전 국민이 헌법의 기본지식을 더욱 잘 이해하고, 헌법에 충실하고 헌법을 준수하며, 헌법의 권위를 수호하도록 해야 한다. 법률학습과 운용에 대한 국민의 수요에 부응하여, 경제·사회 발전과 관련된 법률·법규, 인민 군중의 생산·생활과 밀접히 관련된 법률·법규, 시장경제 질서를 정비하고 규범화하는 법률·법규, 사회의 조화와 안정을 수호하고 사회의 공평정의를 촉진하는 데 관련된 법률·법규를 학습하고 선전한다. 국민 전체의 사회주의 법치이념, 애국의식, 책임의식, 권리·의무의 관념을 강화하고, 전 국민이 자발적으로 법률을 준수하는 행위 습관을 배양하

15 〈全國人民代表大會常務委員會關於加强法制宣傳教育的決義〉.

고, 정치·경제·문화·사회 건설을 보장하고 촉진한다.

(2) 중점을 부각시키고 서로 다른 대상을 구별하여 법제 선전·교육의 요구를 제시하며, 법제 선전·교육의 적실성을 강화한다. 전 국민의 법제 선전·교육을 지속적으로 완수해 나가는 기초 위에서, 공무원을 대상으로 한 법제 선전·교육을 중점적으로 완수한다. 각급 영도간부들은 모두 솔선해서 법률을 학습하고 활용하며, 의법정책결정(依法決策)과 의법 경제·사회 사무의 관리능력을 제고한다; 모든 공무원, 특히 사법 공무원과 행정 법집행 공무원은 공무원의 권리에는 반드시 책임이 따르고, 권리를 행사하면 감독을 받아야 하며, 법을 위반하면 책임을 추궁받는다는 관념을 확고하게 형성하고, 법률에 의거하여 공공권력을 행사하는 능력을 실질적으로 제고하며, 국가법률의 공정한 실시를 확실히 보장해야 한다. 청소년의 법제 선전·교육을 지속적으로 완수하여, 청소년들이 어렸을 때부터 반드시 준수해야 할 기본적인 행위준칙들을 이해하고, 법률을 학습하고 준수하는 행위 습관을 기르도록 해야 한다. 기업경영 관리자들은 성실준법 관념과 사회책임 의식을 배양하는데 힘쓰고, 의법 경영·관리 능력을 제고해야 한다. 법제 선전·교육이 사회주의 신농촌 건설 중에 충분한 역할을 발휘하도록 하며, 많은 농민이 법률에 의거하여 촌민자치 활동과 기타 사회관리에 참여하고, 자신의 합법권익을 보호하며, 문제 및 분쟁을 해결하는 법률수단과 상식을 이해하고 파악하도록 유도해야 한다.

(3) 법제 선전·교육과 법치실천의 상호 결합을 견지하고, 사회 전체의 법치화 관리수준을 높여야 한다. 성실하게 경험을 결산하고, 각 지방과 업종이 의법치리(依法治理) 업무를 전면적으로 전개하며, 법집행 및 관리수준을 더욱 높여야 한다; 향촌(鄕村)·사구(社區) 등 기층의 의법치리를 심화하고, 기층 민주정치의 건설을 촉진한다; 평안(平安)건설·조화구역(和諧區域) 건설과 사회 쟁점(熱點)·난제(難点問題)를 중심으로 특정 사항(專項)

의 의법치리를 전개한다. 다양한 형식의 주제별 활동을 전개하고, 당정기관・농촌・사구・학교・기업・단위로의 법제 선전・교육의 진입을 강력하게 추진하여, 법제 선전・교육이 사회 기층조직과 인민 군중의 업무・생산・생활에 녹아들도록 하고, 법률을 숭상하고 준수하며, 의법 업무처리하는 사회적 분위기를 형성한다.

(4) 법제 선전・교육의 형식을 혁신하고 풍부하게 하며, 대중 언론매체와 뉴스통신 단위의 사회책임을 강화한다. 텔레비전・라디오・간행물은 법제 코너(특별란・특집면) 등을 개설하여, 통속적이고 이해하기 쉬우며 생동감과 활기가 넘치는 법제 선전・교육을 전개한다. 법제 문예창작을 활성화하고 작품의 질을 높이는 데 노력하며, 법제 선전・교육의 흡입력과 감화력(感染力)을 부단히 제고한다. 인터넷 공간을 충분히 이용하여 법제 선전・교육을 전개하고, 정부 홈페이지 및 법률 보급을 위한 전문 홈페이지는 군중이 법률지식을 학습하고 법률교육을 획득하는 효율적인 경로가 되도록 노력해야 한다. 각종 법제 선전・교육의 요람(園地)과 진지(陣地) 건설을 강화하고, 법제 선전・교육 중의 자원봉사 활동을 독려하고 유도하며 규범화한다.

(5) 법제 선전・교육 업무의 조직지도를 강화하고, 사회 전체 역량의 공동참여를 동원하고 의지해야 한다. 각 국가기관과 무장역량, 정당과 사회단체, 기업 및 사업단위, 각종 조직들은 모두 법제 선전・교육 업무를 고도로 중시하고, 법제 선전・교육 제도를 수립하며, 사회를 대상으로 법제 선전・교육 활동을 전개해야 한다. 실효성을 중시하고 형식주의를 힘써 경계해야 한다. 기층 법제 선전・교육 업무를 강력하게 강화하고, 기층 법제 선전・교육의 인력・교재・경비・시설 등 방면의 어려움을 전력을 다해 해결하며, 법제 선전・교육을 위한 양호한 조건을 만들기 위해 노력해야 한다.

(6) 법제 선전 · 교육 업무에 대한 감독과 조사를 강화하고, 본 결의가 철저하게 집행되도록 보증한다. 각급 인민대표대회 상무위원회는 입법 및 법률실시에 대한 감독을 법제 선전 · 교육 업무와 결합하여, 법제 선전 · 교육 업무의 부단한 심화를 추진해야 한다.

Ⅵ. 제6차 법률 보급 운동(2011~2015년)

〈중공중앙・국무원의 '중앙 선전부와 사법부의 국민 법제 선전・교육 전개의 제6차 5개년 계획(2011~2015년)' 전달 배포〉16

각 성・자치구・직할시의 당위원회(黨委)와 인민정부, 중앙 및 국가기관의 각 부(部)・위원회(委), 인민해방군 각 총부(總部)・각 대단위(大單位), 각 인민단체:

〈중앙 선전부와 사법부의 국민 법제 선전・교육 전개의 제6차 5개년 계획(2011~2015년)〉 [이하 "제6차 5개년 법률 보급 계획"(六六普法規劃)으로 약칭]이 이미 중앙의 동의를 얻어 이제 여러분에게 전달 배포하니, 실제 상황과 결합하여 열심히 실질적으로 집행해 주기를 바란다.

법제 선전・교육은 전 국민의 법률소질을 제고하고, 의법치국과 사회주의 법치국가의 건설을 추진하는 기초 업무이다. 법제 선전・교육의 심도 있는 전개는, 공산당 제17차 당대회(17大)와 제17기 중앙위원회 제3, 4, 5차 전체회의(3중전회, 4중전회, 5중전회) 정신을 관철 실행하는 중요한 임무이며, (국민경제와 사회발전 ― 역자) "제12차 5개년 계획"(十二五)과 전면적 소강사회 건설을 실시하는 중요한 보장이다. 각급 당위원회와 정부는 법제 선전・교육을 각 지역의 경제・사회발전 계획에 포함하고, 당의 원회와 정부 목표의 관리에 포함하며, 당위원회가 지도하고 인민대표대회가 감독하고 정부가 실시하는 지도체계를 더욱 완전하게 개선하여, 제6차 5개년 법률 보급 계획의 각 목표와 임무가 제대로 실행되도록 보장해야

---

16 〈中共中央・國务院轉發'中央宣傳部・司法部關於在公民中開展法制宣傳教育的第六個五年規劃(2011~2015年)'〉.

한다. 각급 영도간부들은 솔선해서 법률을 학습하고 준수하고 활용하며, 의법집권(依法執權), 의법행정(依法行政), 의법정책결정(依法決策)의 의식과 능력을 더욱 제고해야 한다. 많은 공무원은 직책의 이행과 관련된 전문법률 지식의 학습을 실질적으로 강화하고, 법률수단을 이용해 문제를 해결하는 능력을 부단히 제고해야 한다. 적실성 있게 청소년 법제 선전·교육을 전개하고, 청소년이 법치의식을 강화하도록 유도하며, 준법(遵紀守法) 행동습관을 배양해야 한다. 법제 선전·교육과 법치실천의 상호 결합을 견지하고, 의법치리(依法治理)를 심도 있게 추진하며, 전 사회의 법치화 관리수준을 전면적으로 제고해야 한다. 법제 선전·교육의 심층적인 전개를 통해 법률지식을 널리 보급하고, 법치정신을 발양하며, 사회주의 법치 이념을 수립하고, 사회주의 법치문화를 이룩하며, 자발적으로 법률을 학습하고 준수하고 활용하는 사회 분위기를 형성하고, 의법치국의 진행을 추진하기 위해, 경제·사회의 좋고도 빠른 발전을 실현하기 위해 양호한 법치환경을 조성해야 한다.

중공중앙 국무원

2011년 3월 24일

〈중앙 선전부·사법부의 국민 법제 선전·교육 전개의 제6차 5개년 계획(2011~2015년)〉[17]

중국공산당 중앙과 국무원의 정확한 지도하에, 우리나라의 제5차 5개년 법제 선전·교육 계획은 이미 순조롭게 실시되어 완성되고 현저한 성과를 거두었다. 전 국민을 대상으로 한 법제 선전·교육이 심도 있게 전

17 〈關於在公民中開展法制宣傳教育的第六個五年規劃(2011~2015年)〉.

개되었고, 법률의 당정기관 진입, 향촌 진입, 사구(社區) 진입, 기업 진입, 단위(單位) 진입 활동이 왕성하게 전개되었고, 의법치리 및 법치창건(法治創建) 활동이 심층적으로 추진되었으며, 헌법 및 법률이 비교적 광범위하게 보급되었고, 전 국민의 헌법 및 법률의식이 현저하게 강화되었으며, 전 사회의 법치화 관리수준이 점진적으로 제고되었고, 의법치국 기본방침의 실천, 경제・사회발전을 위한 기여, 사회의 조화와 안정 방면에서 법제 선전・교육이 중요한 역할을 발휘했다. 5년 동안 법제 선전・교육이 얻은 성공적인 경험은 제6차 5개년 법제 선전・교육의 업무를 위해 양호한 기초를 다졌다.

공산당 제17차 당대회(17大)와 제17기 중앙위원회 제5차 전체회의(17기 5중전회)는 법제 선전・교육을 심층적으로 전개하는 데 중요한 임무를 제시했다. 중국 특색의 사회주의 법률체계의 형성과, 전체 사회 및 광대한 인민 군중의 지속적인 법제의식의 강화로 인해 법제 선전・교육에 더 높은 요구가 새로이 제기되었다. 법제 선전・교육의 지속적인 전개는, 사회 전체의 법치관념을 강화하고 의법치국의 발전을 추진하는 것뿐만 아니라, (국민경제와 사회발전 ― 역자) 제12차 5개년 계획 시기의 경제・사회발전을 위한 양호한 법치환경 및 유효한 법치보장을 제공하는 데에도 매우 중요한 의의가 있다. 제6차 5개년 법제 선전・교육 업무의 완수를 위해 본 계획을 제정한다.

1. 지도사상, 주요 목표와 업무원칙

제6차 5개년 법제 선전・교육 업무의 지도사상은 다음과 같다: 중국 특색의 사회주의의 위대한 기치를 높이 들고, 덩샤오핑 이론 및 "3개대표” 중요사상을 지도로 삼아, 심층적이고 철저하게 과학적 발전관을 실천하고, (국민경제와 사회발전 — 역자) 제12차 5개년 계획 시기의 경제·사회발전의 목표와 임무를 굳건한 중심으로 삼으며, 의법치국 기본방침의 전면적인 실천과 사회주의 정치문명 건설의 새로운 요구에 따라, 법제 선전·교육과 사회주의 핵심가치 체계 교육의 결합, 법제 선전·교육과 사회주의 법치이념 교육의 결합, 법제 선전·교육과 사회주의 국민의식 교육의 결합, 법제 선전·교육과 법치실천의 결합을 견지하고, 법제 선전·교육을 심층적으로 전개하며, 의법치리를 심층적으로 추진하고, 사회주의 법치정신을 강력하게 발양하며, 안정적이면서도 빠른 경제발전과 조화롭고 안정적인 사회를 촉진하기 위해 노력하고, 전면적 소강사회 건설의 새로운 승리를 쟁취하기 위해 양호한 법치환경을 조성한다.

제6차 5개년 법제 선전·교육 업무의 주요 목표는 다음과 같다: 심층적이고 견고한 법제 선전·교육과 법치실천을 통해 헌법선전을 심화하고, 법률지식을 널리 전파하며, 법치건설에서 중국 특색의 사회주의 방향을 더욱 확고하게 굳히고, 전 국민의 법률의식과 법률소질을 제고하며, 전 사회의 법치화 관리수준을 향상하고, 사회주의 법치문화의 건설을 촉진하며, 자발적으로 법률을 학습하고 준수하며 활용하는 사회환경의 형성을 추동한다.

제6차 5개년 법제 선전·교육 업무는 다음과 같은 원칙을 준수해야 한다:

• 중심견지와 대세기여의 원칙을 견지한다. (국민경제와 사회발전의 — 역자) 제12차 5개년 계획 시기의 경제·사회발전의 전체 요구에 따라 법제 선전·교육을 심층적으로 전개하여, 안정되면서도 빠른 경제발전, 개혁·개방, 민생(民生) 보장과 개선, 사회의 조화와 안정 수호를 위해 기여하도록 한다.

• 이인위본(以人爲本)과 군중에의 기여의 원칙을 견지한다. 인민 군중의 실질적인 법률 수요를 고려하고, 법제선전 중에 인민 군중을 위해 기여하며, 법제 선전·교육의 과정을 군중 업무의 과정으로 변화시키고, 가장 넓은 범위의 인민의 근본이익이 완전히 실현되고 보호되며 발전될 수 있도록 한다.

• 분류 지도와 실효 중시의 원칙을 견지한다. 서로 다른 지역·업종·대상의 특성에 따라 법제 선전·교육의 중점 내용을 확정하고, 실행 가능한 방법을 채택하며, 업무의 적실성과 실효성을 강화한다.

• 법률학습·법률활용의 결합(學用結合) 및 법률 보급·법치의 병행(普治並舉)의 원칙을 견지한다. 법제 선전·교육과 법치실천의 상호 결합을 견지하고, 법치실천 선전의 중요한 역할을 부각시키며, 법제 선전·교육의 실제 효과를 부단히 제고한다. 법제 선전·교육을 이용해 법치실천을 유도하고, 법치실천 중에 법제 선전·교육을 강화하며, 각 사업의 의 법치리(依法治理)를 심층적으로 추진한다.

• 시대와 함께 전진 및 개혁혁신의 원칙을 견지한다. 법제 선전·교육의 업무규율을 파악하고 업무이념을 혁신하며, 업무영역을 개척하고 업무기제를 완전하게 개선하며, 방식과 방법을 개선하고, 법제 선전·교육의 시대성·규율성·창조성을 구현한다.

2. 주요 임무

(1) 헌법학습과 선전을 두드러지게 한다(突出). 헌법은 국가의 근본법이고, 치국안민의 종합헌장이며, 최고의 권위와 법률효력을 갖는다. 헌법의 학습·선전·교육을 중점적으로 부각시키고, 우리나라의 근본제도 및

근본임무, 공산당의 영도(領導)지위, 마르크스-레닌주의・마오쩌둥 사상・덩샤오핑 이론・"3개대표" 중요사상의 영도지위를 강력하게 선전하고, 노동자계급이 지도하는 노농연맹(工農聯盟)을 기초로 하는 인민민주 독재의 국체(國體)와 인민대표대회제도의 정체(政體)를 강력하게 선전하고, 공산당 지도하의 다당합작제도・정치협상제도・민족지역자치제도・기층군중 자치제도를 강력하게 선전하며, 공유제를 주체로 한 다양한 소유제의 경제가 함께 발전하는 기본 경제제도의 견지를 강력하게 선전하고, 국민의 기본권리・의무 및 국민생활의 기본원칙 등의 내용을 강력하게 선전하여, 다수의 인민 군중이 헌법의 기본원칙과 정신을 전면적이고 심층적으로 이해하고, 사회주의 제도의 우월성을 충분히 인식하게 하며, 전 국민의 헌법의식・국민의식・애국의식・국가안보 통일의식・민주법제 의식을 더욱 강화한다. 사회 전체가 "당의 지도(領導)・인민의 주인화(人民當家作主)・의법치국"의 유기적 통일의 관념, 국가의 모든 권력이 인민에게 속한다는 관념, 권리・의무 통합의 관념을 확고하게 형성하고, 헌법을 숭상하고 준수하며 헌법의 권위를 수호하는 데 양호한 분위기를 형성하며, 헌법이 사회 전체에서 모두 준행되도록 하여 국가의 모든 사업이 건강하게 발전하도록 촉진한다.

(2) 중국 특색의 사회주의 법률체계와 국가의 기본법률을 심층적으로 학습하고 선전한다. 중국 특색의 사회주의 법률체계의 학습과 선전을 강화하고, 중국 특색의 사회주의 법률체계 형성의 중요의의・기본경험・기본구성・기본특징을 심층적으로 학습하고 선전한다. 또한 헌법 관련법, 민법・상법, 행정법, 경제법, 사회법, 형법, 소송 및 비(非)소송절차법 등 방면의 법률을 심층적으로 학습하고 선전하여, 사회 전체가 법률을 학습하고 준수하며 활용하는 양호한 법치 분위기를 형성하고, 법률이 경제・사회 발전 중에 규범화역할・유도역할・보장역할을 충분히 발휘하게 한다.

(3) 사회주의 법치이념의 교육을 심층적으로 전개한다. 다수의 당원 간부, 현처급(縣處級: 지방정부 현급, 중앙정부 처급 — 역자) 이상의 영도간부를 조직하여 사회주의 법치이념을 열심히 학습하고, 의법치국(依法治國)·집법위민(執法為民)·공평정의(公平正義)·대세기여(大局服務)·당지도(黨領導)의 이념을 견고하게 수립하고 자발적으로 실행하며, 당간부의 정치의식·대세의식(大局意識)·법치의식을 실질적으로 제고한다. 사회주의 법치이념의 선전·교육 역량을 더욱 강화하고, 사회주의 법치이념이 점진적으로 모든 이의 마음속에 파고들도록 추동한다.

(4) 경제발전을 촉진하는 법률·법규를 심층적으로 학습하고 선전한다. 국가의 기본 경제제도, 개혁·개방, 사회주의 시장경제, 재정·조세·금융·투자 등 방면의 법률·법규를 학습하고 선전하여, 안정되면서도 빠른 경제발전을 촉진한다; 농촌의 기본 경영제도, 농촌의 토지관리제도, 농업지원 및 보호제도, 농촌의 금융제도, 도농(城鄉) 경제·사회발전의 일체화제도, 농촌의 민주관리제도 등 방면의 법률·법규를 학습하고 선전하여 사회주의 신농촌의 건설을 촉진한다; 자원절약 및 관리, 환경 및 생태보호, 재해 감소 및 방지 강화 방면의 법률·법규를 학습하고 선전하여 자원절약형·환경친화형 사회의 건설을 촉진한다; 과학기술 발전 추진, 교육사업 발전 가속화, 자주적 혁신능력 건설 강화, 인재강국 전략 실시, 지적재산권 보호 등 방면의 법률·법규를 학습하고 선전하여 혁신형 국가의 건설을 촉진한다; 지역 조화발전과 도농 계획·건설·관리와 관련된 법률·법규를 학습하고 선전하여 지역과 도농의 조화로운 발전을 촉진한다.

(5) 민생(民生)을 보장하고 개선하는 법률·법규를 심층적으로 학습하고 선전한다. 수입분배, 사회보장, 의료위생, 사회구제 등 방면의 법률·법규를 중점적으로 학습하고 선전하여 인민의 기본생활 보장을 촉진한다;

취업촉진, 노동계약, 노동쟁의처리 등 방면의 법률·법규를 학습하고 선전하여 조화로운 노동체계의 건립을 촉진한다; 토지징발 및 징용(徵收徵用)과 배상, 토지 도급경영권 거래(土地承包經營權流轉), 국유기업 제도개선 등 방면의 법률·법규를 학습하고 선전하여 인민 군중의 합법이익을 보호한다; 생산안전, 식품 및 약품안전, 재해 극복 및 방지, 공공위생 등 방면의 법률·법규를 학습하고 선전하여 인민 군중의 생명 및 재산의 안전을 보장한다; 부녀자, 미성년자, 노인, 장애인 권익보호 등 방면의 법률·법규를 학습하고 선전하여 특수집단의 권익보장 업무를 완수한다.

(6) 사회관리를 위한 법률·법규를 심층적으로 학습하고 선전한다. 국가안보, 사회안정 수호, 민족의 단결과 관련된 법률·법규를 학습하고 선전하여 사회와 정치 대세(大局)의 안정을 수호한다; 사회치안의 종합치리(綜合治理), 유동인구에 대한 서비스와 관리, 돌발사건의 긴급관리와 관련된 법률·법규를 학습하고 선전하여 사회관리 수준의 향상을 촉진한다; 언론·출판·라디오·영화 및 텔레비전, 문화·예술, 인터넷·정보관리 등과 관련된 법률·법규를 학습하고 선전하여 문화사업과 문화산업의 발전을 촉진한다. 형사·민사·행정소송법의 선전을 강화하여 국민이 법률에 의거하여 절차에 따라 자신의 이익을 표출하고 추구하도록 유도한다. 공정하고 청렴한 법집행과 공정사법에 대한 교육을 강화하고 사회의 공평정의를 수호한다.

(7) 반(反)부패와 청렴에 대한 법제 선전·교육을 강화한다. 영도간부와 공무원을 중심으로 공무원법, 행정감찰법, 회계감사법, 청렴정치준칙 등 관련 법률·법규 및 당 기율규정의 선전과 교육을 강화하고, 반부패 및 청렴에 대한 법제 선전·교육과 정치이론 교육, 이상신념 교육, 직업도덕 교육, 당의 훌륭한 전통과 기풍 교육을 결합하여 청렴교육의 기초역할을 충분히 발휘하게 하고, 각급 영도간부와 공무원의 반부패 청렴의식

을 부단히 강화하며, 청렴과 자율의 자각성(自覺性)을 제고한다. 사회를 대상으로 반부패·청렴과 관련된 법제 선전·교육을 널리 전개하여 청렴정치의 법제문화 건설을 촉진한다. 청렴정치 법제교육을 청소년기부터 실시하는 것을 견지하고, 청소년이 어릴 때부터 올바른 가치관과 고상한 도덕적 정서를 수립하도록 유도한다.

(8) 사회주의 법치문화(法治文化)의 건설을 적극적으로 추진한다. 법제 선전·교육을 통해 사회주의 법치정신을 널리 드높이고, 사회 전체에서 법률을 숭상하고 준수하며 법률의 권위를 수호하는 분위기를 형성한다. 풍부하고 다채로운 법치문화의 활동을 전개하고, 법제 선전·교육을 인민 군중의 문화생활과 상호 결합하여 법치문화 활동의 매개체(載體)와 형식을 풍부하게 한다. 법치문화의 생산품이 창작 및 보급되도록 유도하고, 그 수량을 늘리고 질을 향상시키며, 고급품을 출시하고 브랜드를 창출하며, 법치문화의 산물에 대한 인민 군중의 수요를 지속적으로 만족시켜 나간다. 각종 문화단체가 법치문화 건설에 참여하도록 독려하고, 법치문화 건설 교육의 기지를 탐색하며, 공공 문화장소가 법치문화 건설 중에 갖는 자원의 우세를 발휘하게 하고, 법제 문화예술 공연 등 인민 군중이 기꺼이 보고 들을 수 있는 법치문화 활동을 조직하여 전개한다.

(9) "법률의 당정기관 진입, 농촌 진입, 사구(社區) 진입, 학교 진입, 기업 진입, 단위 진입"의 주제별 활동(主題活動)을 지속적으로 심화한다. 과학발전 주제에 대한 기여를 부각시키고, 공무원의 사회주의 법치이념 제고에 입각하여 "법률의 당정기관 진입" 활동을 심화하고, 의법관리 및 사회서비스 능력을 부단히 강화한다; 농촌경제발전과 사회안정 수호에 입각하여, "법률의 농촌 진입" 활동을 심화하고, 사회주의 신농촌 건설을 심화하고, 촌 건설에 기여하게 한다; 사회관리 혁신 추진에 입각하여, "법률의 사구 진입" 활동을 심화하고 사구자치 및 서비스 능력을 제고한다;

청소년의 법률소질과 도덕적 정서 함양에 입각하여, "법률의 학교 진입" 활동을 심화하고 청소년의 건강한 성장을 촉진한다; 현대 기업제도의 건립에 입각하여, "법률의 기업 진입" 활동을 심화하고 기업의 핵심경쟁력과 법률에 의거하여 위험에 대비하는 능력을 제고한다; 법치화 관리 촉진에 입각하여, "법률의 단위 진입" 활동을 심화하고 양호한 법치 분위기를 형성한다. 각각 다른 업종과 대상의 특징을 부각시키고, 기관·농촌·사구·학교·기업·단위의 서로 다른 수요를 정확히 겨냥하여, 적실성 있는 업무조치를 채택하고, 법제 선전·교육의 실효성을 제고한다. 장기적인 효력을 갖는 기제 건설을 강화하고, 책임단위를 구체화하며, 업무책임을 명확히 하고, 업무표준을 계량화하며, 활동이 실질적인 효과를 획득할 수 있도록 확실히 보장한다.

"12월 4일"(12·4) 전국 법제선전일의 활동을 심화 전개하고, 헌법의 학습 및 선전을 중심으로 하는 법제 선전·교육을 집중적으로 전개한다. 법률 선전월(宣傳月)·선전주(周)·기념일 등 다양한 방식의 법제 선전·교육 활동을 전개한다.

(10) 의법치리(依法治理: 법률에 의거한 관리 — 역자)를 심층적으로 추진한다. 다양한 단계와 영역의 의법치리 업무를 확고하게 전개한다. 법치도시(法治城市)·법치현(法治縣)(시·구) 창설 활동을 추진하고, 확산 경험을 결산하며, 제도를 수립 및 완비하고, 창설 수준을 부단히 제고한다. 의법행정(依法行政: 법률에 의거한 행정 — 역자) 시범단위의 창설 활동을 전개하고, 각 부문과 업종 간에 자신의 특징을 결합하여 의법치리 실시를 추진하며, 〈의법행정의 전면추진 실시요강〉(全面推進依法行政實施綱要)과 〈국무원의 법치정부 건설 의견〉(國務院關於加強法治政府建設的意見)을 성실히 관철하고, 행정 법집행(執法) 절차를 완비하며, 행정 법집행 행위를 규범화하고, 행정감독 및 문책을 강화하며, 법집행책임제, 법집행공시제, 법집행

과오 책임추궁제를 완전하게 개선하며, 법률의 유효한 실시를 적극적으로 추진하고, 행정의 공신력과 집행력을 부단히 제고한다. 기층의 법치 창건 활동을 전개하고, 기층의 의법치리를 추진하며, 기층의 민주법치 건설을 촉진한다. 사회 쟁점과 난제, 사회관리가 취약한 부분을 중심으로 법제 선전・교육과 의법치리를 위한 전문적 활동을 전개하고, 사회관리의 법치화 수준을 제고한다.

3. 대상과 요구

법제 선전・교육의 대상은 교육 수용 능력이 있는 모든 국민이다. 영도간부, 공무원, 청소년, 기업경영 관리자, 농민에 대한 법제 선전・교육을 중점적으로 강화하고, 그중에서도 영도간부와 청소년을 중점 중의 중점으로 삼는다.

(1) 법률을 학습하고 준수하고 활용하는 영도간부의 능력을 철저히 강화한다. 각급 영도간부는 헌법과 법률을 학습의 주요 내용으로 삼고, 솔선해서 법률을 학습하고 준수하고 활용하며, 의법정책결정과 의법행정의 의식 및 능력을 부단히 제고해야 한다. 당위(黨委)・당조(黨組)의 이론학습 중심조(理論學習中心組)의 집단학습제도, 정부 상무위원회 회의 전 법률학습, 법제강좌, 법제훈련, 법률지식 시험 심사 등의 제도를 완비하고, 영도간부의 법률학습 일상화 및 제도화를 추진한다. 법제교육을 영도간부의 이론학습 계획에 포함하고, 각급 당교(黨校), 행정학원, 공무원 훈련기구의 교육과정에 포함한다. 영도간부의 임직(任職) 전 법률지식 시험, 법률학습・준수・활용 상황의 감독조사 및 연간 평가심사를 강화하고, 의법정책결정・의법관리・의법 업무처리(依法辦事) 등의 심사결과를 간부의 종합심사 평가의

중요한 내용으로 삼는다.

(2) 공무원의 법률학습·준수·활용을 강력하게 추진한다. 법률지식을 널리 활용하고 직책 이행과 관련된 전문법률 지식의 학습을 강화하고, 법률수단을 이용하여 문제를 해결하는 공무원의 능력을 지속적으로 제고한다. 공무원 훈련의 역량을 강화하고, 사회주의 법치이념의 교육과 전문 법률지식 교대연수 및 새롭게 공포된 법률·법규에 대한 전문주제 훈련(專題培訓)을 정기적으로 개최한다. 법률지식 시험 및 심사제도를 견지하고, 공무원의 의법 사무처리 상황을 공무원의 임직과 승진의 주요 근거로 삼는다. 행정 법집행 공무원의 법률지식 훈련을 강화하고, 자격근무제도(持証上崗制度)를 완전하게 개선하고 확대하여, 관련된 법률지식을 자격근무제도의 중요 내용을 삼는다.

(3) 청소년의 법제 선전·교육을 심도 있게 전개한다. 청소년의 특징과 수용 능력에 근거하고 국민의식의 교육과 결합하여, 적실성 있는 법제 선전·교육을 전개하며, 청소년이 사회주의 법치이념과 법치의식을 수립하도록 유도하고, 준법 행위습관을 양성하며, 사회주의의 격에 맞는 국민을 양성한다. 각급 각종 학교들은 학생의 특징에 근거하여 법제교육의 지위와 목표를 더욱 명확히 하고, 법제교육의 내용과 체계를 완전하게 개선하며, 법제교육의 방법과 수단을 혁신하고, 지식 전달의 주요 경로로서 학교교육의 역할을 발휘하게 하며, 학교 법제교육의 체계화 및 과학화의 실현에 노력한다. 초·중학교의 법제교육 시수·교재·강사·경비의 '네 가지 완전한 실행'(四落實)을 심도 있게 추진한다. 각종 사회 법제교육의 자원을 통합적으로 조정하고, 각종 형식의 청소년 법제교육기지를 건립하며, 인터넷 등 보도수단의 운용을 중시하고 청소년 법제 선전·교육의 경로와 형식을 풍부하게 하며, 학교·가정·사회가 "삼위일체"(三位一體)가 되는 청소년 법제교육의 구조를 완비한다. 고등교육기관의 법률 보급

교육을 강화하고, 중국 특색의 사회주의 법학이론 교육의 역량을 강화하며, 고등교육기관의 법학이론 교육 교재 및 대오건설을 적극적으로 추진하고, 고등교육기관의 학생들이 사회주의 법치이념을 견고하게 수립하도록 유도한다. 학교 및 주변환경의 종합치리와 안전방범 업무를 결합하고, 초·중학교의 겸직 법제 부교장, 법제 지도원이 역할을 발휘하도록 하고, 청소년의 권익보호와 청소년의 위법행위·범죄행위를 예방 및 방지하는 등의 관련 법률의 선전·교육을 강화하며, 비행청소년과 사회에서 방치된 청소년 등 특수 청소년집단에 대한 법제 선전·교육을 강화한다.

(4) 기업 및 사업단위의 경영관리자에 대한 법제 선전·교육을 적극적으로 전개한다. 사회주의 시장경제 및 기업경영관리에 관련된 법률·법규의 선전·교육을 강화하고, 기업경영 관리자의 성실준법·의법경영·의법 업무처리의 관념을 더욱 강화한다. 법제훈련을 국유기업 책임자의 훈련 내용에 포함하고, 의법정책결정·의법경영·의법관리의 상황을 기업경영 관리자 심사의 중요한 내용으로 삼는다. 기업의 법률고문제도를 더욱 완전하게 개선하고, 법률고문이 기업의 의법경영관리에서 역할을 발휘하게 한다. 사업단위, 비공유(非公有) 경제조직, 새로운 사회조직의 관리인원에 대한 법제 선전·교육을 강화하고, 그들의 의법관리와 의법 업무처리 능력을 제고한다. 기업직원의 법제 선전·교육을 심화하고, 직원들의 준법과 법률에 의거한 합법권익 수호를 유도한다.

(5) 농민에 대한 법제 선전·교육을 철저하게 전개한다. 농민의 생산·생활과 관련된 법률지식을 선전하고, 법률에 의거하여 농민들이 촌민자치 및 기타 사회관리 활동에 참여하도록 유도하며, 농민의 민주선거·민주정책결정·민주관리·민주감독의 능력을 제고한다. 농촌의 "두 개의 위원회"(당위원회와 촌민위원회 — 역자) 간부에 대한 법제교육을 강화하고, 법률수단을 운용하여 기층사무를 관리하고, 모순과 분쟁을 예방·방지하거

나 처리하는 능력을 제고한다. 농촌의 "법률 좀 아는 촌민"(法律明白人)에 대한 교육훈련을 전개하고, 법제 선전・법률자문・갈등해소(化解矛盾) 중에 그들이 역할을 발휘하도록 한다. 농민공(農民工: 도시에 이주한 농민 출신의 노동자 — 역자)에 대한 법제교육을 강화하고, 법률과 규율 준수, 의법 이익표출과 추구 등 내용의 선전을 부각시키고, 농민공의 집단거주지・근무지・주요 활동장소에서 주기적인 선전・교육을 전개하고, 법제 선전・교육과 법제서비스의 상호 결합을 중시하며, 농민공의 법치관념을 제고한다.

4. 업무절차와 배치

제6차 5개년 법제 선전・교육 계획은 2011년부터 실시하기 시작하여 2015년에 종료한다. 이를 3단계로 나누면 다음과 같다:

선전・시동 단계: 2011년 상반기. 각 지역・부서는 본 계획에 근거하여 해당 지방・부서・업종의 5개년 법률 보급 계획을 연구하고 제정하며, 선전・시동・조직 업무를 완수한다. 각 성(자치구・직할시), 중앙 및 국가기관이 제정한 제6차 5개년 법률 보급 계획은 전국보법판공실에 보고 비치해야 한다.

조직・실시 단계: 2011년 하반기부터 2015년까지. 각 지방・부서・업종은 본 계획에서 확정한 목표・임무・요구에 근거하고 실제 상황과 결합하여 연간 계획을 제정하고 성실하게 조직하여 실시하며, 본 계획이 철저하고 전면적으로 실현되도록 확실히 보장한다. 2013년에는 중간검사・지도감독・표창을 전개한다.

조사・검사 단계: 2015년 하반기. 각급 당위원회 및 정부의 통일 지도하에, 각급 보법・의법치리 영도소조 판공실의 책임 조직은 본 계획의 실시 상황에 대해 결산 및 검수를 진행하고, 선진 단체나 개인을 표창한다.

5. 조직지도와 보장

(1) 지도(領導)를 철저히 강화한다. 각급 당위원회와 정부는 법제 선전・교육을 고도로 중시하여 각 지역의 경제・사회발전 계획과 당위원회 및 정부의 목표관리에 포함해야 한다. 당위원회가 지도하고 인민대표대회가 감독하며 정부가 실시하는 지도체계를 더욱 완전하게 개선하고, 각급 보법・의법치리 영도소조를 설립 및 완비하며, 영도소조의 정기적인 회의 소집, 보고청취, 감독조사 전개 등의 제도를 완전하게 개선한다. 영도소조 판공실의 일상업무는 정부의 사법행정부서가 담당한다. 각급 인민대표대회는 법제 선전・교육 업무의 감독 및 조사를 강화하고, 법제 선전・교육의 입법을 추진한다. 각급 당위원회의 선전부서, 정부의 사법행정부서, 영도소조 판공실은 계획을 조직하고 조정하며 지도 및 검사 실시의 업무를 책임진다. 각 부문과 업종은 자신의 법제 선전・교육을 책임지고, 법 집행자의 법률 보급 책임(誰執法誰普法)의 원칙에 근거하여 해당 부문 및 업종과 관련된 법률・법규의 선전・교육을 사회에 대해 적극적으로 전개한다. 각종 매체는 공익성의 법제 선전・교육의 책임을 적극 담당해야 한다. 각종 사회조직과 국민참여, 법제 선전・교육 업무의 지원을 독려하고 유도해야 한다.

(2) 심사평가체계를 완비한다. 심사평가의 지표체계를 수립 및 완비하고, 심사평가의 운용 기제를 완전하게 개선하며, 본 계획의 실시 상황에 대한 연간심사・단계별 조사・특별감독조사를 진행한다. 격려 기제를 수립 및 완비하고, 적절한 시기에 전형적인 경험을 결산 및 확산하며, 국가

의 관련 규정에 근거하여 선진사례를 표창한다.

(3) 법제 선전・교육의 경비보장을 실천한다. 각급 정부는 법제 선전・교육의 경비를 해당 정부의 재정예산에 포함하고 철저하게 보장한다. 각 부서・단위는 실제 상황에 근거하여 총괄적인 계획을 세워 관련 경비를 배분하고, 법제 선전・교육 업무의 정상적인 실시를 보증한다.

(4) 대오건설에 중점을 두어 매진한다. 전임 및 겸직을 상호 결합한 법제 선전・교육의 대오를 양성하고, 전임 법제 선전・교육 업무담당자의 정치업무 소질과 조직지도 능력을 제고한다. 각급 법률 보급 강사단과 자원봉사자의 대오건설을 강화하고, 정기적인 훈련 및 관리제도를 수립 및 완비하며, 업무능력과 수준을 제고한다.

(5) 진지 건설을 추진한다. 도시와 농촌의 공공 활동장소의 법제 선전・교육 시설을 완전하게 개선한다. 각종 교육기지를 이용하여 법제 선전・교육의 훈련 및 실천 활동을 전개한다. 라디오・텔레비전・간행물 등 각종 매체가 법률 보급 프로그램・특집란・법제채널을 개설하도록 유도하고, 법치실천을 종합하며, 사례로 법률을 설명하는(以案說法) 등의 형식을 채택하고 어려운 내용을 알기 쉽게 표현하는(深入淺出) 법제 선전・교육을 전개한다. 인터넷과 휴대전화 등 새로운 매체를 이용한 법제 선전・교육의 실시를 탐색하고, 법률 보급 웹사이트를 개설하며, 정부 인터넷 홈페이지 및 각종 포털사이트의 법제 선전・교육의 역량 강화를 추동한다. 질이 높은 법률 보급 서적과 읽을거리를 출간한다.

중국인민해방군과 중국인민무장경찰부대의 제6차 5개년 법제 선전・교육 계획 업무는 본 계획을 참고하여 안배 배치한다.

〈전국인민대표대회 상무위원회의 법제 선전·교육의 진일보 강화 결의〉[18]

(2011년 4월 22일 제11기 전국인민대표대회 상무위원회 제20차 회의 통과)

2006년부터 2010년까지 우리나라의 법제 선전·교육 제5차 5개년 계획은 이미 순조롭게 실시되고 완성되었으며, 현저한 성과를 거두었다. 국민의 헌법과 법률의식은 현저하게 강화되었고, 의법치리와 법치창건 활동이 질서정연하게 추진되었으며, 사회관리의 법치화(法治化) 수준도 더욱 제고되었고, 법제 선전·교육은 경제·사회발전, 사회 조화와 안정, 의법치국 기본방침의 실천 중에 중요한 역할을 발휘했다. 현재 중국 특색의 사회주의 법률체계는 이미 형성되었는데, 이는 우리나라 사회주의 민주법제건설의 역사상 중요한 이정표이며, 중국 특색의 사회주의 제도가 성숙단계로 점차 접어들었음을 보여주는 중요한 지표이기도 하다. 법률의 생명은 실시에 있다. 중국 특색의 사회주의 법률체계가 형성된 후에, 법이 있으면 반드시 법에 근거하고, 법집행은 반드시 엄격히 하며, 법위반은 반드시 추궁한다는 임무가 더욱 부각되고 시급해졌으며, 법제 선전·교육에 대해서도 더 높은 요구가 새로이 제기되었다. 전면적 소강사회 건설과 (국민경제와 사회발전 — 역자) "제12차 5개년 계획" 시기의 경제·사회발전의 수요에 부응하기 위해, 의법치국 기본방침의 전면적인 실행과 사회주의 법치국가 건설의 가속화된 진전을 위해, 전체 사회의 법제관념을 더욱 강화기 위해, 2011년부터 2015년까지 전 국민에 대한 법제 선전·교육 제6차 5개년 계획을 조직하고 전개할 필요가 있다. 이를 위해 특별히 아래와 같이 결의한다:

---

18 〈全國人民代表大會常務委員會關於進一步加强法制宣傳教育的決義〉.

(1) 헌법을 우두머리로 하는 중국 특색의 사회주의 법률체계를 심층적으로 학습하고 선전한다. 헌법학습 및 선전을 부각시키고 매진하며, 헌법에 확립된 국체와 정체, 근본제도, 근본임무, 국민의 권리와 의무 등의 주요 내용과 정신을 심층적으로 학습하고 선전하며, 국민의 헌법의식과 사회주의 민주법치 관념을 더욱 강화하고, 헌법을 숭상하고 준수하며, 헌법의 권위를 수호하는 데 양호한 분위기를 형성한다. 중국 특색의 사회주의 법률체계 형성의 중대의의 · 기본경험 · 기본특징을 심층적으로 학습하고 선전하며, 중국 특색의 사회주의 법률체계의 기본법률과, 시장경제, 민생 보장과 개선, 사회관리 강화, 반(反)부패 · 청렴정치 등과 관련된 법률 · 법규를 심층적으로 학습하고 선전한다. 사회주의 법치이념의 교육을 심층적으로 전개하고, 사회주의 법치문화의 건설을 추진하며, 사회주의 법치정신을 널리 드높이고, 모든 이가 자발적으로 법률을 학습하고 준수하며 활용하고, 의법행정 및 공정사법을 실천하는 사회환경을 형성한다.

(2) 법제 선전 · 교육의 적실성과 실효성을 더욱 강화한다. 법제 선전 · 교육의 대상은 교육 수용 능력이 있는 모든 국민이다. 다수의 공무원, 특히 각급 영도간부들은 솔선하여 헌법과 법률을 학습하고, 직책 이행과 관련된 법률 · 법규를 체계적으로 학습하고 능숙하게 파악하며, 자신의 법률 소질과 법치관념을 부단히 제고하고, 과학집정(科學執政) · 민주집정(民主執政) · 의법집정(依法執政)의 자발성을 강화한다; 의법행정(依法行政)과 공정사법(公正司法)은 법제 선전 · 교육의 가장 효과적인 실천임을 충분히 인식하고, 의법정책결정(依法決策) · 의법행정 · 사법공정의 능력을 강화하며, 지도방식 및 집정방식을 부단히 개선하고, 사회 전체의 법률학습 · 준수 · 활용의 본보기(表率)로 삼는다. 청소년의 심신 특징과 수용능력에 따라 도덕품성 교육과 국민의식 교육을 결합하고, 적실성 있게 법제 선전 · 교육을 강화하고, 청소년의 준법 행위습관을 기르는 데 노력한다. 기업경영 관

리자, 사업단위 및 새로운 경제・사회조직 관리자는 반드시 시장경제・경영관리와 관련된 법률・법규를 중점적으로 학습하고 파악해야 하고, 성실준법・의법관리・의법경영의 관념을 강화한다. 도시와 농촌의 기층 군중 중에서 생산・생활과 밀접히 관련된 법률・법규를 중점적으로 선전하며, 인민 군중이 법률에 의거하여 권익을 보호하고 주장을 표출하며 분규를 조정하도록 유도하고, 군중이 기층자치 및 기타 사회관리 활동에 참여하는 의식과 능력을 제고한다.

(3) 법제 선전・교육의 형식과 방법을 더욱 풍부하게 한다. 법제 선전・교육은 군중과 기층까지 깊이 파고들어야 하고, 생동감과 활기가 넘치고 통속적으로 알기 쉬우며, 인민 군중이 기꺼이 보고 들을 수 있도록 형식주의의 방지에 노력해야 한다. 텔레비전・라디오・간행물 등 각종 매체들은 사회적 책임을 지속적으로 잘 이행하고, 법제 코너(특별란・특집면) 등의 개설을 통해 공익성의 법제 선전・교육을 광범위하게 전개한다. 인터넷과 이동통신 등 새로운 매체의 특성과 이점을 충분히 발휘하여 법제 선전・교육을 적극적으로 전개한다. 법률 보급 사이트 개설에 노력하여 정부 사이트 및 개별 사이트가 법제선전 중에 중요한 공간으로서의 역할과 시범・선도 역할을 충분히 발휘할 수 있도록 한다. 당정기관, 학교, 기업, 단위, 농촌, 사구(社區)로의 법제 선전・교육 진입의 형식 및 내용을 풍부하게 하고, 적실성과 실효성을 지속적으로 강화한다. 공무원의 법률학습 훈련 제도를 완전하게 개선 및 실현하고, 법제 선전・교육을 공무원 이론학습 계획 및 각종 간부훈련 기구의 교육과정에 포함한다. 학교가 법제 선전・교육의 중요한 진지로서의 역할을 충분히 발휘하도록 하고, 초・중학교의 법제교육 시수・교재・강사・경비의 "네 가지 완전한 실행"(落實)을 보증한다. "12월 4일"(12・4) 전국 법제선전일을 충분히 이용해 집중적인 법제 선전・교육의 활동을 전개하고, 법제 선전・교육의

포괄 범위 및 침투력을 지속적으로 확대한다. 법제 선전・교육과 법치실천의 상호 결합을 견지하고, 전형적인 사례 분석과 인민 군중이 관심을 두는 중점 문제를 잘 운용하여 법제 선전・교육을 전개하며, 다양한 형식과 단계의 법치실천 활동을 심층적으로 추진하고, 법치실천을 이용해 법제 선전・교육을 추진하며, 법제 선전・교육의 실효성을 검증한다.

(4) 법제 선전・교육의 조직지도와 보장기제를 완전하게 개선한다. 각 국가기관과 무장역량, 정당과 사회단체, 기업 및 사업단위, 각종 조직들은 모두 법제 선전・교육을 고도로 중시하고, 자기 부문・단위 및 사회에 대한 법제 선전・교육을 적극적으로 조직하여 전개한다. 법치 선전・교육의 지도체제와 업무기제를 완전하게 개선하고 조직지도를 강화하며, 법 집행 주체의 법제 선전・교육의 책임을 강화하고, 각 부문 간의 협조 및 협력을 강화하여 업무의 협력구도(合力)를 형성해야 한다. 법제 선전・교육은 각 지역의 경제・사회발전 계획 및 정부의 목표관리에 포함하고, 법제 선전・교육의 경비를 해당 지역 정부예산에 포함하여 철저하게 보장한다. 각 부서・단위는 실제 상황과 결합하고 총괄적으로 배치하여, 법제 선전・교육 업무의 정상적인 실시를 보증한다. 기층 법제 선전・교육에 대한 각각의 투입을 강화하고, 법제 선전・교육이 기층에 깊이 파고들 수 있는 조건을 만들기 위해 노력한다.

(5) 본 결의의 철저한 실시 상황에 대한 감독과 조사를 강화한다. 법제 선전・교육의 심사평가 기제를 더욱 완전하게 개선하고, 연간심사 및 단계별검사를 강화한다. 각급 인민정부는 법제 선전・교육 제6차 5개년 계획을 철저하게 조직하여 실시하며, 중간 감독검사와 최종 평가 및 검수를 완수하는 동시에 동급 인민대표대회 상무위원회에 보고한다. 각급 인민대표대회와 상무위원회는 법집행검사(執法檢查), 업무보고의 청취와 심의, 대표시찰(代表視察), 특별조사연구(專題調硏) 등의 형식을 충분히 활용

하여, 법제 선전·교육의 업무에 대한 감독조사를 강화하여 본 결의가 관철 실행되도록 보증한다.

주요 참고문헌

국문

정철. 2009. 『중국의 사법제도』. 서울: 경인문화사.

조영남. 2000. 『중국 정치개혁과 전국인대: 개혁기 구조와 역할의 변화』. 서울: 나남.

______. 2006. 『중국 의회정치의 발전: 지방인민대표대회의 등장・역할・선거』. 파주: 나남.

______. 2006. 『후진타오 시대의 중국정치』. 파주: 나남.

______. 2009. 『21세기 중국이 가는 길』. 파주: 나남.

______. 2012. 『중국의 법치와 정치개혁』. 파주: 창비.

______. 2012. 『중국의 법원개혁』. 서울: 서울대학교출판문화원.

______. 2012. 『용과 춤을 추자: 한국의 눈으로 중국 읽기』. 서울: 민음사.

조영남・안치영・구자선. 2011. 『중국의 민주주의: 공산당의 당내 민주 연구』. 파주: 나남.

판충신(范忠信)・정딩(鄭定)・잔쉐농(詹學農). 이인철 역. 1997. 『중국법률문화탐구: 정리법(情理法)과 중국인(情理法與中國人中國傳統法律文化探微』. 서울: 일조각.

한대원 외. 1997. 『현대중국법입문』. 서울: 박영사.

영문

Amnesty International. 2011. *Against the Law: Crackdown on China's Human Rights Lawyers Deepens*.

Bernstein, Thomas P., and Xiaobo Lü. 2003. *Taxation without Representation in Contemporary China*. New York: Cambridge University Press.

Brodsgaard, Kjeld Erik, and Zheng Yongnian. eds. 2008. *The Chinese*

Communist Party in Reform. London: Routledge.

Cai, Yongshun. 2008. "Local Governments and the Suppression of Popular Resistance in China." *China Quarterly* 193.

______. 2010. *Collective Resistance in China: Why Popular Protests Succeed or Fail*. Stanford: Stanford University Press.

Chen, Feng. 2004. "Legal Mobilization by Trade Unions: The Case of Shanghai." *China Journal* 52.

Chen, J. 1999. *Chinese Law: Toward an Understanding of Chinese Law, Its Nature and Development*. Hague: Kluwer Law International.

Cho, Young Nam. 2001. "Implementation of Anticorruption Policies in Reform-Era China: The Case of the 1993-97 'Anticorruption Struggle'." *Issues & Studies* 37: 1.

______. 2009. "Democracy with Chinese Characteristics? A Critical Review from a Developmental State Perspective." *Issues & Studies* 45: 3.

Chow, Daniel C. K. 2009. *The Legal System of the People's Republic of China* (Second Edition). St. Paul: West.

______. 2009. *Local People's Congresses in China: Development and Transition*. New York: Cambridge University Press.

Chu, Mike P. H. 2000. "Criminal Procedure Reform in the People's Republic of China: The Dilemma of Crime Control and Regime Legitimacy." *UCLA Pacific Basin Law Journal* 18: 2.

Chu, Yun-han, Larry Diamond, Andrew J. Nathan, and Doh Chull Shin. 2008. "Introduction: Comparative Perspectives on Democratic Legitimacy in East Asia." Yun-han Chu, Larry Diamond, Andrew J. Nathan, and Doh Chull Shin. eds. *How East Asians View Democracy*. New York: Columbia University Press.

Clarke, Donald C. 2003. "Empirical Research into the Chinese Judicial Reform." Erik G. Jensen, and Thomas C. Heller. eds. *Beyond Common Knowledge: Empirical Approaches to the Rule of Law*. Stanford: Stanford University Press.

______. ed. 2008. *China's Legal System: New Developments, New Challenges*. Cambridge: Cambridge University Press.

Epstein, Edward J. 1994. "Law and Legitimation in Post-Mao China." Pitman B. Potter. ed. *Domestic Law Reforms in Post-Mao China*. Armonk, New York: M. E. Sharpe.

Exner, Mechthild. 1995. "The Convergence of Ideology and The Law: The Functions of the Legal Education Campaign in Building a Chinese Legal System." *Issues & Studies* 31: 8.

Fu, Hualing, and Richard Cullen. 2008. "Weiquan (Rights Protection) Lawyering in an Authoritarian State: Building a Culture of Public-Interest Lawyering." *China Journal* 59.

Gallagher, Mary E. 2005. "'Use the Law as Your Weapon!': Institutional Change and Legal Mobilization in China." Neil J. Diamant, Stanley B. Lubman, and Kevin J. O'Brien. eds. *Engaging the Law in China: State, Society, and Possibilities for Justice*. Stanford: Stanford University Press.

______. 2006. "Mobilizing the Law in China: 'Informed Disenchantment' and the Development of Legal Consciousness." *Law and Society Review* 40: 4.

______. 2007. "'Hope for Protection and Hopeless Choices': Labor Legal Aid in the PRC." Elizabeth J. Perry, and Merle Goldman. eds. *Grassroots Political Reform in Contemporary China*. Cambridge, M. A.: Harvard University Press.

Gallagher, Mary E., and Yuhua Wang. 2011. "Users and Non-Users: Legal Experience and Its Effect on Legal Consciousness." Margaret Y. K. Woo, and Mary E. Gallagher. eds. *Chinese Justice: Civil Dispute Resolution in Contemporary China*. New York: Cambridge University Press.

Heilmann, Sebastian, and Elizabeth J. Perry. eds. 2011. *Mao's Invisible Hand: The Political Foundations of Adaptive Governance in China*. Cambridge, M. A.: Harvard University Asia Center.

Ho, Virginia Harper. 2003. *Labor Dispute Resolution in China: Implications for Labor Rights and Legal Reform*. Berkeley: Institute of East Asian Studies.

Howell, Jude. ed. 2004. *Governance in China*. Lanham: Rowman & Littlefield Publishers.

Hsu, C. Stephen. ed. 2003. *Understanding China's Legal System: Essays in*

Honor of Jerome A. Cohen. New York: New York University Press.

Hualing, Fu. 2005. "Punishing for Profit: Profitability and Rehabilitation in A Laojiao Institution." Neil J. Diamant, Stanley B. Lubman, and Kevin J. O'Brien. eds. *Engaging the Law in China: State, Society, and Possibilities for Justice*. Stanford: Stanford University Press.

Kelliher, Daniel. 1997. "The Chinese Debate over Village Self-Government." *China Journal* 37.

Kellogg, Thomas E. 2011. "The Constitution in the Courtroom: Constitutional Development and Civil Litigation in China." Margaret Y. K. Woo, and Mary E. Gallagher. eds. *Chinese Justice: Civil Dispute Resolution in Contemporary China*. New York: Cambridge University Press.

Landy, Pierre. 2008. "The Institutional Diffusion of Courts in China: Evidence from Survey Data." Ginsburg, Tom, and Tamir Moustafa. eds. *Rule by Law: The Politics of Courts in Authoritarian Regimes*. New York: Cambridge University Press.

Lee, Ching Kwan. 2007. *Against the Law: Labor Protests in China's Rustbelt and Sunbelt*. Berkeley: University of California Press.

______. 2010. "Pathway of Labor Activism." Elizabeth J. Perry and Mark Selden. eds. *Chinese Society: Change, Conflict and Resistance* (Third Edition). London: Routledge.

Lee, H. P. 2004. "Competing Conceptions of Rule of Law in Malaysia." Randall Peerenboom. ed. *Asian Discourses of Rule of Law: Theories and Implementation of Rule of Law in Twelve Asian Countries, France and the U. S.*. London: Routledge.

Lee, Tang Lay, and Francis Regan. 2009. "Why Develop and Support Women's Organizations in Providing Legal Aid in China? Women's Rights, Women's Organizations and Legal Aid in China." *Journal of Contemporary China* 18: 61.

Li, Lianjiang. 2010. "Rights Consciousness and Rules Consciousness in Contemporary China." *China Journal* 64.

Li, Lianjiang, and Kevin J. O'Brien. 2008. "Protest Leadership in Rural China." *China Quarterly* 193.

Liebman, Benjamin L. 1999. "Legal Aid and Public Interest Law in China." *Texas International Law Journal* 34: 2.

______. 2007. "China's Courts: Restricted Reform." *China Quarterly* 191.

Liu, Sida. 2011. "Laywers, State Officials and Significant Others: Symbiotic Exchange in the Chinese Legal Services Market." *China Quarterly* 206.

Lubman, Stanley B. ed. 1996. *China's Legal Reforms*. Oxford: Oxford University Press.

______. 1999. *Bird in a Cage: Legal Reform in China After Mao*. Stanford: Stanford University Press.

Michelson, Ethan. 2006. "The Practice of Law as an Obstacle to Justice: Chinese Lawyers at Work." *Law & Society Review* 40: 1.

______. 2008. "Justice from Above or Below? Popular Strategies for Resolving Grievances in Rural China." *China Quarterly* 193.

Michelson, Ethan, and Benjamin L. Read. 2011. "Public Attitudes toward Official Justice in Beijing and Rural China." Margaret Y. K. Woo, and Mary E. Gallagher. eds. *Chinese Justice: Civil Dispute Resolution in Contemporary China*. New York: Cambridge University Press.

O'Brien, Kevin J. ed. 2008. *Popular Protest in China*. Cambridge, M. A.: Harvard University Press.

O'Brien, Kevin J., and Lianjiang Li. 2000. "Accommodating 'Democracy' in a One-Party State: Introducing Village Elections in China." *China Quarterly* 162.

______. 2005. "Suing the Local State: Administrative Litigation in Rural China." Neil J. Diamant, Stanley B. Lubman, and Kevin J. O'Brien. eds. *Engaging the Law in China: State, Society, and Possibilities for Justice*. Stanford: Stanford University Press.

______. 2006. *Rightful Resistance in Rural China*. New York: Cambridge University Press.

Oi, Jean C. 1996. "Economic Development, Stability and Democratic Village Self-governance." Maurice Brosseau, Suzanne Pepper, and Tsang Shu-ki. eds. *China Brief 1996*. Hong Kong: Chinese University Press.

Peerenboom, Randall. 2002. *China's Long March toward Rule of Law*.

Cambridge: Cambridge University Press.

______. 2006. *China Modernizes: Threat to the West or Model for the Rest?* Oxford: Oxford University Press.

______. ed. 2010. *Judicial Independence in China: Lessons for Global Rule of Law Promotion*. New York: Cambridge University Press.

Pei, Minxin. 1997. "Citizen v. Mandarins: Administrative Litigation in China." *China Quarterly* 152.

______. 2006. *China's Trapped Transition: The Limits of Developmental Autocracy*. Cambridge, M. A.: Harvard University Press.

______. 2010. "Rights and Resistance: The Changing Contexts of the Dissident Movement." Elizabeth J. Perry, and Mark Selden. eds. *Chinese Society: Change, Conflict and Resistance* (Third Edition). London: Routledge.

Perry, Elizabeth J. 2007. "Studying Chinese Politics: Farewell to Revolution?" *China Journal* 57.

______. 2008. "Chinese Conceptions of 'Rights': From Mencius to Mao and Now." *Perspectives on Politics* 6: 1.

______. 2009. "A New Rights Consciousness?" *Journal of Democracy* 20: 3.

______. 2010. "Popular Protest: Playing by the Rules." Joseph Fewsmith. ed. *China Today, China Tomorrow: Domestic Politics, Economy, and Society*. Lanham: Rowman & Littlefield Publishers.

Pils, Eva. 2007. "Asking the Tiger for His Skin: Rights Activism in China." *Fordham International Law Journal* 30.

Potter, Pitman B. ed. 1994. *Domestic Law Reforms in Post-Mao China*. Armonk, New York: M. E. Sharpe.

______. 2001. *The Chinese Legal System: Globalization and Local Legal Culture*. London: Routledge.

Shambaugh, David. 2008. *China's Communist Party: Atrophy and Adaptation*. Washington D. C.: Woodrow Wilson Center Press.

Shi, Tianjian. 1997. *Political Participation in Beijing*. Cambridge, M. A.: Harvard University Press.

______. 1999. "Mass Political Behavior in Beijing," Merle Goldman, and

Roderick MacFarquhar. eds. *The Paradox of China's Post-Mao Reforms*. Cambridge, M. A.: Harvard University Press.

______. 2008. "Democratic Values Supporting an Authoritarian System." Yun-han Chu, Larry Diamond, Andrew J. Nathan, and Doh Chull Shin. eds. *How East Asians View Democracy*. New York: Columbia University Press.

Tang, Wenfang. 2005. *Public Opinion and Political Change in China*. Stanford: Stanford University Press.

Tang, Yuen Yuen. 2005. "When Peasants Sue En Masse: Large-scale Collective ALL Suits in Rural China." *China: An International Journal* 3: 1.

Tanner, Murray Scot, and Eric Green. 2007. "Principals and Secret Agents: Central versus Local Control over Policing and Obstacles to 'Rule of Law' in China." *China Quarterly* 191.

Thio, Li-Ann. 2004. "Rule of Law within a Non-Liberal 'Communitarian' Democracy: The Singapore Experience." Randall Peerenboom. ed. *Asian Discourses of Rule of Law: Theories and Implementation of Rule of Law in Twelve Asian Countries, France and the U.S.*. London: Routledge.

Woo, Margaret Y. K., and Mary E. Gallagher. eds. 2011. *Chinese Justice: Civil Dispute Resolution in Contemporary China*. New York: Cambridge University Press.

Yang, Guobin. 2005. "Environmental NGOs and Institutional Dynamics in China." *China Quarterly* 181.

Young, Al. 2005. "The Continuing Lack of Independence of Chinese Lawyers." *Georgetown Journal of Legal Ethics* 18: 3.

Yulin, Fu. 2011. "Dispute Resolution and China's Grassroots Legal Service." Margaret Y. K. Woo, and Mary E. Gallagher. eds. *Chinese Justice: Civil Dispute Resolution in Contemporary China*. New York: Cambridge University Press.

Zhang, Qianfan. 2006. "The People's Court in Transition: The Prospects for Chinese Judicial Reform." Suisheng Zhao. ed. *Debating Political Reform in China: Rule of Law vs. Democratization*. Armonk: M. E. Sharpe.

Zweig, David. 2010. “To the Courts or to the Barricades?: Can New Political Institutions Manage Rural Conflict?” Elizabeth J. Perry, and Mark Selden. eds. *Chinese Society: Change, Conflict and Resistance* (Third Edition). London: Routledge.

중문

江必新 主編. 2004.『法制政府的建構』. 北京: 中國青年出版社.

高龍. 2009.「關於中國普法工作的幾點思考」.『思茅師範高等專科學校學報』25: 2.

公丕祥 主編. 2009.『回顧與展望: 人民法院司法改革研究』. 北京: 人民法院出版社.

廣東省 普法工作領導小組. 2007.「加強農民工法制宣傳教育的實踐與思考」.『中國司法』11.

廣東省 普法辦公室 外. 2007.「圍繞建設社會主義和諧社會 全面實施五五普法規劃」.『中國司法』6.

鄧世豹 主編. 2006.『中國法治進程調查報告2005: 以廣東省法治環境調查為例』. 北京: 法律出版社.

遼寧省 司法廳法制宣傳処. 2010.「遼寧省法治文化宣傳工作調查報告」.『中國司法』11.

劉道龍. 2009.「新形勢下加強普法依法治理工作的思考與建議」.『中國司法』2.

劉有平・楊順傑. 2003.「工業大區的普法之路」.『中國司法』4.

劉政. 2006.「我國社會主義法制史上的一個壯舉」.『中國人大』(2006年 5月 10日).

陸秀好. 2003.「加強法制宣傳幹部隊伍建設 夯實普法依法治理基礎」.『中國司法』2.

李言靜. 2009.「關於海南省法制宣傳教育工作的調研和思考」.『中國司法』3.

李雲雄. 2010.「深入開展法制宣傳教育 扎實推進法治武漢建設」.『中國司法』7.

莫于川. 2006.「普法的重點是幫助各級領導幹部樹立現代法治觀念」.『探索』1.

盤名德・韋懷波. 2010.「邊境地區 農村普法教育工作的對策」.『中國民族』6.

白銀燕・李才榮. 2008.「淺談我國普法中的問題與建議」.『廣西政法管理幹部學院學報』23: 3(2008年 5月).

福建省 司法廳法制宣傳処. 2002.「依法治村存在的問題與對策」.『中國司法』7.

北京大學 法學院 婦女法律研究與服務中心 編. 2002.『中國法律援助的理論與實踐: 婦女法律援助發展研討會論文集』. 北京: 中國人民公安大學出版社.

北京市 司法局法宣処. 2006.「北京市民法律素質狀況調查評析」.『中國司法』9.

司法部法律援助中心 編著. 1998.『中國法律援助制度誕生的前前後後』. 北京: 中國方正出版社. 〈中國法律援助網〉. http://www.chinalegalaid.gov.cn. 검색일: 2011. 11. 30.

山東省 普法辦公室. 2007.「加強農民工法制宣傳教育之思考」.『中國司法』12.

山西省 呂梁市 離石區 人大常委會法制工作委員會. 2008.「關於我區五五普法工作情況的調查報告」(2008. 12). http://111srd.gov.cn. 검색일: 2011. 1. 21.

上海市 法制宣傳教育聯席會議辦公室. 2004.「上海市民法律素質的現狀及進一步提高的途徑」.『法治論叢』19: 6(2004年 11月).

宋曉. 2009.「普法的悖論」.『法制與社會發展』2.

施英. 2006.「為法治鋪路: 二十年普法回顧與瞻望」.『中國人大』(2006年 5月 10日).

楊明. 2007.「中國公衆法律知識水平現狀之分析」.『北京大學學報』44: 3(2007年 5月).

楊雄・承福財. 2003.「依法治市與上海市民法律素質」.『社會科學』5.

嚴勵. 2008.『思考與言說: 法治的理論與實踐』. 北京: 法律出版社.

閻正生・賈利民・李兵. 2001.「農村普法工作仍需鞏固發展: 關於對囊城縣農村普法工作的調查報告」.『中國司法』4.

五愛英. 2011.「國務院關於五五普法工作情況的報告」(2011. 4). 〈中國人大網〉 4월 21일. http://www.npc.gov.cn/npc. 검색일: 2011. 4. 22.

王旭東・韓瑞華・呂如亮. 1999.「當前農村普法的困惑與對策: 廣東省農村普法工作的調查」.『中國司法』10.

汪太賢. 2006.「從受體的立場與視角看普法的限度」.『探索』1.

袁曙宏 主編. 2004.『〈全面推進依法行政實施綱要〉讀本』. 北京: 法律出版社.

俞可平 主編. 2007.『依法治國與依法治黨』. 北京: 中央編譯出版社.

殷發志. 2005.「上海市民法律素質抽樣調查的統計分析報告(上)」.『中國司法』4.

______. 2005.「上海市民法律素質抽樣調查的統計分析報告(下)」.『中國司法』5.

人民代表大會制度研究所 編. 2004.『與人大代表談依法治國方略』. 北京: 人民出版社.

張恆山 等著. 2004.『法治與黨的執政方式研究』. 北京: 法律出版社.

張明新. 2009.「對當代中國普法活動的反思」.『法學』10.

______. 2010.「對當代中國普法活動的認識與評價」.『江海學刊』4.

張福森. 2004.「第四個五年普法工作三年來情況的報告」(2004.4). http://www.21mishu.com. 검색일: 2011. 2. 20.

全國普及法律常識辦公室. 2009.「關於五五普法中期督導檢查情況的報告」.『中國司法』5.

浙江省 慶元縣 人大法制工作委員會. 2008.「關於我縣五五普法工作情況的調研報告」(2008. 8). http://www.qyrd.gov.cn. 검색일: 2011. 1. 21.

程燎原. 1999.『從法制到法治』. 北京: 法律出版社.

趙慶鳴·孫蘇雲. 2004.「對我國普法活動導向的有關思考: 基層社會成員法律意識狀況調查分析」.『曲靖師範學院學報』23: 1(2004年 1月).

曹錦清. 2000.『黃河邊的中國: 一個學者對鄉村社會的觀察與思考』. 上海: 上海文藝出版社.

曹志召. 2008.「河南農民法律素質調查與分析」.『咸寧學院學報』28: 4(2008年 8月).

中共中央文獻研究室 編. 1982.『三中全會以來 重要文獻選編』(上). 北京: 人民出版社.

中共中央政法委員會. 2009.『社會主義法治理念讀本』. 北京: 中國長安出版社.

中央宣傳部·司法部. 2006.「關於法制宣傳教育的第五個五年規劃」(2006. 4).〈中國政府門戶網站〉2006年 4月 27日. http://www.gov.cn. 검색일: 2010. 12. 17.

______. 2011.「關於在公民中開展法制宣傳教育的第六個五年規劃」.〈新華網〉2011年 7月 27日. http://news.xinhuanet.com. 검색일: 2011. 7. 28.

陳桂棣·春桃. 2004.『中國農民調查』. 北京: 人民文化出版社.

陳壯志·肖忠華. 2008.「新形勢下農村法制宣傳教育工作的現狀問題及對策」.『中國司法』8.

最高人民法院研究室 編. 2000.『人民法院五年改革綱要』. 北京: 人民法院出版社.

沈明明 等. 2009.『中國公民意識調查數據報告2008』. 北京: 社會科學文獻出版社.

卓澤淵. 2006.「中國普法二十年: 回顧與前瞻」.『探索』1.

河南省 依法治省辦公室. 2002.「農村普法工作現狀及對策思考: 關於河南省農村普法工作的調查」.『中國司法』2.

河北省 社會科學基金項目課題組. 2011.「對我國普法實踐的幾點理論思考」.『光明日報』2011年 1月 9日. http://www.qstheory.cn. 검색일: 2011. 1. 15.

河北省 張家口市 人大常委會 五五普法專項工作評議小組. 2010.「關於全市五五普法專項工作評議調研報告」(2010. 12). http://zjk.mzfz.gov.cn. 검색일: 2011. 1. 21.

夏勇 主編. 1999.『走向權利的時代: 中國公民權利發展研究』(修訂版). 北京: 中國

政法大學出版社.

韓大元・王德志. 2002. 「中國公民憲法意識調查報告」. 『政法論壇』 20: 6(2002年12月).

許章潤. 2008.「普法運動」.『讀書』1.

湖北省 司法廳行業依法治理研究課題組. 2005.「行業依法治理專論」.『中國司法』8.

胡澤君. 2004. 「認真實施四五普法規劃 努力實現兩個轉變兩個提高的目標」. 『中國司法』3.

찾아보기

ㄱ

ㅊ